Karl Menzel, Hubert Janitschek

Die Trierer Ada-Handschrift

Karl Menzel, Hubert Janitschek

Die Trierer Ada-Handschrift

ISBN/EAN: 9783744617475

Hergestellt in Europa, USA, Kanada, Australien, Japan

Cover: Foto ©ninafisch / pixelio.de

Weitere Bücher finden Sie auf **www.hansebooks.com**

DIE TRIERER

ADA-HANDSCHRIFT

BEARBEITET UND HERAUSGEGEBEN

VON

K. MENZEL, P. CORSSEN, H. JANITSCHEK, A. SCHNÜTGEN,
F. HETTNER, K. LAMPRECHT.

MIT ACHTUNDDREISSIG TAFELN.

LEIPZIG,
VERLAG VON ALPHONS DÜRR.
1889.

Druck von Otto Darr in Leipzig.

Stifter und Patrone

der

Gesellschaft für Rheinische Geschichtskunde.

Ihre Majestät die **Kaiserin** und **Königin Augusta** als Patronin.

Der Rheinische Provinzialverband.

Stifter:

Herr Geheimer Kommerzienrat **Dr. jur. G. von Mevissen**, Mitglied des Staatsrats und des Herrenhauses, Köln.

Patrone:

Die Stadt **Aachen**.

Se. Durchlaucht der **Prinz Philipp von Arenberg**, bischöfl. Geistl. Rat, Eichstädt.

Herr Wirkl. Geheimrat **von Bardeleben**, Excellenz, Oberpräsident der Rheinprovinz, Coblenz.

Die Stadt **Barmen**.

Herr Freiherr **von Berlepsch**, Regierungspräsident, Düsseldorf.

Die Stadt **Bonn**.

Herr **P. von Carnap**, Elberfeld.

Herr Dr. med. **H. J. R. Claessen**, Köln († 1885).

Herr **Adolph von Carstanjen**, Godesberg.

Die Stadt **Coblenz**.

Herr Professor **Dr. K. A. Cornelius**, München.

Die Stadt **Crefeld**.

Herr Wirkl. Geheimrat **Dr. von Dechen**, Excellenz, Bonn († 1889).

Herr **Theodor Deichmann**, Köln.

Frau Geheimrat **Lilla Deichmann-Schaaffhausen**, Vaduz († 1888).

Herr **Karl Delius**, Aachen.

Herr **F. D. Freiherr von Diergardt**, Morsbroich.

Die Stadt **Duisburg**.

Die Stadt **Düsseldorf**.

Die Stadt **Elberfeld**.

Herr **Karl Graf und Edler von und zu Eltz**, Wirkl. Geheimrat, Excellenz, Eltville.

Herr **L. L. Freiherr von Elverfeldt**, Carstein († 1885).

Herr Freiherr **von Geyr zu Schweppenburg**, kgl. Kammerherr, Aachen († 1885).

Herr **Matthias Göring**, Honnef.

Herr Generaldirektor **J. N. Heidemann**, Köln.

Herr Geh. Kommerzienrat **A. von Heimendahl**, Crefeld.

Herr Geh. Kommerzienrat **Leopold Hoesch**, Düren.

Die Fürstl. Hohenzollern'sche Hofbibliothek, Sigmaringen.

Die Administration des Gräfl. von Kesselstatt'schen Majorats, Trier.

Der Herr Erzbischof von Köln **Dr. Philippus Krementz**, Köln.

Die Stadt **Köln**.

Herr Kommerzienrat **F. W. Königs**, Köln († 1885).

Herr Geh. Kommerzienrat **F. A. Krupp**, Essen.

Herr Geh. Kommerzienrat **Eugen Langen**, Köln.

Herr **Theodor Freiherr von Liebieg** (Burg Gondorf), Reichenberg (Böhmen).

Herr **L. von Lilienthal**, Elberfeld.

Herr Geh. Kommerzienrat **Dr. G. von Mevissen**, Köln.

Herr Kommerzienrat **Gustav Michels**, Köln

Herr **Graf Ernst von Mirbach-Harff**, Zindlowitz bei Müglitz Mähren

Herr **Graf Wilhelm von Mirbach-Harff**, Schloss Harff († 1882).

Herr Geh. Medicinalrat **Dr. Albert Mooren**, Düsseldorf.

Die Stadt **Mülheim a. Rh.**

Herr **Hermann von Mumm**, kgl. dän. General-Konsul, Frankfurt a. M. († 1885)

Herr Geh. Regierungsrat **Dagobert Oppenheim**, Köln († 1889).

Herr **Albert Freiherr von Oppenheim**, kgl. sächs. General-Konsul, Köln

Herr **Valentin Pfeifer**, Ossendorf bei Köln.

Herr **Ed. Puricelli**, Trier.

Frau **Fanny Puricelli**, Rheinböllerhütte bei Kreuznach.

Herr Kommerzienrat **Emil vom Rath**, Köln.

Herr Landgerichtsdirektor **A. Ratjen**, Köln.

Herr Kommerzienrat **Valentin Rautenstrauch**, Trier († 1884).

Herr Präsident Geheimrat **Rennen**, Köln.

Se. Erlaucht der **Graf von Schaesberg-Dilborn**, Schloss Tannheim bei Leutkirch (Württemberg)

Herr **L. F. Seyffardt**, Kaufmann und Landtagsabgeordneter, Crefeld.

Herr **Graf Franz von Spee**, kgl. Kammerherr, Schloss Heltorf bei Düsseldorf.

Herr **Graf August von Spee**, Schloss Heltorf († 1882).

Frau **Elise Stein**, geb. von Mevissen, Köln.

Herr **L. Stein**, Fabrikant, Langenberg im Rheinland.

Der Herr **Bischof von Trier Dr. Felix Korum**, Trier.

Die Stadt **Trier.**

Herr Kommerzienrat **Jul. Wegeler**, Coblenz.

Herr L. G. Referendar **Wekbeker**, Düsseldorf († 1882).

Herr Kommerzienrat **V. Wendelstadt**, Köln († 1884).

Se. Durchlaucht der **Fürst Wilhelm zu Wied**, Neuwied.

Vertreter der Provinz im Vorstande der Gesellschaft:

Herr **Freiherr von Solemacher-Antweiler**, kgl. Kammerherr und Schlosshauptmann, Vorsitzender des Rheinischen Provinzial-Ausschusses, Bonn.

Vorstand der Gesellschaft:

Professor **Dr. Höhlbaum**, Köln, Vorsitzender.

Landgerichtsdirektor **Ratjen**, Köln, Stellvertreter des Vorigen.

Professor **Dr. Lamprecht**, Bonn, Schriftführer.

Geh. Justizrat Professor **Dr. Loersch**, Bonn, Stellvertreter des Vorigen.

Kommerzienrat **Emil vom Rath**, Köln, Schatzmeister.

Kommerzienrat **Gustav Michels**, Köln, Stellvertreter des Vorigen.

Archivrat **Dr. Becker**, kgl. Staatsarchivar, Coblenz.

Ober-Bürgermeister **W. Becker**, Köln

Professor **Dr. Crecelius**, Elberfeld.

Professor **Dr. Dove**, Bonn.

Geh. Archivrat **Dr. Harless**, kgl. Staatsarchivar, Düsseldorf.

Ober-Bürgermeister Geh. Regierungsrat **Jaeger**, Elberfeld.

Archivrat **Dr. Keller**, kgl. Staatsarchivar, Münster i. W.

Ober-Bürgermeister **Lindemann**, Düsseldorf.

Professor **Dr. Menzel**, Bonn.

Geh. Regierungsrat Professor **Dr. Nissen**, Bonn.

Ober-Bürgermeister **Pelzer**, Aachen.

Professor **Dr. Ritter**, Bonn.

Kommerzienrat **Wegeler**, Coblenz.

D ie Adahandschrift der Trierer Stadtbibliothek steht als Denkmal der rheinischen Geschichte ihrer Art nach einzig da; sie ist nicht nur der hervorragendste Prachtcodex des Landes überhaupt, sie ist zugleich die einzige der wenigen rheinischen Handschriften aus karolingischer Zeit, welche der nationalen Empfindungsweise innerhalb der grossen karolingischen Kunst Ausdruck verleiht.

Von jeher lag deshalb der Gedanke nahe, den Freunden und Forschern rheinischer Geschichte ihren Inhalt gerade dieser Handschrift durch Abbildung und Beschreibung zu erschliessen. Gelangt er erst jetzt, nach Begründung der Gesellschaft für rheinische Geschichtskunde, zu Leben und Dasein, so ist der Grund hierfür in den Schwierigkeiten zu suchen, welche sich einer wissenschaftlichen Lösung der Aufgabe sofort entgegenstellten.

Soll die Handschrift nicht ferner als Einzeldenkmal einer frühen Vorzeit bewundert werden, soll sie verstanden werden und erkannt sein als eines der zahlreichen Zeugnisse des ersten grossen Aufschwunges deutscher Kunst, soll sie eingeordnet werden in die Fülle verwandter, teils überragender, teils minder bedeutender Erscheinungen, so bedarf es einer wissenschaftlich befriedigenden Kenntnis der karolingischen Buchmalerei überhaupt: aus der Aufgabe einer Publikation der Adahandschrift ersteht ohne weiteres die Forderung nach einer kritischen Geschichte der karolingischen Miniatur. Eine solche besitzen wir aber nicht; sie muss also gleichzeitig oder als Vorarbeit geschaffen werden. Auch hier zeigt sich die Bedeutung einer wahrhaft wissenschaftlichen Bearbeitung landes-, ja oft auch nur lokalgeschichtlicher Probleme, soweit diese der Geschichte der Zustände angehören: die Forschung wird über ihre nächsten Ziele hinausgeführt zur Vertiefung der geschichtlichen Anschauungen überhaupt. Eben indem die Landesgeschichte ihre Aufgaben vom wissenschaftlichen, d. h. höchsten Standpunkte aus begrenzt, erscheint sie zur steigenden Förderung allgemeiner Erkenntnis, je länger, je umfassender berufen.

Setzt sich aber die Publikation der Adahandschrift zum Ziel, nicht nur die Einzelheiten der künstlerischen Ausstattung zur Abbildung zu bringen und zu erläutern, sondern vor allem die geschichtliche Bedeutung dieser Ausstattung zu bestimmen, so wählt sie sich damit eine Aufgabe, die wiederum nicht ohne allseitiges Erfassen des Problems bisher ist.

Seit den Tagen Waagens und Kuglers hat man der karolingischen Miniatur die regste Aufmerksamkeit entgegengebracht. Aber man hat sich zum Verständnis der Entwickelung, abgesehen von der Ausnutzung unmittelbarer, den Handschriften selbst entnehmbarer geschichtlicher Zeugnisse, fast nur auf diesem Wege der Bilderkritik bedient. Das höchste, allein auf diesem Wege zu erzielende Ergebnis ist in Janitscheks Geschichte der deutschen Malerei erreicht. Es sind gewisse Einflüsse persönlicher, lokaler, allgemein geschichtlicher Art klar gelegt, gewisse Schulen unterschieden. Allein ihre Abgrenzung bleibt bisweilen unsicher, ihre Charakteristik wird nur mit Vorsicht verräckt. Auch hier besteht die Thatsache, dass eine allein auf Bilderkritik begründete kunstgeschichtliche Anschauung dem Mangels subjektiver Begründung, welche freilich keines wissenschaftlichen Resultats gänzlich abgeht, doch ganz besonders ausgesetzt ist.

Sollen festere Ergebnisse, weitere Grundthatsachen gewonnen werden, so wird die Methode der Bilderkritik durch andere Methoden ergänzt, kontrolliert und teilweise ersetzt werden müssen. Diese Methoden sind gegeben in der paläographischen Kritik und der Textkritik.

Die karolingische Zeit ist eine Periode der Schriftreform. Mit dem Erwachen der sogenannten karolingischen Renaissance wird die Forderung klassischer Reinheit und Klarheit nicht nur für das Satzgefüge, sondern auch für die rein äussere Erscheinung schriftlicher Mitteilung erhoben. Hier und da in den weiten Gebieten des karolingischen Herrschaft entstanden Schreibschulen, die sich die Ausbildung sorgsamer Schrift zur Aufgabe stellten; sie entwickelten bei aller wesentlichen Gleichheit der neuen Schriftformen untereinander eine Anzahl von Schulunterschieden, welche sich noch tief ins 9. Jahrhundert hinein, teilweise sogar über das karolingische Zeitalter hinaus verfolgen lassen. Nun ist es natürlich, dass diese neue, reinere Schrift vor allem auch in den Handschriften von künstlerischer Ausstattung, Verwendung fand. So zeigen die Schulunterschiede der einzelnen Schreibschulen in diese Handschriften über, und der Gruppierung derselben nach kunstgeschichtlichen Aussichten lässt sich eine Einteilung nach graphischen Merkmalen gegenüberstellen. Sind beide Gruppierungen zutreffend, so müssen sie zusammenfallen: die paläographische Kritik bietet die wesentlichste Handhabe zur Kontrolle der von der Bilderkritik gewonnenen Ergebnisse, ja noch mehr: sie kann grundlegend für diese werden, sobald die sichere Anwendung gerade der Bilderkritik aus irgendwelchen Gründen versagt.

Noch mehr gilt das von der Textkritik.

Die meisten der karolingischen Prachthandschriften enthalten Bibeltexte, sei es, dass sie nur Teile des Neuen Testamentes, sei es, dass sie dieses ganz oder darüber hinaus gar bis zur vollständige Bibel bieten. Da sie auf diese Weise der Regel nach einen mindestens teilweise gleichen Inhalt aufweisen, so gewinnt der Gedanke Raum, dass die Prüfung dieses Inhalts ebenfalls zu einer Gruppierung der Hand-

schritten führen konnte. Und dieser Gedanke heftet gerade unter den besonderen Verhältnissen des 8. und 9. Jahrhunderts starke Ansicht auf Erde. Denn wie die Karolingerzeit die Schrift reformierte, so besserte sie den verderbten Text der Vulgata, und wie eine Anzahl von Schreibschulen entstand, so erhoben sich einige Werkstätten sähhafter Textkritik. Haben wir aber in den Prachthandschriften nicht minder, wie in andern Vulgatahandschriften des 8. und 9. Jahrhunderts Ergebnisse solch gelehrter Arbeit in Händen, so muss es gelingen, diese Handschriften mittelst eingehender Kritik ihrer inhaltlichen Abweichungen in Gruppen zu scheiden, vielleicht sogar jede dieser Gruppen wieder, wie einer bestimmten Schule, zu einem bestimmten Ursprungsorte zuzuweisen. Hiermit aber wäre eben jene Arbeit geleistet, deren die Bilderkritik bedarf, um von festem Boden aus die von ihr erschlossenen, empfundenen, geahnten Zusammenhänge zu bewahrheiten.

Ziehen wir das Ergebnis dieser Betrachtungen, so würden zur sicheren Durchführung einer Geschichte der karolingischen Hochmalerei paläographische und textkritische Studien mit der Bilderkritik in der Weise zu verbinden sein, dass durch Untersuchung der Schrift und des Textes die Grundlage zu schaffen wäre für die kunstgeschichtliche Forschung; und geben wir diesem Ergebnis diejenige inhaltliche Forderung, welche der vorliegenden besonderen Aufgabe entspricht, so wäre von einer paläographischen Vergleichung der Adahandschrift mit dem sonstigen Apparat verwandter Handschriften der Karolingerzeit auszugehen; es wäre weiter der Versuch zu machen, die Adahandschrift textkritisch in Beziehung zu setzen mit den verschiedenen, gleichzeitig festzustellenden Gruppen der karolingischen Bibelemendation; und es käme schliesslich darauf an, auf Grund dieser Vorarbeiten die volle Entwickelung der karolingischen Buchmalerei darzulegen und innerhalb derselben der Adahandschrift den ihr gebührenden Platz anzuweisen.

Das ist der Gang, welchen die Untersuchungen dieses Buches nehmen, sieht man von der kritischen Erläuterung des kostbaren Einbanddeckels der Adahandschrift ab, welche eine Aufgabe für sich bildet und demgemäss, im Sinne eines Anhanges, an den Schluss der Darstellung gesetzt ist.

Es ist nicht zu verkennen, aber auch nichts weniger als zu bedauern, dass sich damit die Forschung auf den die notwendig gewesenen Wegen immer mehr von der ausschliesslichen Behandlung der Adahandschrift zur weiteren Erklärung derjenigen allgemeinen Interessen hinwendet, welche sich mit der vorliegenden Publikation verbinden. Liess sich an die paläographische Untersuchung der Handschrift sehr wohl deren genaue Beschreibung knüpfen, so konnte schon die textkritische Bearbeitung, der es oblag, den Vorgang der karolingischen Vulgataemendation zum ersten Male genauer zu beobachten, in der Bildung ihrer Gruppen die Adahandschrift nicht viel anders, denn als das Substrat einer textlichen Ueberlieferung neben vielen anderen behandeln; der kunstgeschichtlichen Forschung vollends musste es an erster Stelle um eine kritische Uebersicht des grossen und ganzen Entwickelungsganges der karolingischen Buchmalerei zu thun sein, und erst im Rahmen einer solchen Uebersicht vermochte die künstlerische Eigenart der Adahandschrift würdig gewürdigt zu werden. Von diesem Gange der gesamten Untersuchung wurde aber wiederum die Auswahl der Reproduktionen für das Tafelwerk bestimmt; neben der vollen Publikation der Kunstausstattung der Adahandschrift waren auch die Leistungen der übrigen derselben gleichzeitigen Schulen karolingischer Buchmalerei zu dem Grade zu berücksichtigen, dass ein bestimmter Eindruck ihres Charakters, vornehmlich freilich der Meister-Schule, welcher die Adahandschrift angehört, erreicht ward; und am meisten wurde in dieser Beziehung der Rheinprovinz, das Land der Adahandschrift, besondere Berücksichtigung, als der Lebenskreis der zumeist auf ihrem Boden blühenden Schola palatina besondere Beachtung zu Theil ward.

Es versteht sich, dass so weit angreifende und so verschiedenartige Untersuchungen, wie sie die vorliegende Publikation erfordert, nicht von einem Kopfe, einer Hand ausgeführt werden konnten; die Arbeit musste dem soeben entwickelten Plane gemäss geteilt werden. Die Beschreibung und paläographische Charakteristik der Handschrift hat Herr Professor Dr. Menzel in Bonn übernommen, den textkritischen Text Herr Dr. Corssen in Jever, den kunstgeschichtlichen Herr Professor Dr. Janitschek in Strassburg i. E.; zur Erläuterung des Einbanddeckels der Handschrift erboten sich Herr Domkapitular Schnütgen in Köln und Herr Museumsdirektor Professor Dr. Hettner in Trier. Dem Unterzeichneten endlich ist die wissenschaftliche Vermittlung zwischen den einzelnen Autoren, sowie die geschäftliche und technische Leitung des Unternehmens zugefallen.

Abgesehen von den eigentlichen Mitarbeitern aber ist die verhältnismässig rasche Förderung der Arbeiten nicht zum Geringsten der ausserordentlichen Bereitwilligkeit zuzuschreiben, welcher das Unternehmen überall dort begegnete, wo Rat und Hülfe erbeten ward.

Zu danken ist hier vor allem der Verwaltung der Trierer Stadtbibliothek, deren Instanzen, die städtischen Kollegien mit Herrn Oberbürgermeister De Nys an der Spitze, wie die technische Verwaltung unter Herrn Stadtbibliothekar Dr. Keuffer, den eigentlichen Küper der Adahandschrift zwar liebkosenden Herzens, aber wissenschaftlichen Optimismus voll der Reproduktion nach Berlin überzuführen gestatteten, ohne die photographische Aufnahme der in Trier zurückgebliebenen Einbanddeckels und seiner Teile thunlichst erleichterten. War somit die Möglichkeit einer naturgetreuen Reproduktion geschaffen, so hat sich um ihre, ich glaube sagen zu dürfen vortreffliche Ausführung vornehmlich Herr Professor Knorr, Vorstand der chalkographischen Abteilung in der Reichsdruckerei, verdient gemacht, indem er die Herstellung sowohl der photolithographischen wie auch der sonstigen, vornehmlich der chromolithographischen Abbildungen, und nicht allein der Adahandschrift, sondern auch der zahlreichen sonst noch in Betracht gezogenen Handschriften bis ins Einzelnste sorgfältig überwachen half.

Im Einzelnen haben Mitarbeiter wie Leitung im Laufe der Untersuchungen bei einer grossen Anzahl von Bibliotheken und verwandten Instituten anklopfen müssen, und irgend hat es an liebenswürdiger Förderung gefehlt. Genannt seien an dieser Stelle vor allem Herr Leopold Delisle in Paris, dessen Teilnahme und werkthätiges Eingreifen der Publikation gar oft zu statten kam, ferner die Herren Quirin von Leitner in Wien, Friedrich Leitschuh in Bamberg, August Barack in Strassburg i. E., Samuel Berger in Paris und E. Maunde Thompson in London, welchen öffentlich für ihre besonders wertvolle Hülfe zu danken den Mitarbeitern und der Leitung eine angenehme Pflicht ist.

Bonn am Rhein, Herbst 1889.

K. Lamprecht.

INHALTSÜBERSICHT.

I. Text.

I.

TEXT.

Erster Abschnitt.

CODEX UND SCHRIFT.

Die Adahandschrift der Trierer Stadtbibliothek (Nr. XXII), welche nach der Angabe des älteren Handschriftenkatalogs (S. 4 bis 7) teils wegen ihres ehemaligen goldenen Einbanddeckels, teils wegen der Goldschrift, mit der der Text geschrieben ist, Codex aureus genannt wird, besteht aus 172 Pergamentblättern von 365 mm Höhe zu 245 mm Breite. Fünf Schutzblätter von weissem Papier (1 Vorblatt, 4 Nachblätter) sind unbeschrieben.

Der prachtvolle vordere Deckel vom Jahre 1499 ist heute von der Handschrift getrennt und durch ein starkes weisses Pergamentblatt ersetzt. Der hintere Deckel ist von Holz und aussen mit rotem Plüsch überzogen, der Rücken mit grüner Seide bedeckt. Die inneren Seiten der beiden Deckel sind mit hellem Seidenstoff beklebt.

Die 172 Pergamentblätter bilden 22 Lagen (Quaternionen) ohne Zählung. Die Foliierung der Blätter mit Bleistift ist erst im Jahre 1886 erfolgt. Die Mehrzahl der Lagen (nämlich 2, 4, 5, 6, 7, 9, 12, 13, 14, 15, 16, 18, 19, 20, 21) bestehen aus 4 Bogen oder 8 Blättern, welche in der Mitte geheftet sind. Die übrigen Lagen haben folgende Abweichungen.

Lage 1 hat 4 Blätter, ein fünftes Blatt beigeheftet.

Lage 3 hat die Blätter 14 und 16 bis 22 und das Blatt 15 (Matthäusbild) dazwischengeheftet.

Lage 8 hat die Blätter 55, 58 und 60 bis 63, Blatt 59 (Marcusbild) dazwischengeheftet.

Lage 10 hat nur 6 Blätter (72—77). Sie bestand ursprünglich aus 8 Blättern und hat durch Ausschneiden das 1. und dadurch auch das letzte Blatt verloren. Die Folge ist, dass sich in dem Texte des Marcusevangeliums zwei Lücken befinden. Die erste beginnt Cap. X 3 nach *quid vobis praecepit* mit *Moyses* und geht bis X 34 *et interfici*, die zweite XIV 51 nach *sindone super nuds* mit *et tenuerunt cum* bis XV 7 *in seditione fecerat*.

Lage 11 hat die Blätter 78 bis 84 und 86, Blatt 85 (Lucasbild) dazwischengeheftet.

Lage 22 besteht aus 7 Blättern (166—172). Die Heftung ist zwischen 169 und 170, so dass das letzte Pergamentblatt der Lage, welches jedenfalls unbeschrieben war, fehlt.

Sämmtliche Blätter der Handschrift, auch die 5 Schutzblätter, haben Goldschnitt. Zahlreiche Wegschnitte und Verstümmelungen von Noten und Worten, die am Rande oder am Kopfe fehlen, — auf die wir noch zurückkommen werden — zeigen, dass der Goldschnitt angebracht worden, nachdem die Blätter beschrieben und beschnitten waren.

Der Inhalt der Handschrift ist folgender:

Auf Blatt 1ᵃ steht die Nachricht von neuerer Hand geschrieben:[2]

Hunc codicem aureum dono dedit Ado soror Caroli Magni monasterio ad sanctam Maximini anno sub finem saeculi VIII. Quo in monasterio servatus est usque ad finem saeculi superioris nempe ad annum MDCCXCII quo anno Galli Treviros occuparunt. Post aliquot annos Sandrado Muller huius monasterii tunc bibliothecario, qui tum Moguntiae degebat, hic codex olim per Gallorum qui dixere commissarios, ereptus et Parisios missus est. Anno MDCCCXI, urbe Parisiorum per confoederatos

iterum occupata, per commissarios Borussicos ex bibliotheca regia cum aliis manuscriptis detractus deferebatur Aquisgranum. Qua in urbe tres annos asservatus est, donec tandem ex speciali mandato regis nostri Frederici Guilhelmi III solio paterno restitutus in bibliotheca publica Trevirensi depositus est.

Wittenbach p. t. Bibliothecarius Trevirensis.

Mitten in der Schrift befindet sich der rote Stempel der Bibliothèque Nationale zu Paris, und unter der Schrift der blaue Stempel der Stadtbibliothek zu Trier.

---

[1] Ausführlich ist die Handschrift in neuerer Zeit besprochen von Max Keuffer in dem Beschreibenden Verzeichnis der Handschriften der Stadtbibliothek zu Trier. 1. Heft. Die Bibelhandschriften, Texte und Commentare. Trier 1888. Fr. Lintz. S. 15 bis 23. Hier ist auch die einschlägige Literatur am vollständigsten zusammengestellt.

[2] Nach Max Keuffer, Bibelhandschriften, S. 20 rührt die Schrift von Loren's Hand her und ist von Wittenbach unterschrieben. Über S. 22 finden sich noch weitere Nachrichten über die Schicksale des Codex. Zur Ergänzung füge ich hinzu, dass in einem Verzeichnisse der Urkunden und Handschriften, welche im Jahre 1801 von Trier nach Mainz und dann nach Paris geführt worden, unter den 4 Handschriften zu erste steht: Codex aureus evangeliorum cum tabulis Ottonis plenarie. Das Verzeichnis ist unterschrieben: Mainz, am 12. vendem. jahr 9. Fischer, Professor und Bibliothekar. Cod. Trev. 1643.

Die Trierer Ada-Handschrift.

1

Bl. 1ᵛ steht in kräftiger Capitalschrift in Gold

INCIPIT PRAE-
FATIO SCI HIE-
RONIMI PRBI

Bl. 2ʳ ☩ *Plures fuisse qui evangelia scripserunt et Lucas*
evangelista testatur dicens (bis hierher in Uncialschrift) *Quoniam quidem multi conati sunt* etc. (in
Minuskel)

Bl. 3ʳ wird vollständig in Nachbildung beigegeben. Vgl.
Tafel 3.

Bl. 3ᵛ *ostenditur quattuor tantum evangelia* etc.

Explicit prologus
Incipit epistula
beati Hieronymi presbiteri } in Capitalschrift
ad beatum papam
Damasum

Bl. 4ʳ ☩ *Beato*
papae Da-
maso Hieroni- } in Capital.
mus
Novum opus face-
re me cogis ex
vetere ut post ea } in Uncial.
exemplaria scripta
rarum toto orbe dispersa etc. (in Minuskel)

Bl. 5ʳ *ex exinscriptione signatur* etc. (13 Zeilen bis zum
Schluss der *epistula*)
et memineris mei papa beatissime (Minuskel).

Bl. 6ʳ ist unbeschrieben.
Auf Bl. 6ᵛ beginnen die 10 Canonestafeln, die bis
Bl. 11ᵛ gehen. Die auf Bl. 6ᵛ, 8ᵛ, 8ᵛ, 9ᵛ und
10ᵛ werden in Nachbildungen beigegeben. Vgl.
Tafel 4—8.

Bl. 11ᵛ *Mattheus (ex Judaea) qui et levi in ordine primus*
positus etc. (1 Zeile Capital, die übrigen Uncial)

Bl. 12ʳ *Explicit prologus*
Incipiunt capitula eiusdem libri
deo gratias (Capital)
I nativitas Christi moechorum munera etc. (Uncial)

Bl. 13ʳ *Expliciunt Capitula* (Capital). *secundum Mattheum*
(Uncial).
Das Blatt ist in Nachbildung beigegeben. Vgl.
Tafel 9.

Bl. 13ᵛ hat auf beiden Seiten farbige Randleisten, ist aber
unbeschrieben.

Bl. 14ᵛ unbeschrieben und ohne Randleisten.

Bl. 15ᵛ Bild des Mattheus. Vgl. Tafel 10.

Bl. 16ʳ *Liber generationis* etc. Vgl. Tafel 11.

Bl. 17ʳ *ab abraham usque ad david* etc. Von hier ab ist
der Text der Evangelien, abgesehen von einzelnen
Stellen (Überschriften, Anfängen etc.) durchweg
in Minuskel geschrieben. Das Blatt ist in Nachbildung beigegeben. Vgl. Tafel 12.

Bl. 50ʳ Hier zeigt eine Hand des 17. oder 18. Jahrhunderts,
dass eine Lection in Capitel 269 des Mattheusevangeliums von *Sicut enim homo peregre profi-*
ciscens bis *intra in gaudium domini tui* für den
Gebrauch beim Gottesdienst besonders hergerichtet
wurde. Die Worte *Sicut enim* sind ausgestrichen
und am Rande mit schwarzer Tinte geschrieben:
Sequentia s. Evangel. sec. Matthaeum. In illo tem-
pore dixit D. Jesus Discipulis suis parabolam
hanc. Es soll dann weiter gehen *homo peregre*
proficiscens etc. Über einzelnen Silben finden sich,
ebenfalls von schwarzer Tinte, neumenartige Striche,
Häkelein, Kreuze und Punkte, welche die Betonung
andeuten sollten. Auf einem kleinen, hinter dem
Blatt 51 eingefügten Papierblatt ist dann die ganze
Stelle, welche nach dem Capitulare am Tage der
Translation des Papstes Leo's I. (28. Juni) gelesen
wurde, mit der Überschrift *Sequentia sancti Evan-*
gelii secundum Matthaeum von der neueren Hand
noch einmal geschrieben. Daraus geht hervor,
dass der Adacodex in St. Maximin, wenigstens am
28. Juni, bis in die neuere Zeit in Gebrauch war.

Bl. 56ᵛ *Explicit ev. sec. Mattheum. Incipit argumentum.*
Marcus Evangelista dei etc.

Bl. 57ʳ *Explicit argumentum.*

Bl. 57ᵛ *I De Johanne baptista.*

Bl. 58ʳ *Explicit.*

Bl. 58ᵛ und 59ʳ nicht beschrieben.

Bl. 59ᵛ Bild des Ev. Marcus. Vgl. Tafel 13.

Bl. 60ʳ *Incipit ev. sec. Marc.*

Bl. 80ʳ *Explicit evangelium secundum Marcum. Incipit*
argumentum evangelii secundum Lucam. Lucas
Syrus Antiocensis etc.

Bl. 80ᵛ *Explicit argumentum. Incipiunt capitula.*

Bl. 81ʳ *I Zacharias viso angelo* etc.

Bl. 84ʳ *Expliciunt capitula* (Capital).

Bl. 84ᵛ und 85ʳ nicht beschrieben.

Bl. 85ᵛ Bild des Ev. Lucas. Vgl. Tafel 16.

Bl. 86ʳ nicht beschrieben.

Bl. 86ᵛ *Incipit evangelium secundum Lucam* 14 Zeilen in
Capitalschrift, stehen allein auf der Seite.

Bl. 87ʳ *Quoniam quidem multi conati sunt et* (Uncial)
dinare narrationum etc. (Minuskel)

Bl. 125ᵛ *Expl. evangel. sec. Lucam* (Capital).

Bl. 126 und 127ʳ unbeschrieben.

Bl. 127ᵛ Bild des Ev. Johannes. Vgl. Tafel 17.

Bl. 128ʳ *Incipit argumentum sec. Johannem* (Capital).
Hic est Johannes evangel. (Uncial).

Bl. 128ᵛ *Explicit arg. Incipiunt capitula sec. Joh.* (Capital).

Bl. 129ʳ *I Pharisaeorum Levitae interrogant Johannem.*

Bl. 129ᵛ *Expl. capit. Incipit evangelium sec. Joh.* (Capital).

Bl. 130ʳ *In principio erat verbum* (Uncial).

Bl. 160ʳ *Explicit evangelium sec. Joh.* (Capital).

Bl. 160ᵛ unbeschrieben.

Bl. 16ᵇ *Incipit capitular. Euangeliorum sanc. enangeli* (Capital).

Bl. 17ᵃ Schluss des Capitulare. (Das Capitulare wird am Schlusse der Abhandlung folgen.)

Bl. 17ᵇ Der rote Stempel der Nationalbibliothek sowie auf Bl. 1ᵃ und darüber, zur Cassirung des ersteren, der blaue der Stadtbibliothek zu Trier. Letzterer noch einmal unten links.

Bl. 17ᵇ stehen die folgenden Hexameter mit roter Tinte geschrieben:

HIC LIBER IS VITAE PARADISI ET QVATTVOR AMNIS
CLARA SALVTIFRI PANDENS MIRACVLA XPI
QVI PIVS OB NOSTRAM VOLVIT FECISSE SALVTEM
QVEM DEVOTA DO IVSSIT PERSCRIBERE MATER
ADA ANCILLA DI PVERISQVE ORNAM METALLIS
PRO QVA QVE LEGAS VERSVS ORARE MEMENTO

Die praefatio und die epistola Hieronymi, die vier Evangelien, die dazu gehörigen argumenta und Capitula und das Capitulare evangeliorum sind zum kleinsten Teil in Majuskelschrift (Capital und Uncial, zum weitaus grössten in Minuskelschrift geschrieben. Vom Blatt 17 an finden sich die ersteren nur noch als Initialen oder in Überschriften und Eingängen. Es ist vorwiegend Goldtinte angewandt. Nur einzelne Überschriften und Initialen im Text und Zahlen und Noten am Rande sind in roter Tinte geschrieben. Jede volle Schriftseite hat zwei Columnen, jede Columne — wenige Abweichungen abgerechnet — 32 Zeilen.

Was die Schrift anbelangt, so müssen wir zwei Hände unterscheiden. Die erste Hand (A) schrieb die Blätter 6ᵃ bis 38ᵃ, welche genau die Lagen 2 bis 5 bilden. Hier kommt am meisten die Majuskelschrift, besonders die Unciale vor.

Die Capitalschrift bietet wegen ihrer typischen Gestalt wenig Charakteristisches dar. Es lässt sich nur mit Wahrscheinlichkeit, nicht mit Sicherheit behaupten, dass sie von demselben Schreiber herrühre, wie die Uncial- und die Minuskelschrift. Das L auf unseren Tafeln 5, 9 und 11 hat in Capital und Uncial dieselbe Form, aber das N weicht ab und schliesst den letzten Zug mit einer Haarlinie, die links gebogen unter die Zeile geht.

Die Unciale hat die Merkmale, welche die besseren Uncialschriften des 7. und 8. Jahrhunderts zeigen. Die an den Hauptzug des A sich links anschliessende Schlinge läuft spitz aus und umschliesst einen deutlich zu erkennenden leeren Raum. Die L und H erheben sich merklich über die übrigen Buchstaben und sind von einem nach links gehenden Haarstriche gedeckt. Von dem sehr schmalen Fuss des L geht vom rechten Ende ein gerader, manchmal gebogener Haarstrich unter die Zeile. G, P, Q ruhen mit ihrem Bogen auf der Hauptzeile. Der Unterkörper des G ist sehr dünn und nach links gebogen. Auch das F, das von einer breiten, horizontalen Linie gedeckt ist und mit dem unteren Oberstriche (Zunge) auf der Zeile ruht, hat Unterlänge, welche in einen nach links gebogenen Haarstrich ausgeht. Das R steht auf der Zeile, der Bogen ist gewöhnlich unverhältnismässig gross, daher der nach unten rechts gehende Keil sehr kurz. Der erste Zug des N ist ein Haarstrich, der ganz spitz auf die Zeile stösst und manchmal etwas darunter geht. (Das Capitale N hat dagegen unten einen dicken Fuss oder Abschnittsstrich.) Diese so gestaltete Schrift ist eine sorgfältige und kalligraphische Ausbildung der älteren Uncialschrift, die im fränkischen Reiche nie so entartet war, wie die cursive Minuskelschrift.

Eingehender müssen wir die Minuskelschrift des Codex aureus behandeln. Sie gehört dem Kreise der karolingischen Minuskel an, deren Wesen und Entwicklung in zahlreichen Handschriften und vorzüglichen Abbildungen betrachtet werden kann. Ohne Zweifel hat die Verbesserung der Schrift, welche bei der Verwilderung der fränkischen Minuskel des 7. und 8. Jahrhunderts unbedingt nötig geworden war, schon unter König Pippin begonnen. Die Verbindungen, welche dieser vortreffliche Herrscher mit Italien anknüpfte, kamen nicht allein dem Kirchengesange, sondern auch sonst dem geistigen und culturellen Leben des Frankenreiches, der Wissenschaft, der Kunst und dem Schriftwesen zu gut. Von dem Papste Paul I. (757—767) wissen wir, dass er dem Könige eine Anzahl gelehrter Werke übersandte,[1] die gewiss zum Studium des Inhalts und zur Nachahmung der besseren Schrift angeregt haben. In

---

[1] *Bibliotheca rer. Germ. ed. Ph. Jaffé t. IV. Mon. Carolina p. 101.*

zahlreichen Kirchen und Klöstern, besonders solchen, welche dem neuen Königshause nahestanden, betrieb man jetzt mit wachsendem Eifer und Erfolg den Erwerb, das Lesen und Abschreiben kirchlicher und weltlicher Handschriften.[1] Wenn man fränkische Handschriften aus der ersten der Hälfte oder Mitte des 8. Jahrhunderts, z. B. das merovingische Manuscript, Schriften des Eugyppius enthaltend, oder das Evangeliarium von Autun vom Jahre 754[2] mit dem auf Befehl Karls des Grossen geschriebenen Evangelistarium des Godescalc aus dem Jahre 781 vergleicht, so wird man den Unterschied, den bedeutenden Fortschritt, welchen die fränkische Kalligraphie gemacht hat, sofort erkennen.

Es lässt sich nun nirgends nachweisen, dass den kirchlichen und klösterlichen Schreibstätten des fränkischen Reiches von König Pippin oder Karl dem Grossen schriftliche Muster zur Beachtung, Übung und Nachahmung zugeschickt worden seien. Nach Karls bekannter epistola de litteris colendis (Capitularia regum Francorum ed. A. Boretius I 78 nr. 29) wurde den Geistlichen nur im Allgemeinen Beschäftigung mit den biblischen Schriften (das sind die litterae) und Reinheit des Textes, nicht Form und Schönheit der Buchstaben anempfohlen. Ebenso wenig kann man von Alcuin behaupten, dass er aus eigenem Antriebe oder im Auftrage des Königs sogenannte Schreibvorlagen aufgestellt und in den fränkischen Schulen eingeführt habe. Als Alcuin von Karl dem Grossen als Abt des St. Martinsklosters zu Tours eingesetzt wurde (796) war er bereits 61 Jahre alt und schwach und kränklich. Er schrieb dort wenig mehr eigenhändig, die meisten Briefe, die er hinaussandte, und wohl alle Schriften, die er dort verfasste, sind von ihm diktirt. Nicht selten teilte er dem Empfänger mit, dass er den an ihn gerichteten Brief von einem Notar (scripto notario, vento notario) habe schreiben lassen. In den meisten Fällen wird er wohl die dictirten Schriftstücke vor ihrer Absendung durchgesehen und wenn nötig verbessert haben; aber es sind auch von ihm selbst Zeugnisse vorhanden, dass die Durchsicht von ihm unterlassen worden sei. Einmal schrieb er dem Könige, der einen Fehler wahrgenommen und gerügt hatte, zu seiner Entschuldigung (Bibliotheca rer. Germ. ed. Jaffé VI 426 ep. nr. 160), dass die Schreiber häufig die Worte, die Silben, die Buchstaben änderten und absänen der Irrtum des Schreibenden dem Dictirenden angerechnet werde (et ita error scribentis quodammodo dictanti deputabitur), ein andermal nach deutlicher, dass er, von Kopfschmerz ergriffen, nicht prüfen konnte, was er rasch dictirt habe.[3] Aus diesen Äusserungen sieht man gewiss, dass Alcuin sich um die äussere Form der Buchstaben nicht sonderlich bekümmert habe. Sehr häufig schickte er, weil ihm die Schreibkräfte mangelten, einzelne Schriften zum Abschreiben nach auswärts, an König Karl, an den Bischof Arno von Salzburg, an die Matrone Gisla von Chelles, aber nichts einmal deutet es an, dass die Abschriften nach einem bestimmten Schreibmuster gefertigt werden sollten. Er bittet nur mehrmals, die Abschriften schnell machen zu lassen, weil er die Vorlage nicht entbehren könne (VI 424, 506, 599, 668). In der Schrift, welche Alcuin über die Orthographie schrieb (de orthographia, Alcuini opera, ed. Frobenius II. 1 301—312), findet sich auch nicht die geringste Weisung, welche Bezug auf die Form der Buchstaben hätte. Ebenso wenig in den kleinen an die Schreiber gerichteten Gedichte, ed. Dümmler, Poetae lat. Carolini aevi I 320), welches mit den Worten Hic sedeant sacrae scribentes famina legis beginnt; darin werden sie nur gemahnt, sich gut corrigirte Bücher zum Abschreiben zu verschaffen, und den Sinn durch Interpunktion (cola, commata, puncta) hervorzuheben.

Allerdings leitete Alcuin in Tours eine Schule und sorgte dafür, dass der Unterricht im Lesen, Singen und Schreiben getrennt und von besonderen Lehrern gegeben werde. Da darf man gewiss annehmen, dass bei fleissiger Übung die Schrift der Schüler sich besserte. Aber von der Schülerleistung bis zum anerkannten Muster war doch ein weiter Weg. Einer so hohen Leistung standen ausser dem Alter Alcuins noch zwei andere Umstände entgegen, einmal der Mangel an Büchern — er musste sich die für den Unterricht nötigen Bücher erst aus England herbeischaffen lassen (ep. 78 an König Karl) —, dann die Turonica rusticitas, über welche er sich in einem Briefe an König Karl beklagt (ep. 112). In demselben Briefe spricht er sich ungleich hoffnungsvoller über die Leistungen und Erfolge der Schüler der Hofschule, der pueri palatini, aus. (Vgl. auch Jaffé VI. 347.) Genug, man kann nicht behaupten, dass die Schule von Tours unter Alcuins Leitung ein leuchtendes Muster der Schriftreform gewesen sei. Die Besserung der Schrift wurde nicht durch eine bestimmte Vorschrift, sondern durch die Sorgfalt, die Praxis, die Liebe der einzelnen

[1] Man vgl. z. B. die langen Verzeichnisse von Handschriften, welche in den Gesta abbatum Fontanellensium vorkommen. Ausg. von Loewenfeld p. 38, 41 und später 47, 48, 53, 54, 56. Unter der litera Romana, die häufig genannt wird, kann nur die Uncial- oder Halbunciale gemeint sein, denn ganze Handschriften wurden damals schwerlich mehr in Capital geschrieben.

[2] Beide Handschriften wurden von L. Delisle behandelt und durch gute Abbildungen bekannt gemacht. Die erste in Notice sur un Manuscrit Merovingien contenant des fragments d'Eugyppius, Paris 1875; A. Peratté. Mit 6 Schrifttafeln; die zweite (Ms. nr. 3 du séminaire d'Autun in der Bibliothèque de Cercle des chartes VI. série nun. IV p. 115), mit einer nur 3 Columnen betreffenden, Uncial und Minuskel zeigenden, Schrifttafel. Aus diesem Macuscript findet sich auch eine Schrifttafel (mit Uncial charakterisiert) bei Zangemeister und Wattenbach, Exempla Codicum Latinorum Supplem. tab. LXI.

[3] Jaffé VI 458 ep. 142. Nec ego, optio dolore fatigatus, reconsure possum, quae soleo eum ex aeo dictante reclamat; et qui ab altoris neglegentiam infancte vel non imputat.

[4] Mahnung an den Erzbischof von York. Segregentur separatim una librarii, qui libros legunt, qui codices inveniunt, qui scribendi studio deputatur. Habeas et singulis his ordinatos magistros suos, ne, sciendo alia, ungt discurrant per loca vel causas execrent ludos vel alias nenuguntur amplias. Mon. Alcuin. Jaffé VI 335.

Schreiber gefördert. Der ungeübte Schreiber lernte von dem geübten, so kam man vorwärts und wohl ziemlich gleichen Schrittes an verschiedenen Arbeitsstätten des fränkischen Reiches.[1]

Wie man zu Alcuins Lebzeiten in Tours geschrieben, weiss man nicht, denn wir besitzen weder ein Autograph Alcuins noch eine Handschrift, von der mit voller Bestimmtheit gesagt werden könnte, dass sie zwischen 796 und 804 in Tours geschrieben worden sei. Erst später unter Alcuins Nachfolgern in der Abtei, unter Fridugisus und Adelard, bildete sich dort eine Schrift aus, die man als charakteristische Schrift von Tours bezeichnen kann. Alle Handschriften, welche Leopold Delisle in seinem vortrefflichen Mémoire sur l'école calligraphique de Tours au IXe siècle (Extrait des mémoires de l'Académie des inscriptions et belles-lettres, tome XXXII Ire partie. Paris 1885) zusammenstellt und beschreibt, sind erst nach Alcuin, zum Teil mehrere Jahrzehnde nach Alcuin, in Tours entstanden. Aber auch diese Schrift, welche sich inmitten von anderen sofort leicht erkennen lässt, ist im Frankenreich nicht bleibendes Muster geworden und reicht wohl schwerlich über das neunte Jahrhundert hinaus.[2]

Wenn der Codex CVI der Kölner Domkapitelbibliothek, wie ich anzunehmen geneigt bin, wirklich aus Alcuins Schreibschule in Tours stammt,[3] zeigt er gerade, dass dort sehr verschiedene Schreiber neben einander thätig waren, solche, welche die verbesserte Schrift schon mit Sicherheit handhabten, und solche, welche an den cursiven Eigentümlichkeiten mehr oder weniger noch festhielten. Ja es befanden sich, was ja auch sonst bekannt ist, Angelsachsen darunter, welche in Tours fortfuhren, die Schrift zu schreiben, die sie in ihrer Heimat gelernt hatten.[4]

Wir meinen also, dass die Besserung der Schrift seit dem Wiedererwachen der litterarischen Studien, zu denen Pippins Feldzüge nach Italien mit den Anstoss gegeben hatten, vornehmlich am königlichen Hofe für nötig erachtet und gepflegt und durch seinen Einfluss alsbald an verschiedenen Orten zugleich mit lebhaftem Eifer betrieben wurde. Ohne Zweifel bildeten sich die Hofschreiber an älteren Handschriften, die sie in Italien kennen lernten oder von da mitbrachten und seitdem mit findigem Eifer in den Kirchen- und Klosterbibliotheken des Frankenreiches aufsuchten.

[1] Ohne Zweifel werden sich bestimmte Gruppen und Schulen mit besonderen Zügen und Eigentümlichkeiten unterscheiden lassen, wenn das Material einmal in umfassender Weise durchforscht und geprüft sein wird. Den Anfang machen die Arbeiten L. Delisle's, die unten erwähnt sind. Dazu kam noch in neuester Zeit L'évangéliaire de Saint-Vaast d'Arras et la Calligraphie franco-saxonne du IXme siècle. Paris, Champion 1888. Das Gebiet der hier behandelten fränkisch-sächsischen Schrift wird durch die Städte und Klöster Laon, St. Denis, Noyon, Arras, Cambrai, St. Amand, Tournai, Stavelot, Lüttich, Egmond, Deventer näher bezeichnet.

[2] Ich meine nur die Schrift, welche Delisle Initiale neunt und die in ihren a, g, n, m, r, s, besonders charakteristisch ist. Den in dem Mémoire aufgeführten Handschriften kann man noch die Codices Trev. 31 (Apokalypse) und Col. 1 (Bibel) hinzufügen.

[3] Dr. Knust (Pertz, Archiv VII 855) und nach ihm Th. Sickel (Alcuinstudien. Wiener Sitzungsberichte 1875 S. 543) und W. Arndt (Schrifttafeln, Erläuterungen zu Tafel 37—40) nahmen an, dass dieser Codex Col. CVI derselbe sei, welchen Alcuin mit einem Briefe (Bibl. VI nr. 134 zw. 798 und 804) durch seinen Schüler Fridugisus an den Erzbischof Arno von Salzburg schickte. W. Wattenbach, der noch in der 3. Auflage seiner Anleitung zur Lateinischen Palaeographie (1878) S. 18 ebenso annahm, spricht sich in der 4. Auflage (1886) S. 35 abweichend aus. Auch ich bin anderer Ansicht und aus folgenden Gründen. Alcuin zählt in dem genannten Briefe die einzelnen Stücke auf, welche der *libellus* enthielt, und sagt dann, dass er noch mehr beigefügt hätte, wenn Fridugisus nicht solche Eile und er selbst also mehr Zeit gehabt hätte, um das Buch so zu ordnen, wie er vorgehabt habe (*plura misissem in eum* [i. e. libellum] *nisi festinatio eius* [i. e. Fridugisi] *praevenisset me, et nisi habuissem tempus eum ordinare sicut dispositum habui*). Nun enthält der 74 Blätter umfassende Pergamentcodex nr. CVI, abgesehen von den stationes, ungefähr 12 Stücke mehr als in dem Briefe Alcuins angegeben sind. (Vgl. Ecclesiae Metropolitanae Coloniensis codices manuscripti, descripserunt Ph. Jaffé et G. Wattenbach p. 43 s.) Darunter befindet sich auch ein Brief, den Alcuin kurz zuvor an Arno geschrieben (ep. nr. 133). Wie ist es nun denkbar, dass Alcuin, besonders wenn er sich beeilen muss, dies Schriftstück wiederholt, ohne in dem Briefe, den Fridugisus überbringen soll, Bezug darauf zu nehmen und die Gründe anzugeben, die ihn bestimmten, den Brief noch einmal schreiben zu lassen? Dass Handschriften ähnlichen Inhalts vielfach zur Belehrung angefertigt und verschickt und dann wieder abgeschrieben wurden, sieht man aus dem Cod. 30 saec. X der Capitelsbibliothek zu Ivrea (Archiv IX 616), der ebenfalls jenen Brief Alcuins an Arno (ep. 133), die expositiones in psalmos poenitentiales et in psalm. 118, die epistola ad pueros s. Martini (ep. 154), aber auch einige Stücke enthält, die im Cod. Col. CVI fehlen. Knust erwähnt (Archiv VII 856), dass Frobenius einen ähnlichen Codex aus St. Emmeram gehabt habe, wohl denselben, den er Opera Alcuini I 2 erwähnt. Auch Sickel (Alcuinstudien a. a. O. S. 543) führt einige Handschriften auf, in welchen Alcuins Epistola nr. 154 und 133 und mehrere seiner anderen Schriften in gleicher Verbindung begegnen. Der Cod. Col. CVI ist ohne Zweifel auf Wunsch des Erzbischofs Hildebald von Köln (794—819) geschrieben worden, es fragt sich nur, ob in Tours oder in Köln. Für Tours, wo Alcuin Angelsachsen um sich hatte und, wie zahlreiche Briefe zeigen, in lebhafter Verbindung mit der Heimat blieb, spricht die angelsächsische Schrift, die sich auf vielen Blättern zeigt. In Köln scheinen Angelsachsen nicht geschrieben zu haben, wenigstens habe ich in den Handschriften des Domkapitels, die Erzbischof Hildebald schreiben liess (es sind die Codd. 41, 51, 54, 55, 63, 73ª, 74, 91, 103, 115) und deren Einsicht mir von dem hochwürdigen Domkapitel gestattet wurde, keine angelsächsischen Hände wahrgenommen. Gegen Köln spricht auch der Umstand, dass der Codex nicht, wie die anderen Hildebald'schen Codices, als Codex sancti Petri sub pio patre Hildebaldo scriptus bezeichnet ist, und dass in ihm nicht einmal eine Hand vorkommt, die sich in den Hildebald'schen Handschriften findet.

Der Brief Alcuins nr. 134 ist übrigens nicht zwischen die Jahre 798 und 804, sondern nach 802 zu setzen, denn erst im Jahre 802 wird Alcuin von Salzburg aus gebeten, eine Epistel de confessione vel penitentia zu verfassen. Darauf antwortet Alcuin (ep. 197), dass er kürzlich (pridem) eine solche verfasst und den Schülern von St. Martin gegeben habe, und dass dieselbe auch den Schülern in Salzburg genügen werde. Dass er mit dieser Antwort zugleich die Schrift (ep. 154) schickt, wie es in der Überschrift bei Jaffé heisst, sagt er mit keinem Worte. Die Übersendung erfolgte erst durch Fridugisus (mit ep. 134). Man hatte also in Salzburg, aus Tours überschickt, eben so wenig zwei Exemplare dieser epistola de confessione (ep. 154) als 2 Exemplare des Briefes Alcuins an Arno (ep. 133).

[4] W. Arndt veröffentlicht in seinen Schrifttafeln 6 Blätter aus diesem Codex, nr. 33, 34 und 37—40. Die beiden ersten sind von angelsächsischen Händen geschrieben.

für die Unciale dienten ihnen die Uncialhandschriften des 5 und 6 Jahrhunderts und für die Minuskel die guten halbuncialen des 6 Jahrhunderts, deren Schrift schon beträchtliche Fortschritte zur Minuskel gemacht hatte.[1] Bei der spezifisch nachaleomnischen Schrift von Tours sind die halbuncialen Vorbilder besonders deutlich zu erkennen.

Von der Minuskelschrift unseres Codex aureus betrachten wir zuerst die des Schreibers A. Er schreibt das runde Bucher-a, aber er schreibt auch, und zwar in besonders schöner Form, das aus der römischen Cursive von den Langobarden weitergebildete offene a, welches ganz das Aussehen von zwei nebeneinander stehenden c hat. Auf Tafel 12 und noch mehr auf Tafel 13 findet sich das cursive a oben manchmal geschlossen, ein Übergang zu dieser Form, welche durch die Biegung des oberen linken c zu dem rechten entsteht, zeigt sich auf Tafel 12, linke Columne, Zeile 4 von unten, in dem Worte autem. Dies ist die Form des a, welche bald von dem Schreiber zum grössten Teil mit einem Zuge der Hand zu schreiben versucht wird. Beispiele auf Tafel 13, linke Col., in den Worten qua (Z. 4), servant (Z. 5), besonders deutlich in manuducent (Z. 7, 8). Die b und die andern Buchstaben mit Oberlängen haben diese ungleichmässig dick und häufig etwas schräg gestellt. Das c besteht aus einem einfachen Bogen. Das langobardische höhere und in der Mitte gebrochene e kommt auf unserer Schrifttafel gar nicht vor und wird von dem Schreiber A überhaupt nur zweimal geschrieben, auf Bl 22' in dem Worte facet und Bl. 26' in dem Worte sacerdotum. Bei g geht der Unterkörper rechts vom Kopfe aus in leichter Einbiegung herab.[2] Das n erscheint sehr häufig in der Mitte der Worte in Majuskelform und gerade dieser Brauch der Schreiber scheint mir deutlich zu zeigen, dass sie sich an halbuncialen Handschriften des 6 Jahrhunderts, in denen das n fast immer in Majuskel erscheint, gebildet haben. Das f ist ist sehr niedrig und geht kaum über die Buchstaben in der mittleren Parallele hinaus. Es gleicht dem angelsächsischen f. Bei t zieht sich der horizontale Deckstrich oft weit nach rechts, der vertikale Strich zeigt unten bei der Umbiegung ziemliche Verdickung. Der Schreiber schreibt, aber selten, die Ligaturen von n und t der Uncialen und Halbuncialen, sowie die cursiven Ligaturen von r und e, r und t und von n und t. Bei y bildet den Hauptzug der nach links geöffnete Bogen, an dessen äusserer Seite oben der Keil angesetzt ist; der Winkel, welcher dadurch entsteht, hat den Punkt. Die kleinen, bei z oben und unten angebrachten, Bogen schauen nach innen. Das Abkürzungszeichen kommt in älterer (schräg stehend, oben und unten geeckt) und in jüngerer (liegend, leicht geschwungen) Gestalt vor, die erstere ist häufiger. Das Fragezeichen hat die Form eines deutschen Schreibers mit unterem Punkt.

Den grösseren Teil des Codex aureus hat ein zweiter Schreiber, B, geschrieben, nämlich Blatt 39' bis zum Schluss oder die Lage 6 bis 21, und die erste Lage (Bl 2 bis 5), also den Anfang der Handschrift. Von ihm rühren die Verbesserungen des Textes her, nicht nur des von ihm selbst, sondern auch des von dem Schreiber A geschriebenen. Ich will auf einige besonders deutliche Fälle hinweisen. Auf Bl 19' ist suum zwischen traheam und in horream, auf Bl. 19' ibs. eversum nach aut illi vom Schreiber B. Seine Hand lässt sich ebenso bei den Correcturen auf den Bl 20', 22', 23', 34'. 57' erkennen. Der Schreiber B hat also nicht allein den grössten Teil des Codex geschrieben, sondern die Handschrift überhaupt vervollständigt, revidirt, corrigirt und zum Gebrauche vollendet.

Der Unterschied der beiden Hände zeigt sich in Folgendem. Schreiber B schreibt meistens das runde Minuskel-a, das offene a gar nicht und das geschlossene cursive a nur nach r und rr (Beispiel auf Tafel 14 links, 5 Zeile in dem Worte traus). Die Oberlängen der Buchstaben b, d, h, l sind mehr gleichmässig dick und stehen gerade. Gleichmässig dick ist auch der vertikale Strich des t. Der Unterkörper des g bildet unterhalb des Kopfes eine scharfe Ecke. n in Majuskel kommt in der Mitte der Worte nicht mehr vor. Das f ist langgestreckt und entfernt sich ganz von der angelsächsischen Form. Bei y geht der Hauptzug schräg von rechts nach links, der Keil ist auf der linken Seite angesetzt, es fehlt der Punkt. Die kleinen, beim z oben und unten angesetzten, Bogen schauen nach aussen. Der Schreiber hat dieselben cursiven Bindungen wie A, und ausserdem die von r und i, von r und e. (Man sieht discurrentes auf Tafel 3 rechts, Zeile 18 von oben.) Er gebraucht nur das jüngere Abkürzungszeichen, und als Fragezeichen die neue Form, nur flacher und liegend und ohne Punkt.

Die Schrift von B ist gedrängter als von A. Auf Bl 39' tritt dies zwar noch nicht hervor, aber schon auf Bl 40'. Die gedrängte Schrift zeigt sich auch in der ersten Lage, z B. auf Tafel 3.

Der Schreiber B (vermutlich auch A) arbeitete nach einer vollkommen ausgestatteten Vorlage und schrieb sich die Majuskelbuchstaben, mit der die Abschnitte und einzelne Zeilen begannen — sei es weil ein anderes Rohr nötig war, oder aus einem anderen Grunde — für die Columnen oder für das ganze Blatt voraus. Dabei geschah es manchmal, dass er sich verzählte und die Majuskel, mit der der nächste Abschnitt begann, eine Zeile zu früh setzte, und folglich um eine Zeile weniger Raum hatte. Er half sich nicht dadurch, dass er längere Zeilen machte — dies

[1] Gute Abbildungen dieser Schrift bieten die Exempla Codicum Latinorum von Zangemeister und Wattenbach tab. 32, 40, 41, 42, 44, 52. Die Publicationen der Palæographical Society pl 136, 137, 138, 161, 162, Leopold Delisle, Album palæographique pl. 8, 9, 11 und Mémoire sur l'école calligraphique de Tours pl. V. In diesem memoire p. 16 ist eine Anzahl von Manuscripten in halbuncialer Schrift verzeichnet.

[2] Das g in Minuskel bereitet, machte den Schreibern überhaupt viel Schwierigkeit. Daher kommen die verschiedenen Formen in der Übergangszeit. Auf pl. 11 in L. Delisle's Notice sur un manuscrit Mérov. finden sich 5 bis 6 verschiedene Formen dieses Buchstabens.

durfte er wohl mit Rücksicht auf seine Vorlage nicht — sondern dadurch, dass er die Zeilen enger setzte. Auf diese Weise erhielten einige Columnen 33 Zeilen. Beispiele auf Bl. 69ᵛ, 146ᵛ, 151ᵛ, 152ᵛ. Nur so lässt sich erklären, dass er bereits 6 bis 8 Zeilen vor dem im voraus geschriebenen Majuskelbuchstaben weiss, dass er enger schreiben muss, um den Text vollständig unterzubringen.

Die beiden Schreiber wechseln genau mit den Lagen. B tritt mit der 6. Lage ein und fugt die erste, die noch fehlt, hinzu. Die mittleren Lagen 2 bis 5 gehören dem Schreiber A an. Diese Beobachtung ist an und für sich nicht aussergewöhnlich. Es geschah, wie man weiss, sehr häufig, dass, um eine Handschrift rascher abschreiben zu können, die einzelnen Lagen unter verschiedene Schreiber verteilt wurden. In zahlreichen Handschriften kann man die Beobachtung machen, dass mit einer neuen Lage, ja mit einem neuen Blatte, eine andere Hand beginnt. Aber hier scheint mir die Sache doch anders zu liegen. Die Schreiber schrieben nicht zeitlich neben einander, sondern nach einander. Das von dem ersten Schreiber aus irgend einem Grunde unvollendet gelassene Werk wurde von dem zweiten nach einem Jahrzehend, vielleicht nach zwei wieder aufgenommen und vollendet. Der Schreiber A gehört etwa dem letzten Jahrzehend des 8. Jahrhunderts an, der Schreiber B dem ersten oder zweiten des 9. Jahrhunderts.

Der Unterschied der beiden Teile tritt auch in folgenden Punkten scharf hervor. Als das Werk begonnen wurde, war wohl die Absicht, sämmtliche Blätter mit colorirten Umrahmungen (Randleisten) auszustatten, wie sie die Blätter 11ᵛ bis 14 und 16 bis 23ᵛ haben. Von Bl. 23ᵛ an fehlt die Umrahmung, aber das Liniirungsschema, welches die Grenzen und die Gliederung der Umrahmung vorzeichnete, bleibt dasselbe bis zum Bl. 38ᵛ, also bis zum Ende der 5. Lage. Die Linien sind mit dem sogenannten trockenen Stift einseitig gezogen und sind auch für die andere Seite massgebend. Durch Zirkelstiche ist die richtige Entfernung der einzelnen Linien angezeigt. Die blinden Linien bilden einen inneren Rahmen, der die beiden Schriftcolumnen einschliesst und einen äusseren Rahmen von drei Linien, der die Colorirung aufnahm oder aufnehmen sollte. Darüber sind zwei horizontale Parallellinien durch das ganze Blatt gezogen. Von rechts nach links zählt dieses Schema 16 Linien, und von oben nach unten, abgesehen von den 32 Schriftzeilen, die ebenfalls blind vorgezeichnet sind, 12 Linien.

Mit dem Bl. 39, dem ersten der 6. Lage, beginnt ein einfacheres Liniirungsschema, welches zeigt, dass bei dem zweiten Teile der Handschrift die Absicht der prachtvollen Ausstattung von vornherein nicht vorhanden war. Es hat nur einen Rahmen, der die durch je 4 vertikale Linien (2 rechts, 2 links) abgegrenzten Schriftfelder einschliesst und oben und unten nur durch je eine horizontale Linie abgeschlossen wird. Von rechts nach links zählt man 8 Linien, von oben nach unten nur 2.

Die verschiedene Liniirung der beiden Theile hatte eine Folge. Bei die ersten mussten die zwischen von den Schriftcolumnen stehenden Noten und Zahlen, welche die Parallelstellen der Evangelien angeben, mit Rücksicht auf die Umrahmung ziemlich entfernt von der Schrift gesetzt werden. Dadurch kamen die zur linken Schriftcolumne gehörigen Noten auf den Kehrseiten der Blätter sehr nahe an den Rand zu stehen. Bei der zweiten Liniirung konnten diese Noten, weil kein Rahmen sich mehr dazwischen stellte, der Schriftcolumne näher rücken und sich vom Rande entfernen. Diese Verschiedenheit, welche auf den Tafeln 13 und 14 hervortritt, wurde bei der Zusammenfügung der beiden Teile nicht beachtet. Man beschränkte die ganze Handschrift nur mit Rücksicht auf den zweiten Theil; so kam es, dass auf zahlreichen Kehrseiten der Blätter des ersten Teiles die zu nahe am Rande stehenden Noten und Zahlen ganz oder teilweise weggeschnitten wurden. Auch Blattüberschriften sind, wiewohl seltener, auf diese Weise betroffen worden. Die Verletzungen finden sich nur im ersten Theil (z. B. Bl. 17, 18, 24, 35, 36 verso). Von Bl. 39 an ist nicht eine mehr wahrzunehmen.

Eine andere Verschiedenheit zeigen die Blattüberschriften. Im ersten Teile steht regelmässig auf der Kehrseite eines Blattes secundum oder secund. oder sec. und auf der gegenüberstehenden Vorderseite des folgenden Blattes Mattheum (auch Mattheum) oder Mat. bald in Uncial-, bald in Capitalschrift. häufig von starker Interpunktion (zwei Punkte mit Komma) eingeschlossen (Beispiel Tafel 12). Auffallend ist, dass Bl. 38ᵛ und 39ᵛ keine Blattüberschriften haben. Nachdem Schreiber A unterlassen, das secundum zu schreiben, liess Schreiber B auch das entsprechende Mattheum weg. Jenes schrieb er zuerst Bl. 39ᵛ, dieses Bl. 40ᵛ. Auf Bl. 40ᵛ und 41ᵛ fehlen die Überschriften. Von Bl. 41ᵛ an sind sie nicht mehr einfach von Punkten und Strichen umgeben (wie auf Tafel 12), sondern abwechselnd von rotkolorirten Blättern mit Stielen, von Kreuzen, von allerlei aus Punkten zusammengesetzten Figuren. Zu bemerken ist, dass Bl. 56ᵛ, wo noch der Text des Mattheusevangeliums steht, die Überschrift Marcum zwischen Blättern hat.

Einzelne Eigentümlichkeiten der Handschrift und der beiden Schreiber besprechen wir am besten an der Hand der reproducirten Tafeln. Aus Tafel 3 sieht man: der Schreiber gewöhnlich nach einem Satzteile die einfache Interpunktion, den Punkt, setzt, am Ende von Abschnitten eine stärkere, entweder 2 Punkte schräg übereinander oder Punkt mit Komma. Die Punkte stehen etwas höher als die Schriftzeile.

Tafel 4. Im zweiten Felde der Mattheuscolumne stand ursprünglich LXXIII und wurde verbessert in LXX (richtige Zahl).

Tafel 5. Im 6. Felde der Mattheuscolumne stand oben zuerst CCCXXXVIII und wurde verbessert in CCCXXII (richtige Zahl, in dem folgenden CCCXXXVIIII ist der letzte Einer, der ausradirt ist, zu streichen).

Tafel 11. Die verkehrten Buchstaben, die sich unten in der rechten Columne zeigen, sind von der anderen Seite durchgeschlagen.

Tafel 12. Die Noten links am Rande deuten hier wie auf den anderen Tafeln die Parallelstellen der Evangelien an. Das Kreuz links am Rande unter der Note ist von roter Tinte und bezeichnet den Anfang der zu lesenden Evangelienstelle, das *F* rechts am Rande, ebenfalls rot, bezeichnet das Ende (finist derselben.

Die 7 einfachen Komma in der Mitte zwischen den beiden Schriftreihen sind Anführungszeichen und weisen auf direkt angeführte Prophetenworte in dem rechtsstehenden Texte hin. Sie sind mit Goldtinte ausgeführt.

Tafel 13. Die erste Zeile der linken Schriftreihe ist mit roter Tinte geschrieben, ebenso die römischen Zahlen *XVI* zur Capitelzählung (auf unserer Tafel nicht sichtbar) und *IIII, V, VI* in den drei Noten (Vgl. Tafel 11) und das Kreuz und das entsprechende *F*.

Die 6 Punkte über *scire* sind von Gold und bedeuten, dass das Wort gelöscht werden soll. Solche Punkte werden zu demselben Zweck häufiger unter die Worte gesetzt. Einzelne Buchstaben werden auch durchstrichen, z. B. zweimal das *h* in *hypochrita* auf Bl. 22ᵛ und 23ᵛ.

Tafel 14. Von roter Tinte sind die Zahlen *II, VI, I, X* in den Noten und das Kreuz.

Über die Personen der Schreiber, über den Ort, wo sie geschrieben haben, erhalten wir aus dem Codex aureus keine Nachricht. Die Entstehung in Trier und die ausdrückliche Bestimmung für St. Maximin, die erst in viel späterer Zeit behauptet wird, erscheint mir wenig glaubhaft. Nicht deshalb, weil in dem Capitulare oder dem Comes, der den Schluss der Handschrift bildet, kein Bezug auf Trier und seine berühmten Bischöfe Maximinus, Agritius, Paulinus und Nicetius genommen ist — denn das Capitular ist das rein römische, das keine anderen localen Rücksichten kennt —, wohl aber deshalb, weil man sich in Trier gegen Ende des 8. Jahrhunderts wenig oder gar nicht mit Studien und Arbeiten, wie sie Alcuin liebte, beschäftigt zu haben scheint. Alcuin beklagte sich in mehreren Briefen an den Erzbischof Richodo, dass er ihm nicht schreibe, dass er die Aeneide den vier Evangelien vorziehe. Einmal schreibt er *Utinam euangelia quattuor, non . leneaides duodecim pectus complerent tuum* (ep. 216), ein andermal: *Quare tua, frater carissime, caritas taciturnitate obmutescit? Cur non merebis linguam ad dictandum, manuum ad scribendum? Quid talentum huius obruis? Quare osmonitoria non currit cartula? Legat quid desiderat, consideret quid faciat. Timeo, ne Musleuse hacho litterae subuersae sint* etc. (ep. 107). Dass man in St. Maximin im Sinne Alcuins gestrebt und gearbeitet habe, lässt sich mit keinem einzigen Zeugnis jener Zeit belegen.

Wir sind also darauf angewiesen, nach ähnlichen Werken umzuschauen und durch Vergleichung mit ihnen wenigstens annähernd den Kreis zu bezeichnen, in dem die Handschrift entstanden sein könnte. Ich habe mich dabei auf den paläographischen Teil zu beschränken. Wenn man das bereits erwähnte Evangelistarium des Godesscalc² betrachtet, so findet man sowohl bei der Uncial- wie bei der Minuskelschrift grosse Ähnlichkeit mit der Schrift des Schreibers A. Die letztere ist vorgeschrittener, schöner, gefälliger, aber offenbar nur eine Weiterbildung der kalligraphischen Kunst Godesscalcs. Godesscalc schreibt die Minuskel g mit derselben eigentümlichen Form des Unterkorpers wie A, er schreibt die beiden a, das runde Bücher-a und das offene cursive a, aber noch nicht das wieder geschlossene cursive a, das langobardische gebrochene e schreibt er gerade so oft als A, nämlich in *carus* (Zeile 16) und in *Carlus* (Zeile 56 des Gedichtes); er hat dieselben ungleich dicken Oberlängen, dieselben eckigen Fragezeichen, dieselben schräg stehenden Abkürzungszeichen wie A. Wenn man die auf Bl. 121ᵛ stehenden Worte

ꝼINIT DŌ GRATIAS

AM

E

N

⁝

---

¹ Dass Alcuin somit von Richodo, den er Macarius nannte, eine hohe Meinung hatte, sieht man aus ep. 100 Jaffé VI 454. Auch widmete er ihm das Gedicht *Haec tibi, Macari, dictavi munera, pastor* etc. Dümmler I 348.

² Heute Cod. Paris. Nouv. acquis. lat. 1203. Der vielbeschriebene Codex ist grösstenteils in Uncialschrift geschrieben, Gold- und Silberschrift und Purpur, 2 Columnen zu 28 bezw. 29 Zeilen. In Minuskel (s.), abgesehen von einzelnen Stellen der Kalendarriums, nur das Widmungsgedicht an Karl den Grossen auf Bl. 126ᵛ und 127ᵛ geschrieben. (Abbildung bei Bastard, Peintures et ornements des manuscrits etc. depuis le IVᵉ siècle de l'ère chrétienne jusqu'à la fin du XVIᵉ nr. 86 nach Wattenbach, Neues Archiv, IX 458.) Ausserdem auf Bl. 36ᵛ noch eine Worte. Im Text steht dort in Uncial *deos nobis quaecumque alligaveritis super terram (erunt ligata et in celis et quaecumque solueritis super

mit *Finit* auf unseren Tafeln 5 und 8 vergleicht, so könnte man annehmen, dass sie von einer und derselben Hand herrührten. Auch Zahlen mit ihren Ausschmückungen, wie

$$\overset{\div}{\text{CCVI}} \text{ oder } \overset{\div}{\text{CCXXVI}}$$

sind ganz ähnlich wie bei uns. Vgl. Tafel 5 und 9.

Aus derselben Schreibschule stammt nach meiner Meinung das Evangeliar, welches Kaiser Ludwig der Fromme im Jahre 827 der Abtei des h. Medardus in Soissons schenkte.[1] Die Uncialschrift ist zwar kräftiger und derber als die in unserer Handschrift, und sicherer als bei Godesscalc, ebenso hat die Minuskel einen vorgeschritteneren Charakter, aber viele Eigentümlichkeiten jener treten auch hier deutlich hervor. Die L und G der Uncialen weisen auf Godesscalcs Schule hin, die g der Minuskel gleichen denen unseres Schreibers B. Das offene und das geschlossene a der Cursive ist verdrängt von dem runden Bücher-a. Bei einzelnen Dingen folgt der Schreiber bald älterer, bald jüngerer Gewohnheit; er hat die eckigen Fragezeichen von A und die liegenden Abkürzungszeichen von B, bald leicht geschwungen, bald ganz gerade und gewekt. Er hat zwischen den Schriftzeilen doppelte Anführungszeichen zum Hinweis auf directe Rede. Er schreibt in zwei Columnen zu je 32 Zeilen.

Diesem Evangeliar steht ausserordentlich nahe eine Handschrift des britischen Museums, welche um das Jahr 800 geschrieben sein soll und die Signatur Harley nr. 2788 führt.[2] Sie wird ebenfalls Codex aureus genannt und enthält die vier Evangelien wie unsere Handschrift. Der Text steht in zwei Schriftreihen zu je 32 Zeilen in Uncialschrift. Nur die 3 ersten Stücke, capistola, prefatio etc. und das Capitulare am Schluss sind in Minuskel geschrieben. Die Unciale gleicht der Schrift des Evangeliars von Soissons mehr als der des Trierer Codex aureus. Sie hat mit dieser namentlich die Eigentümlichkeit, dass die Uncialen P und Q mit ihren Bogen sich etwas über die Hauptzeile erheben. Sodann haben die kleinen Capitalbuchstaben, welche sich in den aufgeschlagenen Büchern der Evangelisten zeigen (z. B. Cod. Paris. Lucas: *Estote ergo misericordes* etc. und Cod. Harley 2788, Matthaeus: *Venite ad me omnes qui laboratis[...] et onerati estis* etc.) eine solche Ähnlichkeit, dass sie von einem und demselben Schreiber herrühren könnten.

Da man von dem Evangelistarium des Godesscalc bekannt ist, dass es auf Befehl Karls des Grossen geschrieben worden ist[3] und das Evangeliar von Soissons ohne Zweifel seine Entstehung entweder ebenfalls Karl oder seinem Nachfolger Ludwig dem Frommen verdankt, so wird man die Entstehung der beiden verwandten Evangeliare, der Codices aurei von Trier und London, mit vollem Recht ebenfalls an dem kaiserlichen Hofe zu Aachen zu suchen haben. Alcuin spricht ja selbst, wie wir gehört, mit hohen Erwartungen von den Leistungen der Hofschule, der *pueri palatini*. Nur am kaiserlichen Hofe konnte in jener Zeit die Handschriften mit Pracht und Sorgfalt der kalligraphischen und malerischen Ausstattung zugewandt werden, nur dort waren die Schreiber und Künstler vorhanden, welche sich im Auftrag des Kaisers oder anderer ihm nahe stehender vornehmer Personen zu Leistungen so hohen Ranges verbanden.

Und fragen wir zuletzt nach der Person der Ada, welche die Handschrift schreiben und so prachtvoll ausstatten liess, so sind wir vor allem an die Verse auf Blatt 172[a] gewiesen, welche oben, S. 3, in Abbildung gegeben sind. Die Capitalschrift (capitalis rustica) zeigt offenbar ältere Muster nach (im Cod. Paris. 8084, Prudentii carmina. Vgl. Ex. 15) und ist in der ersten Hälfte des 9. Jahrhunderts geschrieben.[4] Es ist möglich, dass sie von dem Schreiber B herrührt, wenigstens ist sie den Capitalbuchstaben auf Bl. 3[...] (*Incipit epistula beati Hieronymi presbiteri ad beatum*

---

*teram] ornat salute et in coelo, dessen äben mehr et[...]. Die eckig eingeklammerten Worte sind im Text ausgelassen worden und am unteren Rande in Minuskel, von etwas späterer Hand, nachgetragen. Wir die Auslassung entstanden, ist leicht zu sehen. Kleine Schriftabbildungen aus der Handschrift finden sich bei N. de Wailly, Elements de paléographie II planche IV zu p. 150 und bei L. Delisle, Le Cabinet des manuscrits de la Bibl. Nat. Paris 1881 planche XX 1, 2, 4.

[1] Cod. Paris. lat. 8850. Abbildungen bei Bastard nr. 102; L. Delisle, Cabinet des manuscrits pl. XXII 3; Fleury, Les manuscrits 3 miniatures de la bibliothèque de Soissons, Paris 1865, stand mir nicht zu Gebot.

[2] Ausführlich von Thompson beschrieben im Catalogue of ancient manuscripts in the British Museum. Part. II, Latin, London 1884, p. 22—24. Mit 3 Abbildungen, pl. 40 Uncialschrift.

[3] In dem Widmungsgedichte heisst es:

Hoc opus eximium Francha]
cum verbore Carlus]
Rex pio egregia Hildegarda]
cum coniuge sumt.]

Dümmler, Poetae lat. I 95.

[4] Eine ähnliche Schrift aus der ersten Bibel Karls des Kahlen, in Abbildung bei L. Delisle Cabinet pl. XX 3. Vgl. auch pl. XXVI 5. Ebenda pl. I 1 ein Muster aus dem Prudentiuscodex.

Der Trierer Ada-Handschrift.*

papam Damasum) sehr ähnlich. Es ist nur bedenklich, dass der Ton der Rottdate etwas dunkler ist, als sonst überall in der Handschrift, und dass der Schreiber hier so unsicher schreibt. Er muss, wie man sieht, in den sechs Zeilen sich viermal verbessern, lässt aber doch noch einen Fehler stehen *(ancela)* und setzt das *h* in *pulchris* an falscher Stelle ein. Die Verse sind schwerlich von Alcuin, wenn sie auch starke Anklänge an seine Dichtungen haben.[1] Man vergleiche einige Stellen, wie *pro me, quisque legas versus, orare memento* (Dümmler I 283), *in quo, quisque legat domum dulcissima verba: sit memor auctoris, illam qui scribere jussit, Ada libellum scribere* (286), *jusserat has omnes Christi deductus amore Alcuinus ecclesie famulus perscribere libros, pro quo, quisque legas* etc. (287), *Christum sacclis praecinere pium* (288), *Christus ab arce pius* (291), *nec ego quid noviter possum nunc pandere vobis* (294), *pro quo, quisque legas titulos: rogitare memento* (309), *Quisque legas versus, pro quo, aerorare memento* (324), *jusserat hanc aram sacris vestire metallis* (322), *jusserat hanc aram pulchris ornare metallis* (334), *qui scripsit Christi miracula* (336). Das sind häufig wiederkehrende Redensarten, welche in Alcuins Schmiede bereit waren und von einem jüngeren etwas ungeschickt zu jenen Versen zusammengesetzt wurden. Aus den Worten *mater Ada ancilla dei* können wir nur folgern, dass Ada eine bejahrte Klosterfrau gewesen sei.[2]

Die Mitteilungen Wyttenbachs über die Herkunft des Codex stützen sich auf Nachrichten, welche zuerst ins 13. Jahrhundert auftreten und von da ab sich üppiger und inhaltreicher gestalten.

Ich will versuchen, ihre Entwickelung darzulegen. In der Handschrift der Trierer Stadtbibliothek nr. 1634 befindet sich ein Nekrolog von St. Maximin, dessen ältester Bestandteil ungefähr um das Jahr 1200 von einer Hand geschrieben ist.[3] Darin heisst es bei *V. id. maii; Ada Christi ancilla que multa sancto Maximino contulit bona.* (fol. 109 der Hs.)[4] Dies ist die älteste handschriftlich wohlbeglaubigte Nachricht über Ada und ihre Beziehung zu St. Maximin. Nach dem ersten Schreiber des Nekrologs schreiben verschiedene andere zu verschiedenen Zeiten Darunter befindet sich ein Schreiber, dessen Hand mir wohl bekannt ist, und der, wenn er schreibt, immer an zweiter Stelle schreibt, also der älteste Schreiber nach dem ersten ist. Es ist der Schreiber des Chartularium S. Maximini, das auf Befehl des Abtes Bartholomeus von St. Maximin angelegt und im Jahre 1227 oder 1228 vollendet worden ist. Bei seinen Einträgen in das Nekrolog verwendet dieser Schreiber die Kenntnisse, die er sich bei Anfertigung des Chartularium erworben hatte. Er nennt z. B. bei den Königen Dagobert, Pippin, Karl dem Grossen, Arnulf, Heinrich II., Heinrich IV., der Gräfin Uda u. A., — deren Namen meist von der ersten Hand schon eingetragen waren, mit einem anschliessenden *qui* oder *que dedit* die Güter, welche sie dem heiligen Maximin geschenkt haben. Es ist bezeichnend, dass er bei Ada keinen Zusatz macht. Er kennt sie also nicht als Schwester Karls des Grossen und weiss nicht, welches die von ihr geschenkten Güter sind. In dem Chartular findet sich keine Schenkungsurkunde der Ada. Ein Fortschritt zeigt sich dann in dem Verzeichnis der Anniversarien des Klosters St. Maximin, welches sich in demselben Codex nr. 1634. fol. 140ff. befindet und dem Ausgang des 13. Jahrhunderts angehört. Hier (fol. 144 des Cod.) ist beim 11. Mai mit roter Tinte eingetragen: *Ada ancilla Christi soror Karoli regis que magna bona nobis contulit.*

Noch weiter gehen die Einträge eines von F. X. Kraus herausgegebenen Nekrologes von S. Maximin. Kraus sagt, dass dasselbe in seinem Hauptteile dem 10 oder 11. Jahrhundert und von den zahlreichen Randbemerkungen fast alle dem 12. einige dem 13. Jahrhundert angehören.[5] Von dem 10. Jahrhundert kann nun keine Rede sein und bei dem 11. nur von dem letzten Viertel desselben. Denn bei *II non. decemb.* ist von der ersten Hand Erzbischof Anno von Köln eingetragen, der am 4. Dec. 1075 starb.[6] Unter den Randbemerkungen steht bei *V. id. maias: obiit Ada ancilla Christi pie memorie filia Pippini regis soror magni imperatoris Karoli que multa bona circa et infra Moguntiam et Wormatiam et in pago Nachuse sancto Maximino contulit et [textum euangelii auro conscriptum et auro decoratum dedit,] post finem vite hic sepulta [in pace] quiescit.* Jene Eintragung des St. Maximiner Anniversarienverzeichnisses und diese Randbemerkung des Nekrologs sind die ältesten handschriftlich beglaubigten Mitteilungen, welche Ada als

[1] Die Verse sind vielfach abgedruckt, aber nirgends fehlerlos. Auch im Druck waltete über ihnen ein Unstern. Dümmler, Poetae Latini aevi Carolini I 287. edirte sie nicht aus dem Original, sondern aus einem fehlerhaften Druck. Jetzt finden sie sich auch bei M. Keuffer, Bibelhandschriften S. 23.

[2] Abbissa scheint sie nicht gewesen zu sein. Auch eine Abbissa wird sonst genannt; vgl. Alcuin ep. 136, 137, 152, 180.

[3] Jedenfalls nach dem Jahre 1183, denn es ist bei *VIII kal. jun.* von der ersten Hand der Erzb. Arnold von Trier eingetragen, der am 15. Mai 1183 starb.

[4] Erwähnt von M. Keuffer, S. 23.

[5] Nekrologium von S. Maximin in Bd. 53 der Jahrbücher des Vereins von Altertumsfreunden im Rheinlande. Bonn 1876. S. 108 ff. aus einer Handschrift des Museum Bollandianum zu Brüssel.

[6] Da der Bischof Udo von Trier, der am 11. Nov. 1078 starb, bereits am Rande steht, kann man die erste Anlage des Nekrologs im günstigsten Falle zwischen 1075 und 1078 setzen.

[7] Dieselbe Stelle in dem von Honthein aus mehreren Handschriften 10.—15. Jahrhunderts zusammengestellten Necrologium S. Maximini. Prodromus Historiae Trev. II 977; von den von Honthein benutzten Handschriften ist, ausser dem Kalendarium des 10. Jahrh. (von ihm gesondert Prodromus I 93 herausgegeben), in dem Ada gar nicht vorkommt, keine alter als die Brüsseler, welche F. X. Kraus verlegt. Ich bemerke, dass J. G. ab Eckhart, in den Comment. de rebus Franciae orient., Würzburg, 1729, Bd. I 596, dieselbe Stelle mitteilt, jedoch mit Weglassung der Worte, welche oben in eckigen Klammern stehen.

Schwester Karls des Grossen kennen. Die letztere bringt ausserdem die früheste Nachricht über die Lage der von ihr an S. Maximin geschenkten Güter, über die Schenkung des Codex aureus und die Ruhestätte Ada's im Kloster des heil. Maximin. Dass diese Randbemerkung nicht dem 12. oder den ersten Jahrzehenden des 13. Jahrhunderts angehört, und dass die Trierer Tradition über Ada in dieser Zeit noch nicht so weit ausgebildet war, glaube ich hauptsächlich deshalb, weil der oben erwähnte Schreiber des St. Maximiner Chartulars, der, wie wir gesagt, auch den um 1200 geschriebenen Nekrolog erweiterte, bei Ada keine ergänzende Bemerkung nachtrug.

Zu den bisher genannten Quellen gesellt sich endlich der Liber aureus sancti Maximini, eine prachtvoll ausgestattete Abschrift des oben erwähnten Chartulariums, welche gegen Ende des 14. Jahrhunderts unter dem Abt Rorich angefertigt worden ist.[1] Nach der Beschreibung, welche Gudenus in dem 3. Bande des Cod. dipl. p. 1010 f. davon gibt, befanden sich auf dem äusseren Deckel, eine Elfenbeintafel umgebend, zwölf Schildchen, welche die Patrone, Stifter und Hauptwohlthäter des Klosters darstellten. Auf dem 12. Schildchen, welches den h. Maximin, König Karl und Ada darstellte, stand nach Gudenus die Aufschrift S. Maximinus archiepiscopus. Cumminae. Sitesep. Wimere. (soll heissen Cumiciaco Steinsele Wimeriskircha) Carolus Rex. Ada Ducissa. Hier ist also Ada wieder mit Karl dem Grossen in Verbindung gebracht und sogar als ducissa bezeichnet. Die genannten Orte Cumiciaco, Steinsele und Wimeriskircha haben aber schwerlich mit König Karl oder mit Ada etwas zu thun: wenigstens eine Urkunde Karls ist darüber nicht vorhanden. Nach dem Zeugnisse des älteren Biographen des h. Maximin, des Lupus Servatus, auf das Honthein, Prodromus II 968 hinweist, wären die Orte vielmehr durch Karl Martell an das Kloster gekommen.[2] Gudenus teilt dann aus dem Liber aureus die Vorrede mit, welche über die Entstehung des Chartulariums S. Maximini unter dem Abt Bartholomeus (1215—1235) berichtet. Sie beginnt mit der Mitteilung, dass von den Zeiten Constantins und seiner Mutter Helena, von welcher die Kirche des h. Maximin gegründet worden, und des ersten Abtes Johannes von Antiochia bis zu denen des Königs Dagobert und der häufigen Zerstörung Triers sich keine Urkunden erhalten hatten. Dann heisst es weiter: *A tempore vero Dagoberti, qui sancto instigante spiritu plurima sanctorum instauravit loca et diversas regni sui instauravit diversis rebus et innumeros ditavit ecclesias, tam ab ipso pio rege quam a suis successoribus regibus et imperatoribus. Pippino videlicet et Karolo, nec non et dive memorie domina Ada magni Karoli sorore religione secunda successu crescente usque ad tempora Huserici secundi Bosenbergensis et Harichonis abbatis villis monuepiis et redditibus rerum multarum innumerabilibus privilegiis ab ipsis regibus et imperatoribus datis et rude conscriptis, aucto iure mirifico hec sancta floruit ecclesia.* Es folgt der Bericht über die vielbesprochene Belehnung Heinrichs II mit 6056 Hufen durch den Abt Harieho, die weitere Minderung der Klostergüter, der Streit mit dem Erzbischof Albero, der das Kloster dem Erzstift unterwarf, die Auswanderung der Mönche und die Verschleppung der Urkunden, und unter ihnen *ea dive memorie domine Ade supra iam dicte privilegia, que pretiosa habebantur, nimia ex negligentia perdiderunt.* Als darauf das Kloster durch Herbeiziehung von Mönchen aus dem Kloster Laach wieder bevölkert wurde, hatten die Vogte, Grafen, Ministeriale und Schöffen der Kirche, da die neuen Brüder die alten Rechte dieser Kirche nicht kannten, zu ihrem Schaden neue Rechte erfunden: *ita ut, etiam propter insolentiam advocatorum et detectam iusticie seu ob malitiam hominum perfidorum, hec eodem iura confusa vix modernis temporibus ecclesia valeat optinere.* Gegen den Schluss heisst es: *Itaque noticie posteritie postcrorum consulere volentes privilegia iura possessionum nec non feoda possessionum ecclesie, prout investigare potuimus, iussu domini Bartholomei reverendi abbatis nostri (1215—1230) in unum collecta, ne perpetue traderentur oblivioni, hec in libro conscribere summo eum studio curavimus.* Dies Buch, welches das oben erwähnte Chartularium S. Maximini zu Coblenz ist, umfasst in seinem alten ursprünglichen Teile (Bl. 1—79) eine Notiz über die Stiftung des Klosters S. Maximin aus dem J. 349 und 73 Urkunden, von denen die älteste die (allerdings falsche) des Königs Dagobert vom 2 April 634, die jüngste des Papstes Gregors IX vom 27. Febr. 1228 ist. Wenn nun die erwähnte Vorrede (sie beginnt *Presentis pagine officio*) wirklich im Jahre 1228 verfasst worden wäre und in dem ursprünglichen Teile des Chartulariums gestanden hätte, so würde daraus hervorgehen, dass in jenem Jahre Ada bereits als Schwester Karls des Grossen in Trier bekannt gewesen. Die Vorrede findet sich aber erst bei dem jüngeren Teile des heutigen Chartulars, der im 14. Jahrhundert enstand, als man in St. Maximin sich mit dem Gedanken trug, abermals eine umfassende Codification der Urkunden vorzunehmen. Man fügte dem älteren Teile, und zwar vorn, 5 Urkunden Karls IV., sämtlich vom März 1354, bei und erdichtete jene Vorrede, welche einmal die Entstehung des alten Chartulars darlegen, aber zugleich die fatale Thatsache erklären sollte, dass man von der inzwischen bekannt gewordenen und verehrten karolingischen Königstochter keine Urkunden habe. In dieser Folge: Vorrede (*Presentis pagine officio*), fünf Urkunden Karls IV., Aufzeichnung vom J. 349, Urkunde Dagoberts

[1] Diese Angabe beruht auf eingehenden Untersuchungen des in Coblenz befindlichen Chartularium S. Maximini, über bisher unbekannten Abschrift desselben, circa 1500 gemacht, die sich in Trier befindet (Cod. 1306), und endlich einer von Abt Heinrich von S. Maximin (1680—1692) veranlassten Abschrift des verloren gegangenen Liber aureus (Cod. Trev. 1631). Über die weiteren Ergebnisse meiner Untersuchung werde ich mich an einem anderen Orte ausführlich aussprechen.

[2] Urkundlich kommt Wimariskirchen aber erst in einer Interpolation der Urkunde des Königs Arnulf vom J. 895 vor. Mittelrhein. Urkundenbuch I 140 nr. 133. Steinsele und Cumiciacus gar erst in der falschen Urk. Heinrichs II. vom 30. Nov. 1023, das. 350 nr. 300.

v. J. 334 etc. ging der Inhalt des Chartulariums (das in dem Chron. S. Maximini bei Honthcim Prodr. II 1018 f. Altes Buch genannt wird) in den Liber aureus über, der dann, wie die getreue Abschrift des Abtes Henn erweist, noch weitere Urkunden bis zum Jahre 1280 und andere wichtige Fortsetzungen enthielt. Die Vorrede (*Pres. pag. officio*) hatte damals noch kein Datum; es fehlt bei Henn, auch Gudenus hat es nicht. Da man dieselbe aber als Vorrede zu dem Alten Buche einführte, wurde für nötig gefunden, dem Liber aureus eine eigene Vorrede zu geben. Sie beginnt mit den Worten *Quotiescunque in negotio ecclesiastico* und enthält unter anderem die Erzählung von der Eröffnung des Grabes des h. Maximin durch den Abt Rorich im Jahre 1377. Auch daraus mag man die späte Entstehung des Liber aureus erkennen.

Das alte Chartularium erfuhr nach der Anfertigung des Liber aureus einige Änderungen. Es wurde erstens verbunden, so dass von den Urkunden Karls IV. zwei an Anfang blieben, drei an das Ende kamen; es erhielt zweitens noch einige Zusätze, darunter den Bücherkatalog, den Abt Rorich im Jahre 1393 anfertigen liess; es wurde drittens ein Blatt ausgeschnitten, so dass jetzt der Anfang der Vorrede (*Presentis pagine officio*) fehlt und nur der Schluss von den Worten *ecclesia ad huuc locum inoolendum* an erhalten ist. Von einer Hand des fünfzehnten Jahrhunderts ist hier das ursprünglich fehlende Datum beigefügt, nämlich *Factum anno domini MCCXXVIII tempore domini Bartholomei abbatis*. Die XX stehen eng und auf Rasur. Nach der genauen Abschrift, welche der Cod. Trev. 1396 enthält, hiess es ursprünglich *LVIII*. Die Correctur ist demnach nach dem Jahre 1500, nach der Anfertigung der Abschrift, gemacht. Auch diese Unsicherheit in der Chronologie, ob die Vorrede ins Jahr 1228 oder 1258 zu setzen sei, ist bezeichnend.

Ausser diesen Nachrichten, welche Nekrologien, Anniversarienverzeichnisse und Chartularien bieten, findet sich im ganzen Mittelalter in der historischen Litteratur Triers keine weitere Mitteilung über Ada. Erst im 17. Jahrhundert, als der diplomatische Krieg zwischen dem Erzstift und dem Kloster St. Maximin entbrannt war, tauchten neue Stimmen über Ada auf, die sich aus den bekannten Quellen stützten und die überkommene Tradition noch weiter ausbildeten. Nikolaus Zyllesius schrieb in seiner Defensio abbatiae imperialis s. Maximini (Trier 1638) S. 74, wo er die ältesten Klostergüter und ihre Schenker verzeichnet: *ab Ada sorore Caroli M., quae in templo nostro sito est, collanae Apulaue aliaque multa ad Rhenum.* Auf dem Titelblatt der ersten Ausgabe bringt er eine Abbildung, angeblich aus dem Liber aureus, mit der Umschrift *S. Maximinus archiepiscopus. Carolus rex. Ada ducissa. Ateci Appula cum appendiciis. Kommetacuuue, Steinsel, Wintersкirch.* Die einfachere Liste des Liber aureus ist also hier erweitert. Mit der Wahrheit steht es nicht besser. Apula Münstermeppel in Rheinbaiern ist erst von König Arnulf im Jahre 803 dem Kloster geschenkt worden. Ateci kommt erst 1072, aber nicht in St. Maximiner Urkunden vor.[1]

Ausführlich handelt dann der Jesuit Alexander Wiltheim aus Luxemburg in seinem im Jahre 1652 vollendeten Werke Origines et Annales coenobii D. Maximini über Ada. Er berichtet ihren Tod am 11. Mai 809, er kennt ihr Grabmal in der Kirche S. Maximin mit der Inschrift *Ada ancilla Christi soror Karoli Magni* und giebt eine Beschreibung und Abbildung desselben,[6] er berichtet die Verse Alcuins: *Hunc ancillam dei ipso inserat Ava libellum* Dümmler 1 3805 auf unsere Ada.[7] er ergeht sich in noch weiteren Fabeleien über dieselbe ohne jeglichen quellenmässigen Hinweis.

Obgleich nun die Trierer Tradition, die in bescheidener Weise anhebt, sich im Laufe der Jahrhunderte so fabelhaft ausgestaltet, bin ich doch geneigt, mich zu jenen ersten Nachrichten des 13. Jahrhunderts freundlicher zu stellen, als ich bei Beginn meiner Forschungen gedacht hatte.

Einhard berichtet zwar in seiner Lebensbeschreibung Karls, dass der König nur eine Schwester, Namens Gisla, gehabt habe;[8] allein in dem dunkeln ehelichen Leben, welches die ersten Karolinger führten, ist es nicht ausgeschlossen, dass Pippin auch der Vater natürlicher Töchter gewesen sei. Von Servatus Lupus, dem späteren Abte von St. Ferrieres,

---

[1] Vgl. Altes Archiv, XI 560.

[2] Am Rande, fol. 26" Cod. 1396, steht die spätere Bemerkung *Scriptum anno domini MCCXVIII quod non videtur verius in tempore Bartholomaei abbatis.* Bartholomaeus stand der Abtei in den Jahren 1215 bis 1235 vor.

[3] In der zweiten Ausgabe, Köln 1648, fehlt das Titelbild.

[4] Mittelrheinisches Urkundenbuch 1 140 nr. 133, 419 nr. 372, 431 nr. 374, 466 nr. 407.

[5] Das zweibändige Werk befindet sich in zwei Exemplaren (Original und Abschrift) in der Stadtbibliothek zu Trier. Cod. 1621 und 1622. Der 1. Band enthält die Origines Maxim. vom J. 386 bis 333 und die Annales von 333 bis 911; der 2. Band die Annales bis 1130. Die Stelle über Ada geht in Cod. 1621 vom p. 603 bis p. 635 *Pastore anno Adam Caroli sororem obisse fertur* bis *Trevaci atque in vicino familiaritae agnatus.* Über Wiltheim vgl. Honthcim Hist. Trev. tom. III 1004.

[6] Ich tritte der Beschreibung und Abbildung, wie folgt: (tom.) Band I fol. 607 *Pastore anno (diag.) Adam Caroli sororem obisse fertur, quam tabe tempore, et si nude adhue uncomperta est, heri hance speciem habent. P. id. annus docenti praedicabile semperque gloriande coenobii D. Maximini matronae, cum monumentum in eadem monasterio basilica cerare est, sacrarum mediotatem an magistratu in eo mediolat major. opus et pluribus matronis partibus comportatum spierque alibi Pietro olibi Laruttii olibi Sismadeiis cristis ascique in tabulas ophibt distinctum est, media ternitur alabastrita tabelle cum binde angustae, sene breviului monumenti infra exemplum oppositum.* Die Inschrift der Tafel ist aus der folgenden Abbildung ersichtlich.

[7] Einer ihrer Ava, welche wahrscheinlich im Kloster Chelles lebte, wird auch in Alcuin ep. 152 gedacht.

[8] Vita Caroli Magni cap. 18. Gisla war Äbtissin von Chelles.

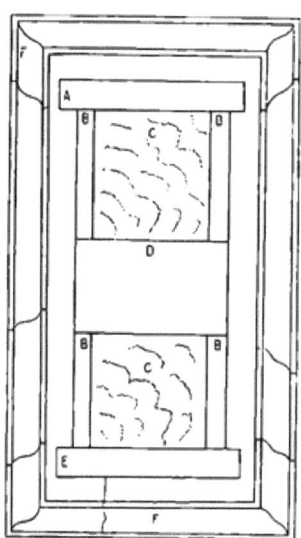

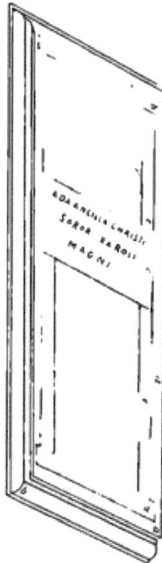

ist in der Vita s. Maximini ein Enkel Pippins, Cunibert, der nur von einer natürlichen Tochter desselben abstammen kann, ausdrücklich bezeugt.[1] Einhard kann unter der einzigen Schwester Karls nur die legitime Tochter Pippins gemeint, und der Dichter der Verse in unserer Handschrift mag Grund gehabt haben, sich über die Beziehungen der Ada zu Pippin oder Karl in Schweigen zu hüllen.

Sodann ist es gewiss, dass das Kloster St. Maximin im Worms- und Nahe-Gau ansehnliche Besitzungen hatte. Wenn eine Frau Namens Ada dort wirklich begütert war, ist es sehr möglich, dass die Schenkungen von ihr her rührten.[2] Und in der That vermag ich, und das bestimmt mich am meisten, in jenen mittelrheinischen Gegenden Frauen solchen Namens nachzuweisen, welche mit ihren Gütern Kirchen und Klöster beschenkt haben.

Ich stelle die Belege, welche ich den Traditionen der Klöster Lorsch und Fulda entnehme, in chronologischer Folge zusammen.

1. (768) *Donatio Adae.* In Christi nomine anno XI Pippini regis, ego Ada dono ad s. Nazarium etc. quidquid in pago Warmat in Wendilsheim et in Utersheim habere videor, in manso, olivis, vineis, aquis etc. (Cod. Laureshamensis dipl. ed. Mannheim. 1768 II nr. 1813.)

2. (770. Juni 20.) *Donatio Gisdolfi et Adae.* In Chr. nomine die VI. kal. julas, anno secundo Karoli regis, ego Gisdolfus et conjunx mea Ada donamus ad s. Nazarius martyrem etc. vineam unam in pago Worm. in Gensmulheimer marca etc. (ib II nr. 1645.)

[1] L. Surius, De probatis Sanctorum historiis. III 150.

[2] K. Lamprecht, Deutsches Wirtschaftsleben im Mittelalter, II. 148, 155 ff. Maximiner Besitzungen sind in Mainz, Ebersheim, Heidersheim, Saulheim abenheim, Monsterappel, Samremn etc. Vgl. auch darüber die Karte über den Klosterbesitz am Mittelrhein und Mittellahn, Urk. II 430, 155 bis 155. Hierzu Falk, Ortlichkeiten in Trierer Maximiner Urkunden, in den Mitteilungen des Instituts für österreichische Geschichtsforschung, Bd. IX, Heft 1, S. 312 ff. Leider ist der Erklärung der 21 Ortsnamen, die sonst ganz natürlich ist, die falsche Urk. Beyerschs II. vom 10. Dec. 1023 zu Grunde gelegt. Eine neue Abhandlung Falks über die Ortlichkeiten des pagus Wormat in der Archivalischen Zeitschrift XIII. 110.

Die Trierer Ada-Handschrift. 4

3. (770. August 1.) *Donatio Athae et Abae.* In Chr. nomine sub die kal. augustas, anno II. regni domini nostri Karoli regis, ego Athac et filia nova Abba pro remedio animae matrae donamus ad s. Dei Nazarium martyrem etc. in pago Wormacicnse in Spizzikeim marca, id est mansum unum et V jurnales de terra aratoria et I vineam a die presenti ad integrum donamus etc. Actum in monasterio Laurissam sub die et tempore quo supra. Signum Athac et Abae, quae hanc donationem fieri rogaverunt. (ib. II nr. 1098.)

4. (775. Nov. 13.) *Kartula Altun de Wormacinse* (im Auszug mitgeteilt). Ego Ata dono ad ecclesiam s. Bonifatii (Fuldensem) ecclesiam s. salvatoris in villa, quae dicitur Brizzenheim, cum ipsa arcola, in qua aedificata est, et cum illa vinea, qui est ab uno latere Odarci, ab alio latere Ada, tertio latere Unillshath, quarto latere via publica etc. Signum Adouce, qui hanc donationem fieri rogavit.¹ (Cod. dipl. Fuldensis ed. Dronke nr. 52.)

5. (775. Nov. 13.) *Kartula traditionis Odarci de pago Wormacinse.* (Regest.) Odacar donat ad ecclesiam s. salvatoris (zu Brizzenheim), qui est tradita ad ecclesiam s. Bonifatii, in elimosinam Hrodsuuinde coniugis meae uncdictatem ingerium duarum in villa, quae dicitur Brizzenheim, quod est ab uno latere Ada, ab alio latere Odocar, tertio latere via publica etc. Signum Odarci, qui hanc kartulam fieri rogavit. Signum Hrodsuuinde coniugis meae. Signum Adam. (ib. nr. 53.)

6. (776. Juni 1.) *Donatio Rachonis in Hochtorpher marca.* In Christi nomine sub die kalendas junii, anno VIII. Karoli regis, ego Ada pro anima Rachonis dono ad s. Nazarium etc. unam vineam in pago Spirensi in Hochtorpher marca etc. (Cod. dipl. Lauresh. II nr. 2084.)

7. (779. Mai 30.) *Kartula traditionis Lautsuuinde de Wormacinse.* (Auszug) Ego Lautsuuind dono ad ecclesiam s. Bonifatii arcas duas, de una arca ab uno latere Gcilrad et Elisabeth, ab alio latere Ada, tertia via publica, quarto parte mcum ipsi ing. s. Bonifatii, quam ego dedi; de alia arca ab uno latere Ada etc. et ipsa in marca ingcns CC et vineam I, ab uno latere Geila, ab alio latere Gcilrad et Elisabeth, tertia parte Ada etc. Signum Lautsuuinde, qui hanc traditionem fieri rogauit. (Cod. dipl. Fuld. ed. Dronke nr. 63.)

8. (779. Juni 29.) *Kartula Gcilrata et Elisabeth de Mogontia.* (Auszug) Ego Gcilrat et Elisabeth donamus ad ecclesiam s. Bonifatii in Mogontiarum marca arcas tres etc. de tertia arca ab uno latere habet Ata, ab alio Lautsuuind, tertio latere strata etc. Signum Gcilrata, qui hanc donationem fieri rogauit. (ib. nr. 64.)

9. (795. Dec. 13.) *Kartula Edrammi pro fratre suo Adalharti.* (Auszug) Ego Ediram dono pro remedio animae Adalharti fratris mei ad monasterium s. Bonifatii, quod dicitur Fulda, in pago Wormacinse in villa, quae dicitur ad Mantibus, et in illa marca vineas duas etc. de una vinea est ex . . . quarto latere Mau, de alia vinea ex . . . quarto latere Ata etc. Signum Edram, qui h. f. don. f. r. (ib. nr. 100.)

10. (797. Juni 4.) *Donatio Adae.* Ego in Dei nomine Ada pro remedio animae meae dono ad s. Nazarium Christi martyrem, qui requiescit in corpore in monasterio Laurcshaui, ubi vir venerabilis Richbodo processe videtur, duas mansos in Snezzingen* et duas hobas et quidquid in ipsa marca habere visa fui. Actum in monasterio Lauresham II. non. iunii anno XXVIIII. regni domni nostri Karoli regis. Signum Adae, quae hanc donationem fecit. Signum Sigchelmi, Hiltiberti, Willionis. Reginbertus scripsit (Cod. dipl. Lauresh. I nr. 765.)

11. (803. Juli 11.) *Kartula traditionis Atun.* In dei nomine ego Ata pro remedio animae meae dono atque trado quicquid iure proprietatis mihi contingit in Mogontia civitate, id est aedificium una cum casa ad monasterium s. salvatoris, ubi Bonifatius sanctus corpore quiescit et vir Ratgarius abba multitudine processe monachorum videtur pastor, et haec nomina manciperum Hexirat Baldarat Ortmain Folcmin Matta, ea videlicet ratione, ut post obitum meum vos vel successores vestri habere fruere possidere firmissimam in omnibus habeatis potestatem. Acta karta traditionis in conventu regali in urbe Mogontia mense iulio die V. idus eiusdem mensis, anno XXXV. die XXXVI: regnante domno Karolo gloriosissimo rege Francorum anno tertio quo coactus ordinatus est,³ et isti sunt testes traditionis †: Ata ancilla dei, quae hanc kartam traditionis fieri rogauit. † Maglielmi. † Teotholci † Folcgeri † Eugilbaldi † Coaltheri † Baozzrichi † Hrondolfi † Unignandi. (Cod. dipl. Fuld. nr. 210.)

12. (817.) *Traditio Uodilrichi.* (Auszug) Ego Uodilrichus dono in elimosinam sororis meae Attun ad monasterium s. Salvatoris, quod dicitur Fulda, tantum mancipue etc. (Cod. dipl. Fuld. nr. 326.)

13. (817. Jan. 30.) *Donatio Amalrichi.* (Auszug) Amalrich pro anima Munuc dono ad s. Nazarium etc. in pago Logenche in villa Saltrissa et in Crusterph et in Hohenstat et in Aldcndorph hobas quinque et mansos quinque etc. Actum in monasterio Laurissomensi die III. kal. febr. anno IIII. Ludewici imp. (Cod. dipl. Lauresh. III nr. 3142.)

14. (823. Juni 29.) *Kartula ingenuitatis Frumigisi.* (Auszug) Dilectissimo meo Frumigiso ego Ata pertracto pro remedio animae meae, ut ab iugo servitutis te laxare voluero ingenuum, quod et ita feci, ut ab hac die presente

¹ In dieser Urkunde hat der Schenker drei Namensformen. Ata ist also auch männlicher Name.
² Schwetzingen liegt rechtsrheinisch in pago Lobdensis.
³ Um diese Zeit hielt Karl der Grosse wirklich einen Reichstag in Mainz ab. Vgl. B. Simson. Jahrb. des fränkischen Reichs unter Karl dem Grossen, II 189.

ingenuus sis et ingenuus permaneas, et nulli heredum ac posterorum meorum nullo umquam tempore, nisi tantum annis singulis denarios IIII de terra ad ecclesiam s. Bonifatii et ad festivitatem s. Bonifatii dare studeas etc. Facta kartula ingenuitatis hoc sub die III. kal. jul. anno X. regni domni Hludowici serenissimi imp. Actum in Mogontia civitate in capella s. Bonifatii etc. ↑ Man, quae hanc kartulam ingenuitatis fieri atque firmare rogavit. ↑ Salichi etc. ↑ Ego Starchavius subdiaconus rogatus scripsi etc. (Cod. dipl. Fuld. nr. 417.)[1]

Dass alle Frauen, welche in diesen Urkunden *Ada* oder *Ata* genannt werden, identisch mit unserer Ada seien, will ich nicht behaupten. Aber es ist mir in hohem Grade wahrscheinlich, dass in jener *Ata ancilla dei*, welche bei dem Convente Karls des Grossen in Mainz erschien und ihre daselbst gelegenen Güter dem Kloster Fulda schenkte, die Urheberin unseres Codex aureus zu suchen sei. Ich denke mir, dass sie eine natürliche Tochter des Königs Pippin gewesen, mit karolingischen Gütern am Mittelrhein ausgestattet gewesen, verheiratet gewesen und in späterem Alter als Witwe, vielleicht im Kloster Altenmünster zu Mainz, den Schleier genommen habe. So lässt es sich erklären, dass gerade die Klöster Fulda und Lorsch, welchen die ersten Karolinger, Karlmann, Pippin und Karl der Grosse ihre besondere Gunst zuwandten, von ihr mit Schenkungen bedacht wurden. Zu den Schenkungen an das Kloster St. Maximin wurde sie vielleicht von dem Abte Richodo von Lorsch, der etwa vom Jahre 792 bis 804 zugleich Erzbischof von Trier war, veranlasst. Bei ihrer Blutsverwandtschaft mit Karl dem Grossen lag es auch nahe, dass sie an den künstlerischen und wissenschaftlichen Bestrebungen des Hofes teilnahm und über die tüchtigen Kräfte, welche zur Ausführung und Ausstattung des Evangeliencodex nötig waren, verfügen konnte. Ob sie die Handschrift von vorne herein veranlasst oder die unvollendet überkommene fortsetzen und vollenden liess, muss ich dahingestellt sein lassen. Die Schenkung derselben an das Kloster St. Maximin mag ebenfalls mit Rücksicht auf den Erzbischof von Trier erfolgt sein, aber zu Ehren des Toten, denn der Codex ist ganz bestimmt erst nach dem Jahre 804 in seiner jetzigen Gestalt vollendet worden. Dass der Codex aureus sich schon im 12. Jahrhundert in Trier befand, sieht man aus einem Bücherverzeichnis von St. Maximin, das ich jenem Jahrhundert zuweise. Hier ist er als *textus evangelii unus auro scriptus* eingetragen.

Zweifelhaft dagegen ist nur, ob Ada in dem von Wiltheim angegebenen Jahre 809 gestorben und im Kloster St. Maximin beigesetzt worden ist. Sie scheint mir die Grabesruhe viel eher in den Gegenden gefunden zu haben, wo sie am längsten gelebt hat, indem der Genuss des den s. Maximin in Mainz, welches sie im Jahre 803 dem Kloster Fulda schenkte, sich bis zu ihrem Tode vorbehielt. Wenn die in den letzten Regesten aus den Jahren 817 und 823 genannte Ata und Attun unsere Ada ist, so sind die Benedictiner in Fulda erst ziemlich spät in den Besitz der Schenkung gelangt.

Gegen die Beisetzung in St. Maximin scheint mir der Umstand zu sprechen, dass in den alten Annalen ihrer mit keinem Worte gedacht wird. Freilich sucht man auch in den Nekrologien von Fulda und Lorsch vergeblich ihren Namen. Nicht unerwähnt will ich übrigens lassen, dass der Name Ada in späteren Trierer Urkunden und Aufzeichnungen vorkommt. Unter einer Urkunde vom 1. Januar 909 erscheint ein *Signum Adae* (hier wohl ein männlicher Name). In der Urkunde des Erzbischofs Rotbert vom J. 956 wird eine *Ada filia Folcradi neptis Rothgeri venerabilis archiepiscopi* genannt und in der des Erzbischofs Ludolf vom 1. Januar 1000 ein *nobilis Heremannus nomine et uxor eius Ada.*[3] Endlich ist in dem um das Jahr 1200 geschriebenen Nekrolog von St. Maximin bei II. non mart. eine *Ada sanctimonialis* und bei VI. kal. januar. eine *Ada dei famula* eingetragen.[4]

Karl Menzel.

[1] Die Namen Ata und Atta kommen in diesen Gegenden auch häufig bei männlichen und weiblichen Leidtragenen vor, s. Cod. Fuld. nr. 166, 330, 334, 335, 409, 254 tcc, Cod. Lauresh. nr. 144.

[2] M. Kraffto, Bibelhandschriften, S. 25. G. Becker, Catalogi bibliothecarum antiqui, S. 178, setzt den Katalog in das 11. oder 12. Jahrhundert.

[3] Mittelrheinisches Urkundenbuch, I, nr. 153, 193, 270.

[4] Cod. Trev. 1634, fol. 101 und 138.

Anhang.

DER COMES DER ADAHANDSCHRIFT.

Eine eingehende Untersuchung des Capitulare oder Comes des Codex aureus Trev. liegt ausserhalb meiner Aufgabe. Ich fühle mich dazu auch nicht competent; ich beschränke mich darauf, einen palaeographisch getreuen Abdruck zu liefern und einzelne abweichende oder übereinstimmende Stellen des aus S. Maria ad martyres zu Trier stammenden Cod. Trev. 23 und der von Gerbert (Monumenta veteris liturgiae Aleman. I 410.) publicierten Speierer Handschrift des 8. Jahrh., die mit einer Rheinauer des 10. Jahrh., verglichen ist, hervorzuheben. Im Übrigen verweise ich auf E. Ranke, Das karolische Perikopensystem aus den ältesten Urkunden der römischen Liturgie dargelegt und erläutert. Berlin 1847. Hier ist im Appendix p. XXVII fl. die oben erwähnte Publikation Gerberts wiederholt.

K. M.

·Fol. 161·

INCIPIT CAPI
TVLARE
EVANGELIO
RAM ANNI CIR
CVLIS

In natali Domini ad sanctam Mariam
maiorem secundum Lucam capitulo III
In illo tempore exiit edictum
a Caesare Augusto itaque
pax hominibus bonae voluntatis.
Item ad s. Anastasiam
sec. Luc. cap. III In ill temp
pastores loquebantur ad
invicem itaque sicut dictum est ad illos
Item ad s. Petrum
sec. Iohannem cap. I In principio
erat verbum itaque plenum
gratiae et veritatis

In natali s. Stephani sec. Mattheum
cap. CCXI. In ill temp dicebat
Iesus turbis Iudaeorum et principibus sacerdotum: Ecce ego
mitto ad vos prophetas usque
benedictus qui venit in nomine Domini.

In natali s. Johannis apostoli et evangelistae
sec. Joh cap. CCXXXI. In ill temp.
dixit Iesus Petro Sequere me
itaque quam verum est testimonium eius

In natali Innocentium sec. Matth.
cap. VI. In ill temp ecce an

gelus Domini in somnis apparuit Ioseph usque quoniam Nazareus vocabitur

In natali s. Silvestri die XXXI.
mensis decembris sec. Matth. cap. CCLXIII.
In ill temp. dixit Iesus discipulis suis,
Vigilate itaque supra omnia
bona suа constituet eum

In octabas Domini ad s. Mariam
ad martyres sec. Luc. cap. III
In ill temp. esse consumma-
ti sunt dies octo usque gloriam
plebis tuae Israhel

Die suprascripto natali sanctae Mariinae
sec. Matth. cap. CCLXVIII. In ill
temp. dixit Iesus discipulis suis
parabolam hanc: Simile est
regnum caelorum decem virginibus
itaque quia nescitis diem neque
horam qua Dominus vester venturus est

Dominica post natal Domini sec. Luc.
cap. III. In ill temp erat Ioseph et Maria mater Iesu
mirantes usque et gratia Dei
erat in illo.

In vigilia de Theophania? ipsa
legitur dominica secunda? post
natal Domini in ecclesia s. Petri
sec. Matth. cap. VI. In ill temp.
defuncto Herode itaque Nazareus vocabitur.

[Fol. 101*] In Theophania ad s. Petrum
sec. Matth. cap. IIII. In ill. temp.
cum natus esset Jesus in Bethle-
hem Judaeae usque reversi
sunt in regionem suam.

Die prima post Theophania
ad s. Petrum ad vincula
sec. Marcum cap. III. In ill. temp.
fuit Johannes in deserto bap-
tizans usque filius meus dilectus in quo mihi complacui.

Item alia post Theophania
sec. Joh. cap. XIII. In ill. temp.
vidit Johannes Jesum venientem
ad se usque quia hic est filius Dei.

Item alia sec. Matth. cap. VII. In ill.
tempore venit Johannes baptista
usque filius meus dilectus in
quo mihi complacui.

Dominica I. post Theophania
sec. Luc. cap. III. In ill. temp.
cum factus esset Jesus annorum
duodecim usque apud Deum et homines.

Mense ianuario die XIIII. natal.
s. Felicis confessoris in pincis sec. Luc
cap. CXVI. In ill. temp. dixit Jesus
disc. suis: Qui vos audit me
audit usque nomina vestra scripta sunt in caelo.

Die XVI. mensis suprascripti natal. s. Marcelli
martyris et pontificis sec. Matth. cap.
CCLXVIII. In ill. temp. dixit Jesus
disc. suis parabolam hanc:
Homo quidam peregre profi-
ciscens usque intra in gaudium Domini tui

Ebdomada II. post Theophania sec.
Joh. cap. XVIII. In ill. temp.
nuptiae factae sunt in Cana
Galilaeae usque crediderunt
in eum discipuli eius.

In alia post Theophania sec. Luc.
cap. XVII. In ill. temp. regres-
sus Jesus in virtute spiritus in Galilaeam
usque quae praecedebant de eis erat.

Feria IIII. sec. Marcum cap. XVIII. In ill. temp.
venit ad Jesum leprosus depre-
cans eum usque quae praecepit
Moyses in testimonium illis.

Feria VI. sec. Marc. cap. L. In ill.
temp. venit Jesus in patriam suam
et sequebatur eum usque
impositis manibus curavit eos.

Die sabbato sec. Lucam cap. XXVI
In ill. temp. surgens Jesus de sy-
naguga introivit in domum
Simonis usque evangelizare
regnum Dei.

Die XVIII. mens. suprascr. natal. virginis
Priscae sec. Matth. cap. CXL.
In ill. temp. dixit Jesus disc. suis

parabolam hanc: Simile
est regnum caelorum thesauro
abscondito in agro usque
nova et vetera.

[Fol. 102*] Ebd. III. post Theophania
sec. Matth. cap. LXIII. In ill. temp.
cum descendisset Jesus de monte secutae sunt eum usque sanatus est puer ex illa hora.

Fer. IIII. sec. Marc. cap. XXV
In ill. temp. intravit Jesus in
synagoga et erat ibi homo
manum habens aridam
usque et restituta est manus illius.

Fer. VI. sec. Luc. cap. XXXIII
In ill. temp. cum esset Jesus
in una civitate ecce vir
plenus lepra usque et cura-
rentur ab infirmitatibus suis.

Die sabbato sec. Marc. cap. XXXVI
In ill. temp. coepit Jesus docere
usque qui habet aures audi-
endi audiat.

Die XX. mensis suprascr. natal.
s. Sebastiani sec. Luc cap. XLV
In ill. temp. descendens Jesus de
monte stetit in loco campestri
usque ecce enim merces vestra
multa est in caelo.

Die suprascr. natal. s. Fabiani mart. et
pontificis sec. Matth. cap. CCLXIII
In ill. temp. dixit Jesus disc. suis:
Vigilate quia nescitis usque
constituet eum.

Ebd. IIII. post Theophania
sec. Matth. cap. LXVIII
In ill. temp. ascendente Jesu
in navicula usque quia venti
et mare oboediunt ei

Die XXI. mensis suprascr. natal. s. Ag-
netis de passione sec. Matth.
cap. CLXVIII. In ill. temp. dixit
Jesus disc. suis parabolam hanc
Simile est regnum caelorum
decem virginibus usque quia
nescitis diem neque horam.

Fer. IIII. sec. Matth. cap. LXVIII
In ill. temp. loquente Jesu ad
turbas: Ecce unus de procu-
pelam venit usque in unoversam
terram illam.

Fer. VI. sec. Marc. cap. XLI
In ill. temp. docebat Jesus disc.
suis et turbas: Videte quod au-
diatis usque disc. sua
describebat nomina.

Die sabb. sec. Lucam cap. CLXXVIII
In ill. temp. docebat Jesus parabolam intenduns quomodo pri-
mos accubitus eligerent
usque beatus qui manducabit
hic panem in regno Dei.

Ebd. V. sec. Matth. cap. CXXXVI
In ill. temp. dix. Jesus disc. suis
parabolam hanc: Simile est
regnum caelorum homini
qui seminavit bonum semen
in agro suo usque tristicum autem
congregate in horreum meum.

[Fol. 105[a].] Die XXII. mens. sept. natal. s. Vin-
centii statio in basilica s. Pau-
selm iuxta Merulana sec.
Joh. cap. CIII. In ill. temp. dix.
Jesus dix. suis: Nisi granum
frumenti usque honorifica-
vit eum pater meus qui est in caelis.

De supraser. natal. s. Anastasie mu-
natis sec. Marc. cap. XLVIII.
In ill. temp. cum transcen-
disset Jesus in navi rursus
transfretasset usque rauh in
pace et esto sana a plaga tua.

Die XXVIII. mens. sept. natal. s.
Agnae de nativitate sec. Matth.
cap. CXI. In ill. temp. dix. Jesus
disc. suis parab. hanc:
Simile est regnum caelorum
thesauro abscondito in agro
usque nova et vetera.

Fer. VI. sec. Marcum cap. XLVII.
In ill. temp. venit Jesus trans
fretum in regionem Gerase-
norum usque et mortuus est cui.

Die sabb. sec. Lucam cap. LXVII.
In ill. temp. factum est deinceps
dat Jesus in civitatem usque
Deus visitavit plebem suam.

Ebd. VI. post Theophanem [sec. Marc. cap. LXVIII[b]
In ill. temp. cum erce esset
factum erat mare in me-
dio mari usque quotquot
tangebant eum salvi fiebant.

Fer. VI. sec. Lucam cap. LXXVIII.
In illo temp. rogavit Jesum quae
dam pharisaeus ut cum
illo manducaret usque
quoniam dilexit multum.

Die sabb. sec. Marc. cap. XXI.
In ill. temp. egressus Jesus
ad mare omnisque turba
usque non veni vocare iustos
sed peccatores.

Ebd. VII. sec. Matth. cap. CXVI.
In ill. temp. cum convenit Jesus
ad turbas usque curavit eos omnes.

Mens. telemaris die H. Ypapanti
ad s. Mariam sec. Lucam
cap. III. In ill. temp. postquam
impleti sunt dies purifica-
tionis matres Jesum secundum
legem Moysi usque gloriam
plebis tuae Israhel

____
[1] Trev. 23. honniedcchait.
[2] Die Evangelienworte fehlt im s. cod., steht aber im
Trev. 23. sowie im Cap. Sgal. und Rhenbrg.

Die V. mens. supr. natal. s. Aga-
thae sec. Matth. cap. CCLXVIII.
In ill. temp. dix. Jesus dix.[c] parab. hanc.
Simile est regn. caed. decem virginibus
usque quia nescitis diem neque
horam qua Dominus vester venturus est.[d]

Fer. III. sec. Marc. cap. LXIII.
In ill. temp. crevit Jesus de navi
vulti turbam multam usque
et cum dimisisset eos abiit
in montem orare.[e]

[Fol. 105[f].] Fer. VI. sec. Matth. cap. CXLVII.
In illo temp. vespere autem
facto accesserunt ad Jesum
usque manducantium fuit
numerus quinque milia hominum.

Ebd. VIII. sec. Luc. cap. LXXXVI.
In ill. temp. convocatis Jesus
disc. suis usque evange-
izantes et curantes ubique.

Fer. III. sec. Matth. cap. CLIII.
In ill. temp. accesserunt
ad Jesum ab Hierosolymis
scribae usque vos hoc manibus manducare non coinqu-
nat hominem.

Die XIIII. mens. supr. natal. s. Va-
lentini sec. Luc. cap. XCVI.
In ill. temp. dix. Jesus dix. suis:
Si quis vult post me venire
usque non gustabunt mortem
donec videant regnum Dei.

Fer. VI. sec. Lucam cap. LXXXIII.
In ill. temp. factum est in una
dierum ascendens Jesus in naviculam usque praeclerans
quanta illi Jesus fecisset.

Die sabb. sec. Marcum cap. LXXII.
In ill. temp. surgens Jesus abiit
in fines Tyri et Sydonis usque
et daemonium exisse ab ea.

Ebd. VIIII. sec. Matth. cap. CCXXI.
In ill. temp. dix. Jesus dix. suis
parab. hanc. Simile est
regn. caelorum homini regi
qui fecit nuptias filio suo
usque multi vocati pauci autem[g] electi.

Ebd. X. sec. Matth. cap. CLXVII.
In ill. temp. egressus Jesus secessit in partes Tyri et Sidonis
usque et sanata est filia eius ex illa hora.

____
[1] Trev. 23. dicc. suis.
[2] Die Worte qui Dominus vester venturus est fehlen
im Trev. 23, im Cap. Sgal. und im Cap. Rhenaug.; sie fehlen
auch im Abendon an der citaten Stelle, Matth. cap.
CCLXVIII. Doch qui steht nach hora durch Punkt getrennt.
[3] Trev. 23. horare.
[4] Es steht coinquinant, das u ist durch je z Punkte
oben und unten gebracht. An der betreffenden Stelle,
Matth. Cap. CLIII., wird ebenfalls coinquinant, das e
über N) ist durch einen kleinen Querstrich und einem Punkt
gebracht. Im Trev. 23 steht coinquinant.
[5] Trev. 23. Dominum VIII.
[6] Trev. 23. pauci vero electi.
[7] Trev. 23. Dom. X.

Mense martio die XII natal. s. Gregorii conf. atque pontif. sec. Matth.
cap. CCLXIII. In ill. temp. dix. Jesus
disc. suis: Vigilate itaque super omnia boni
suo constituit eum

Die XXV mens. martii adnuntiatio Domini sec. Lucam cap. III.
In ill. temp. missus est Gabriel angelus a Deo usque et ait
Maria ecce ancilla Domini fiat
mihi sec. verbum tuum.

Dom. prima in Septuagesima
ad s. Laurentium sec. Matth.
cap. CC. In ill. temp. dix. Jesus disc.
suis parab. hanc: Simile
est regn. caelor homini
patrifamilias qui exiit primo
mane usque pauci vero electi.

Dom. II. in Sexagesima ad s.
Paulum sec. Lucam cap. LXXVI.
In ill. temp. cum turba plurima
convenirent usque fenetum
adferet in patientia.

In Quinquagesima die dom.

[Fol. 102ᵇ] ad s. Petrum sec. Lucam cap. CCXXII.
In ill. temp. adsumpsit Jesus
duodecim usque omnis plebs
ut vidit dedit laudem Deo

Fer. III. ad s. Savinum
sec. Matth. cap. XLV. In ill. temp.
dix Jesus disc. suis cum oraveritis usque ubi est ille nauens tuus
ibi erit et cor tuum

Fer. V. ad s. Georgium sec. Matth.
cap. LXIII. In ill. temp. cum introisset Jesus Capharnaum
usque et sanatus est puer ex illa hora

Fer. VI. in Parasch. sec. Matth.
cap. XXXVIII. In ill. temp. dix Jesus disc.:
Audistis quia dictum est
usque et pater tuus qui videt
in abscondito reddet tibi

Die domine. ad Laterani
sec. Matth. Cap. XV. In ill. temp.
ductus est Jesus in desertum
ab spiritu usque ecce angeli accesserunt et ministrabant ei

Fer. II. ad s. Petrum ad vincula
sec. Matth. cap. CCLXXIII.
In ill. temp. dix. Jesus suis cum
venerit filius hominis usque insti
autem in vitam aeternam.

Fer. III. ad s. Anastasiam
sec. Matth. cap. CCX. In ill. temp.
cum intrasset Jesus Hierosolymam usque sic docebat eos de
regno Dei.

Mense primo fer. IIII. ad s.
Mariam sec. Matth. cap. CXXVII.
In ill. temp. accesserunt ad

Jesum scribas et pharisaei dicentes usque ipsi mens fenter
et uxor et mater est.

Fer. V. ad s. Laurentium ad
Fontanum sec. Matth. cap. CLVII.
In ill. temp. egressus Jesus secessit in partes Tyri et Sidonis
usque et sanata est filia eius ex illa hora

Fer. VI. ad Apostolos sec. Joh.
cap. XXXVIII. In ill. temp. erat
dies festus Judaeorum usque
quae Jesus esset quae fecit eum signum.

Die sabb. XII lectiones ad s. Petrum sec. Matth. cap. CLXXII.
In ill. temp. adsumpsit Jesus Petrum et Jacobum et Johannem
usque donec filius hominis
a mortuis resurgat.

Ebd. II. die dominic. vacat.

Fer. II. ad s. Clementem
sec. Joh. cap. LXXXVIII. In ill. temp.
dix. Jesus turbis Judaeorum:
Ego vadam usque quia placita
sunt ei facio semper.

Fer. III. ad s. Balbinam sec.
Matth. cap. CCXXVII. In ill. temp.
locutus est Jesus ad turbas usque
qui se exaltat humiliabitur.

Fer. IIII. ad s. Caeciliam.

[Fol. 104ᵃ] sec. Matth. cap. CCI. In ill. temp.
ascendit Jesus Hierosolymam
usque redemptionem pro multis.

Fer. V. ad s. Mariam trans
Tiberim titulo Calisti sec. Luc.
cap. CXCVI. In ill. temp. dix
Jesus turbis pharisaeorum:
Homo quidam erat dives
et induebatur purpura et bysso
usque neque si quis ex mortuis
resurrexerit credent.

Fer. VI. ad Apostolos in titulo Vestinae
sec. Matth. cap. CCXVIII. In ill. temp.
dix. Jesus suis et turbis
Judaeorum parab. hanc:
Homo erat paterfamilias
qui plantavit vineam usque
quia sicut prophetam eum habebant.

Die sabb. ad sanctos Marcellinum
et Petrum sec. Luc. cap. CXC.
In ill. temp. dix. Jesus suis:
Homo quidam habuit duos filios
usque perierat et inventus est.

Ebd. III. die dom. ad s. Laurentium martyrem sec. Luc. cap. CXXVI.
In ill. temp. erat Jesus ejiciens daemonium usque ineum qui audiunt verbum Dei et custodiunt illud

---

1 Text II. ad s. Sauinum.

1 So auch im Text 23 und Cap. Hora.
2 So haben Text 23 und Cap. Rhen., Cap. Spec. hat
XXXVI.
3 Text 23 resurgat.
4 So Text Ildf. 25; resurrexerit. Text 23 resurrexit.
5 Cod. unter Vestinae.

Fer. II. ad s. Marcum sec. Lucam
cap. XX. In ill. temp. dixerunt
pharisaei ad Jesum quando
audivimus facta in Capharnaum
usque ipse autem transiens per
medium illorum ibat.

Fer. III. ad s. Potentianam
sec. Matth. cap. CLXXXIII. In ill.
temp. respondens Jesus dixit
sancto dise. Simoni Petro:
Si peccaverit in te frater tuus
usque septuagies septies.

Fer. IIII. ad s. Systnum sec.
Matth. cap. CLIIII. In ill. temp.
accesserunt ad Jesum ab Hierosolymis usque non lotis manibus
manducare non communat[1] hominem.

Fer. V. ad sanctos Cosmam et Dami-
anum sec. Luc. cap. XXVI.
In ill. temp. surgens Jesus de synagoga intravit usque erat
praedicans in synagogis Galilaeae.

Fer. VI. ad s. Laurentium in
trib. Lucinae sec. Joh. cap. XXXIII.
In ill. temp. Jesus fatigatus ex iti-
nere sedebat sic super fontem
usque quia hic est vere salvator mundi.

Sabb. ad s. Susannam
sec. Joh. cap. LXXXVI. In ill. temp.
perrexit Jesus in montem Oliveti
usque vade et amplius noli peccare.

Ebd. IIII. die dominico in Susanne
sec. Joh. cap. XLVI. In ill. temp.
abiit Jesus trans mare Galilaeae
usque quia hic est vere propheta.

[Fol. 184[b]] qui venturus est in mundum.

Fer. II. ad sanctos quatuor coro-
natorum sec. Joh. cap. XX.
In illo temp. prope erat Pascha
Judaeorum et ascendens Jesus
usque ipse enim sciebat quod
esset in homine.

Fer. III. in trib. Damasi sec. Johann.
cap. LXXX. In ill. temp. cum die
festo mediante ascendit Jesus
usque de turba autem multi
crediderunt in eum.

Fer. IIII. ad s. Paulum sec. Joh.
cap. LXXXVIII. In ill. temp. prae-
teriens Jesus vidit hominem cae-
cum a nativitate usque et proce-
dens adoravit eum.

Fer. V. ad s. Sylvestrum sec. Luc.
cap. LXXVII. In ill. temp. ibat Jesus
in civitate quae vocatur Naim
usque quia Deus[2] visitavit plebem suam

Fer. VI. ad s. Eusebium sec. Joh.
cap. XCIIII. In ill. temp. erat
quidam languens Lazarus usque
et viderunt quae fecit Jesus et crediderunt in eum.

Sabb. ad s. Laurentium mart.
sec. Joh. cap. LXXXVI. In ill. temp.
dicebat Jesus turbis Judaeorum:
Ego sum lux mundi usque quot
nondum venerat hora eius.

Ebd. V. dom. ad s. Petrum sec. Joh.
cap. LXXXVIIII. In ill. temp. dicebat Jesus turbis Judaeorum et
principibus sacerdotum: Quis
ex vobis arguet me de peccato
usque Jesus autem abscondit se
et exivit de templo.

Fer. II. ad s. Chrysogonum
sec. Joh. cap. LXXXVIII. In ill. temp.
miserunt principes et pharisaei
usque quem acceperis erant cre-
dentes in eum.

Fer. III. ad s. Quiriacum sec. Joh.
cap. LXXV. In ill. temp. ambula-
bat Jesus in Galilaea usque propter metum Judaeorum.

Fer. IIII. ad s. Marcellum sec.
Joh. cap. XCII. In ill. temp.
facta sunt encaenia in Hierosolymis usque et ego in patre.

Fer. V. ad s. Appollinarem
sec. Luc. cap. LXXIIII. In ill. temp.
rogabat Jesum quidam pharisaeus ut manducaret cum illo
usque quoniam dilexit multum.

Fer. VI. ad s. Stephanum sec.
Joh. cap. XCIIII. In ill. temp. colle-
gerunt pontifices et pharisaei
consilium adversus Jesum usque
et ibi morabatur cum disc. suis.

Sabb. datur fermentum in con-
sistorio Lateranensi.

Ebd. VI. dom.[3] ad Lateranis.

[Fol. 185[b]] legitur passio Domini sec. Matth.
cap. CCLXXIII. In ill. temp.
dixit Jesus disc. suis: Scitis
quia post biduum Pascha
fiet usque signantes lapi-
dem cum custodibus.

Fer. II. ad sanctos Nereum et
Achilleum sec. Joh. cap. XLVII.
In ill. temp. ante sex dies Paschae venit Jesus Bethaniam
usque et abiit et abscondit se ab eis.

Fer. III. ad s. Priscam
sec. Joh. cap. CXII. In ill. temp.
ante diem festum Paschae
sciens Jesus usque et Deus ianitum
clarificavit eum.

Fer. IIII. ad s. Mariam
legitur passio Domini sec. Lucam
cap. CCLX. In ill. temp. adpro-
pinquabat autem dies festus
azimorum usque in quo nomina
quisque positus fuerat

Fer. V. ad Lateranis conficitur
chrisma sec. Joh. cap. CXIII.
In ill. temp. sciens Jesus quia venit eius hora usque ut quem-
admodum ego feci vobis ita
et vos faciatis

Fer. VI. in Susurio quod est in basilica Hierusalem legitur passio
Domini sec. Joh. cap. CLVI. In ill. temp.
egressus est trans tor-
rentem Cedron usque possuerunt Jesum.

Sabb. sancto ad Lateranis sec. Matth.
cap. CCLII. In ill. temp. vespere autem sabbati quae lucesc-
et in prima sabbati usque
ibi eum videbitis ecce dixi vobis

In Pascha dom. sancta ad sanctam
Mariam maiorem in Presepe
sec. Marc. cap. CCXXX. In ill. temp.
Maria Magdalene et Maria
Jacobi et Salome usque ibi eum
videbitis sicut dixit vobis.

Fer. II. ad s. Petrum sec. Luc.
cap. CCCXXXVIII. In ill. temp.
duo ex discipulis Jesu ibant in
castellum usque et quomodo cog-
noverunt eum in fractione panis

Fer. III. ad s. Paulum sec. Lucam
cap. CCCXL. In ill. temp. stetit
Jesus in medio discipulorum suorum
usque remissionem peccatorum
in omnes gentes.

Fer. IIII. ad s. Laurentium
sec. Joh. cap. CCXVIII. In ill.
temp. manifestavit se Jesus discip. suis ad mare Tiberiadis
usque cum resurrexisset a mortuis

Fer. V. ad Apostolos sec. Joh.
cap. CCXI. In ill. temp. Maria
stabat ad monumentum fo-
ris plorans usque quia vidi
Dominum et haec dixit mihi.

[Fol. 16r] Fer. VI. ad s. Mariam ad
martyres sec. Matth. cap. CCCLI.
In ill. temp. undecim discipuli
abierunt in Galilaeam
usque et consummationem saeculi

Sabb. ad. Lateranis sec. Joh. cap.
CCXIII. In ill. temp. cum esset
sero die una sabbatorum
usque remittuntur eis.

Dom. octabas Paschae sec. Joh.
cap. CCXVI. In ill. temp. Thomas unus ex duodecim usque
vitam habeatis in nomine eius.

Mense aprilis die XIII. natal. sanctorum
Tiburtii Valeriani et Maximi
sec. Joh. cap. CXXXIII. In ill. temp.
dix. Jesus suis: Hoc est praeceptum meum usque in maiore
meo det vobis

In Pascha armonina sec. Joh.
cap. XXIIII. In ill. temp. erat
homo ex pharisaeis usque sed
habeat vitam aeternam.

Die XXIII. mens. supraser.
natal. s. Georgii sec. Luc. cap. CLLI
In ill. temp. dix. Jesus disc. suis:
Ponite in cordibus vestris usque
in patientia vestra possidebitis
animas vestras.

Die XXV. mens. supraser. in Lae-
tania maiore sec. Luc. cap.
CXXIII. In ill. temp. dix. Jesus
disc. suis: Quis vestrum habet amicum usque aperitum bonus
petentibus se.

Fer. IIII. sec. Joh. cap. CLIII. In ill.
temp. respiciens Jesus disc. suos
dix.: Pater sancte serva eos
usque sed et serva eos a malo.

Fer. VI. sec. Joh. cap. XXXVII. In ill. temp.
erat quidam regulus cuius filius
infirmabatur usque et domus
eius tota.

Die XXVIII. mens. supraser. natal. s. Vita-
lis sec. Joh. cap. CXXXII. In ill.
temp. dix. Jesus disc. suis: Ego
sum vitis vera usque petitis
et fiet vobis.

Sabb. sec. Joh. cap. XLVI. In ill. temp.
abiit Jesus trans mare Galilaeae
quod est Tiberiadis usque
eum disc. suis.

Ebd. II. ad sanctos Cosmam et Dam-
ianum sec. Joh. cap. LXXXVIII.
In ill. temp. dix. Jesus disc. suis:
Ego sum pastor bonus usque
et fiet unum ovile et unus pastor

Mens. maii kal. man. natal. apostolorum Philippi et Jacobi sec. Joh.
cap. CXXVII. In ill. temp. dix.
Jesus disc. suis: Non turbetur
cor vestrum usque in no-
mine hoc faciam.

Die III. mens. supraser. natal. sanctorum
[Fol. 16v] Alexandri et Eventi et Theo-
doli sec. Joh. cap. CXXXVIII.
In ill. temp. dix. Jesus disc. suis:]
Haec mando vobis usque quia
oderunt vos gentes.

Fer. VI. sec. Joh. cap. CXI.
In ill. temp. dix. Jesus disc. suis:
Qui credit in me usque sicut
dixit mihi pater sic loquor.

Ebd. III. sec. Joh. cap. CXLVIII.
In ill. temp. dix. Jesus suis:

Medicum etiam non videbitis
me usque inme tollet a vobis.

Die X. mens. septembr. natal. Gordiani[1]
sec. Matth. cap. XCV
In ill. temp. dix. Jesus dix. suis:
Nolite arbitrare quod veni pa-
cem mittere usque non perdit
mercedem suam.

Die XII mens. sept. natal. sanctorum Nerei
et Achilei sec. Matth. cap. CLXXXVIII
In ill. temp. accesserunt ad Jesum
pharisaei temptantes usque
sed quibus datum est

Die supradict. natal. s. Pancratii
sec. Joh. cap. CXXXVIII
In ill. temp. dix. Jesus dix. suis:
Haec mando vobis ut diligatis
se vicem usque quia oderunt me gratis.

Ebd. IIII. sec. Joh. cap. CXLVII
In ill. temp. dixit Jesus dix. suis:
Vado ad eum qui me misit
usque et adnuntiabit vobis.

Ebd. V. sec. Joh. cap. CL
In ill. temp. dix. Jesus dix. suis
Amen dico vobis si quod peti-
eritis patrem in nomine meo
det vobis usque in hoc credimus
quia a Deo existi.

Die XIII. mens. supradict. dedicatio
ecclesiae s Mariae ad martyres legitur lectio cuius
concurrerit eiusdemdiae,
eo quod semper in die dominica
celebratur ipsa sollemnitas

Die XVIII. mens. supr. nat. sanctae
Potentianae sec. Matth. cap. CXI.
In illo temp. dix. Jesus dix. suis
parab. hanc: Simile est
regnum caelorum thesauro
abscondito usque meam et cetera

Fer. IIII. sec. Joh. cap. XXV
In ill. temp. abiit Jesus cum dix. suis
in Judaeam terram usque
gaudium meum impletum est.

Die XXV. mens. supr. natal. s. Urbani
conf. et pont. via Appia
sec. Matth. cap. CCLXIII
In ill. temp. dix. Jesus dix. suis:
Vigilate usque constituet eum

In vigilia ascensa[2] Domini sec. Joh.
cap. CLIII In ill. temp.
sublevans Jesus oculos suos in
caelum dix. usque et ego ad
te veni

Fer. V. in ascensa Domini sec. Marcum cap. CCXXXII[3]

[1] Die ganze Stelle Ebd. IIII. bis Schluss n vobis ist am
Trev. 23 von Hand, von gleicher Hand nachgetragen und
durch Zeichen hierher an seine richtige Stelle gesetzt.
[2] Trev. 23: Gordeam.
[3] Im Texte fol. 133ᵇ steht datam vobis.
[4] Trev. 23 ist reg. die ascensa.
[5] Trev. 23: CCXXXIII gedruckt.

In ill. temp. recumbentibus
undecim discip. usque et sermonem confirmante se-
quentibus signis

Ebd. VI. sec. Joh. cap. CXLA
In ill. temp. dix. Jesus dix. suis.
Cum autem venerit paracletus
usque quia ego dixi vobis.

Fer. IIII. sec. Joh. cap. CXXXII
In ill. temp. dixit Jesus dix. suis:
Si manseritis in me usque gau-
dium vestrum impleatur.

Sabb. in vigilia Pentecosten
sec. Joh. cap. CXXVIII
In ill. temp. dix. Jesus dix. suis:
Si diligitis me mandata mea
servate usque et manifestabo ei me ipsum.

Dom. Pentecosten sec. Joh.
cap. CXXX In ill. temp. dix. Jesus
dix. suis: Si quis diligit me
sermonem meum servabit
usque sicut mandatum dedit mihi
pater sic facio.

Fer. II. ad vincula sec. Joh. cap. XXIII
In ill. temp. dixit Jesus dix. suis:
Sic enim dilexit Deus mundum
ut filium suum unigenitum daret
usque manifestentur eius opera
quia in Deo sunt facta.

Fer. III. ad s Anastasiam
sec. Joh. cap. LXXXVIII In ill. temp.
dix. Jesus dix. suis: Amen
amen dico vobis qui non intrat
per ostium in ovile usque et ab-
undantius habeant.

Fer. IIII. ad s. Mariam sec. Joh.
cap. LX In ill. temp. dix. Jesus dix. suis:
Nemo potest venire ad me
nisi pater qui misit me usque
caro mea est pro mundi vita.

Fer. VI. ad Apostolos sec. Lucam
cap. XXXXVI In ill. temp. factum
est in uno die usque magn. quia
vidimus mirabilia hodie

Sabb. XII lect. ad s Petrum
sec. Matth. cap. CCV In ill. temp.
egrediente Jesu ad Hiericho se-
cut[?] sunt eum usque et secuti sunt eum[?]

Dom. vacat sec. Lucam cap. LV
In ill. temp. dix. Jesus dix. suis:
Estote misericordes usque patre-
eum de caelo fratris tui.

Mens. iunio die II. natal. sanctorum Mar-
cellini et Petri via Lavicana sec.
Luc. cap. CCXLVIII In ill. temp.
dixit Jesus dix. suis: Cum au-
---

[1] Trev. 23: vacat는.
[2] Hier folgt im Trev. 23: natalis Pentecost. sec. Joh.
cap. XXXII In ill. temp. dix. Jesus dix. suis: Erat homo
ex pharisaeis Nicodemus nomine usque ut habeant vitam
aeternam.

dicebis praedia usque possidebitis animas vestras.

Die VIII.[1] mens. supr. natal. sanctorum Primi et Feliciani in basilica s. Stephani sec. Joh. cap. CXXXIIII *In ill. temp. dix. Jesus disc. suis:*

[Fol. 165'] *Hoc est praeceptum meum ut diligatis usque in nomine meo det vobis.*

Die XII. mens. supradict. natal. s. Basilidis sec. Joh. cap. XXIII *In ill. temp. erat homo ex pharisaeis Nicodemus nomine usque sed habeat vitam aeternam.*

Fer. IIII. sec. Luc. cap. XCIII *In ill. temp. accedentes discipuli ad Jesum dixerunt ei usque et saturati sunt.*

Fer. VI. sec. Lucam cap. CLXXXVI *In ill. temp. erant adpropinquantes ad Jesum peccatores usque paenitentiam agenti.*[2]

Sabb. sec. Lucam cap. LXXXV *In ill. temp. venit ad Jesum vir cui nomen Jairus usque ne alicui dicerent quod factum erat.*

Die XVIII. mens. supr. natal. sanctorum Marci et Marcelliani via Ardeatina sec. Joh. cap. CXXXIIII *In ill. temp. dix. Jesus disc. suis: Hoc est praeceptum meum usque det vobis.*

Die XVIIII. mens. supr. natal. sanctorum Protasi et Gervasi[3] ad s. Vitalem sec. Marc. cap. CXXXVII *In ill. temp. egrediente Jesu de templo usque in finem hic salvus erit.*

Die XXIII. mens. supr. vigilia s. Johannis baptistae sec. Luc. cap. I *In ill. temp. fuit in diebus Herodis regis*[4] *sacerdos quidam nomine Zacharias usque parare Domino plebem perfectam.*

Die XXIIII. natal. s. Johannis baptistae sec. Luc. cap. III *In ill. temp. Elisabeth impletum est tempus pariendi usque et fecit redemptionem plebis suae.*

Die XXVI. mens. supr. natal. sanctorum Johannis et Pauli sec. Lucam cap. CXLIIII *In ill. temp. dixit Jesus disc. suis: Attendite a fermento pharisaeorum usque coram angelis Dei qui est in caelis.*

Ebd. II. post Pentecosten sec. Luc. cap. XXVIII *In ill. temp. cum turbae irruerent ad Jesum usque secuti sunt eum.*

Die XXVIII. mens. supr. translatio corporis beati Leonis pontificis sec. Math. cap. CCLXVIIII *In ill. temp. dix. Jesus disc. suis parab. hanc: Homo quidam peregre proficiscens usque intra in gaudium Domini tui.*

Die XXVIII. mens. supr. vigilia apostolorum Petri et Pauli sec. Joh. cap. CCXXVI *In ill. temp. dix. Jesus Petro: Simon Johannis usque qua morte clarificaturus esset Deum.*

Die XXVIIII. natal. supradictorum[5] sec. Matth. cap. CLXVI *In ill. temp. venit Jesus in partes Caesareae Philippi usque erit solutum et in caelis.*

Die XXX. mens. supr. ad s. Paulum

[Fol. 167'] sec. Matth. cap. CXCV *In ill. temp. dix. Simon Petrus ad Jesum usque possidebit.*

Ebd. I. post natal. apostolorum sec. Matth. cap. XXXV *In ill. temp. dix. Jesus disc. suis: Nisi abundaverit iustitia vestra usque donec reddas novissimum quadrantem.*[6]

Mens. jul. die II. natal. sanctorum Processi et Martiniani sec. Matth. cap. CCXLIII *In ill. temp. sedente Jesu supra montem Oliveti usque in finem hic salvus erit.*

In octabas apostolorum sec. Matth. cap. CXLVIII *In ill. temp. iussit Jesus disc. suos usque vere filius Dei es.*

Fer. IIII. sec. Marc. cap. CVII *In ill. temp. cum egressus esset Jesus in via usque veni sequere me.*

Fer. VI. sec. Marc. cap. LXXVII *In ill. temp. exierunt pharisaei et coeperunt conquirere usque et dimisit illum in domum suam.*

Ebd. II. sec. Marc. cap. LXXVI *In ill. temp. cum multa turba esset cum Jesu usque et dimisit eos.*

Die X. mens. supr. natal. septem fratrum via Salaria[7] sec. Matth. cap. XXIIII *In ill. temp. videns Jesus turbas ascendit in montem usque copiosa est in caelis.*

Prima missa ad Aquilonem secunda ad s. Alexandrum sec. Lucam cap. CXXXIII *In ill. temp. dix. Jesus disc. suis: Nemo accendit lucernam usque commonebit te.*

Item ad s. Felicitatem sec. Matth. cap. CXXX *In ill. temp. loquente Jesu ad turbas usque soror et mater est.*

[1] So hat auch Trev. 23.

[2] Trev. 23 agentis, im Text fol. 111[v] agenti.

[3] Trev. 23 [illegible]

[4] Trev. 23: regis Judaeae.

[5] Trev. 23 Die XXVIIII. mens. supradicti (und unten am Rande von gleicher Hand nachgetragen:) natal. apostolorum Petri et Pauli.

[6] Trev. 23 usque [illegible] Hier steht an der betreffenden Textstelle das F an, welches das Ende der Lection andeutet. Auch in dem [illegible] steht F bei [illegible] Der im Anfangskapitel angegebene Schluss der Lection geht 10 Zeilen über das Ende hinaus. [illegible] gibt [illegible] die längere Evangelienstelle.

[7] Trev. 23 via Appia et Salaria.

Fer. VI. sec. Luc. cap. XCVIIII. In ill. temp. descendente Jesu de monte usque et reddidit illum matri suae[1]

Sabb. sec. Matth. cap. CXCIII. In ill. temp. accedens ad Jesum quidam usque et iens sequere me.

Ebd. III. sec. Matth. cap. LXI. In ill. temp. dix. Jesus disc. suis: Attendite a falsis prophetis usque in regnum caelorum.

Die XV. mens. supr. natal. s. Cyriaci.

Die XXi. natal. s. Praxedis sec. Matth. cap. CXI. In ill. temp. dix. Jesus disc. suis parab. hanc: Simile est regnum caelorum thesauro abscondito in agro usque nova et vetera.

Die XXIII. mens. supr. natal. s. Apollinaris sec. Luc. cap. CLXX. In ill. temp. facta est contentio inter disc. usque XII tribus Israhel.

Fer. IIII. sec. Luc. cap. LXXXIII. In ill. temp. cum egressus esset usque quanta fecisset Jesus.

Fer. VI. sec. Lucam cap. CXCVI. In ill. temp. dix. Jesus disc. suis parab. hanc: Homo quidam erat dives usque remanserit credunt.

Die XXVIIII. natal. sanctorum Felicis papae Simplicii Faustini et Beatricis via Portuense sec. Luc. cap. CLIIII.

[Fol. 100] In ill. temp. dix. Jesus disc. suis: Sint lumbi vestri praecincti usque filius hominis veniet.

Die XXX. mens. supr. natal. sanctorum Abdo et Sennes sec. Joh. cap. CXXXIII. In ill. temp. dix. Jesus disc. suis: Hoc est praeceptum meum usque quia odistis me gratis.

Ebd. IIII. sec. Lucam cap. CXC. In ill. temp. dix. Jesus disc. suis: Homo quidam erat dives et habebat vilicum usque in aeterna tabernacula.

Fer. IIII. sec. Matth. cap. CXLVIII. In ill. temp. vespere autem facto accesserunt ad Jesum discipuli eius usque quasi quinque milia.

Ebd. V. sec. Luc. cap. CXXI. In ill. temp. quidam legis peritus surrexit temptans Jesum usque vade et tu fac similiter.

Mens. aug. kal. augustas ad vincula sec. Matth. cap. CXLVIII. In ill. temp. erat Jesus disc. suis ascendere usque filius Dei es.

Die II. mens. supr. natal. s. Stephani pontificis via Latina sec. Lucam cap. CLXXVIII. In ill. temp. dix. Jesus disc. suis parab. hanc: Homo quidam nobilis abiit in regionem longinquam usque et abundabit.

Fer. IIII. sec. Luc. cap. CXXVI. In ill. temp. erat Jesus eiciens daemonium usque beati qui audiunt verbum Dei et custodiunt.

Ebd. VI. sec. Luc. cap. CXIII. In ill. temp. duo homines ascenderunt in templum usque et qui se humiliat exaltabitur.

Die VI. mens. supr. natal. sanctorum Xysti Felicissimi et Agapiti sec. Matth. cap. LXXXVI. In ill. temp. dix. Jesus disc. suis: Ecce ego mitto vos sicut oves usque in finem hoc salvus erit.

Die VIII. mens. supr. natal. s. Cyriaci sec. Matth. cap. XCII. In ill. temp. dix. Jesus disc. suis: Nihil opertum usque qui est in caelis.

Die VIIII. mens. supr. vigilia s. Laurentii sec. Matth. cap. CLXX. In ill. temp. dix. Jesus disc. suis: Si quis vult post me venire usque in regno suo.

Item die X. natal. s. Laurentii ad primam missam sec. Joh. cap. XCVI. In ill. temp. dix. Jesus disc. suis: Qui amat patrem usque mea perdet mercedem suam.

Die supra sec. natal. s. Laurentii sec. Joh. cap. CIII. In ill. temp. dix. Jesus disc. suis: Nisi granum frumenti usque pater meus qui est in caelis.

Die XI. mens. supr. natal. s. Tiburtii sec. Joh. cap. CXXXIII. In ill. temp. dix. Jesus disc. suis: Hoc est praeceptum meum usque dix vobis.

Fer. IIII. sec. Luc. cap. LXXXIII. In ill. temp. rogabat Jesum

[Fol. 100] quidam pharisaeus usque neum dilexit multum.

Die XIII. mens. supr. natal. s. Yppoliti sec. Luc. cap. CXLIII. In ill. temp. dix. Jesus disc. suis: Adtendite a fermento usque coram angelis Dei.

Fer. VI. sec. Luc. cap. XXVI. In ill. temp. surgens Jesus de synagoga usque oportet me evangelizare regnum Dei.

Die XIIII. mens. supr. natal. s. Eusebii sec. Matth. cap. CCLXIII. In ill. temp. dix. Jesus disc. suis: Vigilate usque constituet eum.

Die XV. mens. supr. die assumptionis s. Mariae sec. Lucam cap. CXXII. In ill. temp. intravit Jesus in quoddam castellum et mulier quaedam Martha nomine usque non auferetur ab ea.

Die XVIII. mens. supr. natal. s. Agapiti sec. Luc. cap. CLIII. In ill. temp. dixit Jesus disc. suis: Sint lumbi vestri praecincti usque filius hominis venit.

Ebd. I. post s. Laurentii sec. Marc. cap. LXXIII. In ill. temp. exiens Jesus de finibus Tyri usque et mutus loqui.

Fer. IIII. sec. Luc. cap. CLXVIII. In ill. temp. dum iret Jesus per civitates et castella usque accenderunt in regnum Dei.

---

[1] Tom. 23 hat partn eges., wie es auch im Admont. fol. ... lautet. Eine Capitelsgruppe fehlt. Cap. ... hat ebenfalls ...

[1] Tom. 23: In ill. temp. dix. Jesus ad quosdam qui in se confidebant: Duo homines etc., So hat auch das cap. Würzburg.

Die XVIIII. mens. supr. natal. s. Hermes
sec. Luc. cap. XLV. In ill. temp. descendens Jesus de monte usque cap999 est in caelis

Die XXX. mens. supr. natal. sanctorum Febrissim
et Audacti et depositio Helbei proph.
et deositatio s. Johannis baptistae
sec. Marc. cap. LVIII. In ill. temp.
misit Herodes et tenuit Johannem
usque posuerunt illum in monumento.

Ebd. II. post s. Laurentii sec. Lucam
cap. CXX. In ill. temp. dix. Jesus dis. suis:
Beati oculi qui vident usque vo-
de et tu fac similiter.

Fer. IIII. sec. Matth. cap. CXVII.
In ill. temp. abeuntes pharisaei consilium faciebant usque gentes sperabant.

Fer. VI. sec. Luc. cap. CXLVIII.
In ill. temp. ait ad Jesum quidam de turba
usque Deus pascet eos.

Ebd. III. post s. Laurentii sec. Luc. cap. CCI.
In ill. temp. dum iret Jesus in Hierusalem
transiebat usque fides tua te salvam fecit.

Fer. IIII. sec. Marc. cap. CXX. In ill. temp.
intravit Jesus Hierosolymam in templo
usque super doctrina eius.

Mens. septemb. die VIII. nativitas s. Mariae sec. Luc. cap. III. In ill. temp.
exsurgens Maria usque in Deo salutari meo.

Die suprascr. natal. s. Adriani sec. Joh.
cap. CXXXII. Ivell temp dix. Jesus dis. suis.
Ego sum vitis vera usque et gaudium
vestrum impleatur.

Die XI. mens. supr. natal. sanctorum Proti et Ja-
cincti sec. Matth. cap. LXXXVIII.
In ill. temp. dix. Jesus dis. suis: Cum
persecuntur vos in civitate ista
usque coram patre meo qui est in caelis.

[Fol. 16v] Ebd. IIII. sec. Matth cap. XLVIII.
In ill. temp. dix. Jesus dis. suis:
Nemo potest duobus dominis servire
usque et adicientur vobis.

Fer. IIII. sec. Matth. cap. XL. In ill. temp.
dix. Jesus dis. suis: Audistis quia
dictum est antiquis usque reddet tibi.

Fer. VI. sec. Luc. cap. CCXI. In ill. temp.
docente Jesu populum in templo
usque in qua potestate haec facio.

Die XIIII. mens. supr. natal. sanctorum
Cornelii et Cipriani sec. Luc. cap. CXI.
In ill. temp. dicebat Jesus turbis
usque et errauerunt eum.

Die suprascr. exaltatio s. crucis
sec. Joh. cap. XXXIII. In ill. temp. erat
homo ex pharisaeis usque sed habeat
vitam aeternam.

Ebd. V. sec. Luc. cap. LXVII. In ill. temp.
ibat Jesus in civitatem quae vocatur
Naim usque quia Deus visitavit plebem suam

Die XV. mens. supr. natal. s. Nicomedis
sec. Luc. cap. XCVI. In ill. temp. dix.
Jesus dis. suis: Si quis vult post me
venire usque videat regnum Dei

Die XVI. mens. supr. natal. sanctorum Luciae et
Eufemiae sec. Matth. cap. CXL.
In ill. temp. dix. Jesus dis. suis: Simile
est regnum caelorum thesauro abscondito in agro usque nova et vetera.

Fer. IIII. sec. Luc. cap. XXXVIII. In ill. temp.
vidit Jesus publicanum nomine Levi
usque sed peccatores in paenitentiam.

Ebd. I. post s. Cyprian sec. Lucam
cap. CLXXVI. In ill. temp. cum intra-
ret Jesus in domum usque exaltabitur.

Fer. IIII. mens. VII. ad s. Mariam
sec. Marc. cap. XCI. In ill. temp.
respondit unus de turba usque et veniunt.

Fer. VI. ad Apostolos sec. Luc. cap. XXXVI.
In ill. temp. sedebat Jesus docens
usque virtutem sanabat illos.

Sabb. ad s. Petrum XII lectiones
sec. Lucam cap. CLXVIII. In ill. temp.
erat Jesus docens in synagoga
usque gloriam fiebant ab eo.

Ebd. II. post s. Cyprian sec. Lucam
cap. CCXXIII. In ill. temp. accesserunt ad Jesum sadducaei usque noti-
rabantur in doctrina eius.

Fer. IIII. sec. Marc. cap. CXXXI.
In ill. temp. interrogabat Jesus unus
de scribis usque non es longe a regno Dei

Fer. VI. sec. Matth. cap. CXXXVI.
In ill. temp. dix. Jesus dis. suis pa-
rabol. hanc: Simile est regnum
caelorum homini qui seminavit
usque in horreum meum.

Die XXVII. mens. supr. natal. sanctorum Cosmae
et Damiani sec. Joh. cap. CXXXVIII.
In ill. temp. dix. Jesus dis. suis:
Haec mando vobis ut diligatis invicem usque quia odiverit vos prius.

Die XXVIII. mens. supr. dedicatio ecclesiae
[Fol. 16v] archangeli Michahelis sec. Matth.
cap. CLXXVII. In ill. temp. accesserunt
discipuli ad Jesum usque qui angeli
eorum semper vident faciem patris
mei qui in caelis est.

Ebd. III. post s. Cyprian sec. Matth.
cap. LXX. In ill. temp. ascendens Jesus
in naviculam transfretavit usque
potestatem talem hominibus.

Mens. octob. die VII. natal. s. Marci
sec. Matth. cap. CCLXVIII. In ill. temp.
dix. Jesus dix. suis parab. hanc:
Homo quidam peregre usque intra
in gaudium Domini tui.

Die XIIII. mens. supr. natal. s. Calisti pontificis sec. Matth. cap. CCLXVII. In ill. temp.
dix. Jesus dix. suis. Vigilate usque constant. eius.

Die XXV. mens. supr. natal. sanctorum Crysanti
et Dariae sec. Matth. cap. CCXLIII.

---

[1] Text. 23: XVIII. Cap. Khenug. XXVII.
[2] Text. 23: XXXVIII. Caput Sym. und Cap. Khenug.
lution von Ads XXX.
[3] In ill. temp. steht im Cod. errutust.

Die Texter Add 49und 48steh.

missus est Gabrahel angelus a Deo
usque fiat mihi secundum verbum tuum.

Fer VI ad Apostolos sec. Lucam
cap. III In ill. temp. evangens
Maria usque exsultavit spiritus meus
in Deo salutore meo.

Sabb. in XII lect ad s. Petrum sec Luc
cap VI anno quinto decimo im-
perii Tyberii Caesaris usque salutare Dei.

Die XXIIII. mens. dec. vigilia Domini
sec Matth. cap. III In ill. temp.
cum esset desponsata mater Jesu
Maria usque a peccatis eorum [1]

Pro obeditate plurim sec. Luc
cap. LXXXIII In ill. temp. factum
est in una dierum usque quia venti et mare obediunt ei.

Pro sterilitate plurim sec. Matth.
cap. CLX In ill. temp. dix. Jesus. suis:
Misereor turbis usque et discipuli eius cum eo.

In commotione gentium sec Luc.
cap. CL. In ill. temp. dix Jesus discip. suis: Nolite solliciti esse
usque haec omnia adicientur vobis.

In natal. papae sec. Lucam cap. CCLXX
In ill. temp. facta est contentio
inter disc. usque indicentes
XII tribus Israhel.

Item alia ut supra sec. Luc cap.
CCXXXVIII In ill. temp. dix Jesus
disc. suis parab. hanc.
Homo quidam erat nobilis abiit
in regionem longinquam usque
et abundabit.

In ordinatione presbyterorum
sec. Matth. cap. CCLXIII In ill. temp.
dix Jesus dis. suis: Vigilate usque
constituet eum.

In ordinatione diaconorum sec
Joh. cap. CIIII In ill. temp. dix Jesus
dis. suis: Amen amen dico vobis
nisi granum frumenti cadens in terra
usque honorificabit eum pater meus. [2]

Item in natal. papae sec Matth cap. CLXVI
In ill. temp. venit Jesus in partes Cae-
saree usque erit solutum et in caelis. [3]

In dedicatione basilicae sive oratorii
sec. Luc. cap. LX In ill. temp. dix. Jesus
disc. suis: Non est arbor bona
usque fundata enim erat super petram.

Pro velatione ancillarum Dei sec
Matth cap. CCXXI In ill. temp. loque-
batur Jesus cum disc. suis usque
pauci autem electi.

Ad velandum martatam sec. Joh.
cap. XXVII In ill. temp.
respondens Jesus et dix.: Non potest homo usque compleatur est.

Pro ordinantibus sec. Joh. cap. LXXXVIII
In ill. temp. Inquente Jesu ad turbas
[Fol. 171ᵛ] usque opera Abrahae facite.

Pro ordinantibus episcopis sec. Matton
cap. LIII In ill. temp. circuibat Jesus
in circuitu docens usque multos
aegrotos et sanabantur.

Item alia ut sup. sec Luc cap. LXXXVI
In ill. temp. convocatis Jesus XII discipulis usque evangelizantes et
curantes ubique.

In agenda mortuorum sec. Johannem
cap. XCVIII In ill. temp. dix. Martha
ad Jesum: Domine si fuisses hic usque quia
tu es Christus filius Dei qui in hunc mundum venisti.

Item alia sec. Joh. cap. XXXVIII
In ill. temp. dix. Jesus disc. suis
et turbis Judaeorum: Sicut enim
pater suscitat mortuos et vivificat usque sed transiet de morte in vitam.

Item alia sec. Johannem cap. LVI
In ill. temp. dix. Jesus disc. suis
et turbis Judaeorum: Omne quod dat
mihi pater ad me veniet usque sed
resuscitem illum in novissimo die.

Item alia sec. cap. Joh. LXV
In ill. temp. dix. Jesus disc. suis
et turbis Judaeorum: Ego sum panis
vivus qui de caelo descendi usque
et ego resuscitabo eum in novissimo
die.

---

[1] Mit der Schreiber folgt hier noch ein Ende 33 und
ein Capit. Aus ihrer besonderer Überschrift. Im Übrigen
lautet der Incipant lectiones evangelii pro diversis causis
So auch im Cod. Paris. Lat. 8884.

[2] Item 33 bis, aus Cap. Spin. macht; nur es in caelo ...

[3] Item in natal. hac si in caelo 466k im Text 33.

[4] Hier schließt das Capitulum der Cod. Tirr. 33.

DER BIBELTEXT.

Der glänzenden Ausstattung einer Handschrift entspricht nicht immer die Beschaffenheit ihres Textes. Schon der heilige Hieronymus ist auf die prächtigen Handschriften, deren goldene Lettern auf purpurgetränktem Pergament erglänzten, übel zu sprechen und noch heute pflegen die Philologen Handschriften, die sich durch die Kunst des Schreibers und Miniators empfehlen, mit ungünstigem Vorurteil zu begegnen.

Es würde daher um so weniger auffallen, wenn eine Würdigung der Adahandschrift vor dem Inhalt Halt machte, je mehr sich die künstlerische Bedeutung derselben aufdrängt. Gleichwohl ist seitens der Leitung des Unternehmens der Erwägung Raum gegeben worden, dass der Text von der Behandlung nicht ausgeschlossen werden durfte. Konnte freilich nach der Natur der Sache der Gedanke, durch die Betrachtung derselben einen Beitrag zu der noch so dunklen Geschichte der lateinischen Bibelübersetzung zu geben, nicht durchaus massgebend sein, so musste doch die Frage aufgeworfen werden, ob bei unserer Handschrift nicht zwischen Form und Inhalt Beziehungen herrschten, durch deren Erkenntnis diejenigen Untersuchungen, welche das Hauptinteresse dieses Werkes bilden, bestätigt und ergänzt werden könnten.

Es ist bekannt, dass man in der karolingischen Zeit den Text der Heiligen Schrift nicht nur äusserlich lesbar darzubieten suchte, sondern dass zugleich das ernstliche Bestreben herrschte, denselben korrekt und zuverlässig zu gestalten. Wie Schrift und Schmuck der Handschriften von unbeholfenen und rohen Versuchen sich abzulaf zu einer überraschenden Sicherheit und Schönheit erheben, so finden wir auch die an vielen Stellen unverstandenen und unverständlichen, durch barbarische Schreibweise und falsche oder mangelhafte Interpunktion entstellten Texte sorgfältig bearbeitet, von groben Missverständnissen befreit, in gereinigter Orthographie und singemässer Interpunktion. Fand aber überall der Text die gleiche Behandlung, zog man immer dieselben älteren Handschriften zu Rate, entschied man über zweifelhafte Lesarten stets in gleicher Weise? Wurden nicht vielmehr hier ebensowohl Differenzen hervortreten, wie in der Schrift und den Miniaturen, wo verschiedene Einflüsse wirkten, verschiedene Formen erstrebt wurden? Sollten nicht auch in der Gestaltung des Textes Überlieferung, Gewohnheit und Schule an verschiedenen Orten verschieden sich geltend gemacht haben? Trifft aber diese Voraussetzung zu, so werden die Resultate einer vergleichenden Betrachtung des Textes eine erwünschte Analogie zu denen der paläographischen und kunsthistorischen Untersuchung bilden. In jedem Falle aber müssen sich dabei Beziehungen der Handschriften zu einander ergeben, die für diese nicht gleichgültig sein können. Auch dem, welcher an der Handschrift nur ein einseitiges Interesse nimmt, wird sich erst aus ihrer Gesamtanffassung ein wahrhaft befriedigendes Urteil gestalten.

Der Plan dieses Werkes weist also dem Philologen eine Aufgabe zu, die, wie gross oder klein ihr Resultat auch immer sein möge, doch nicht wohl umgangen werden kann. Die Gesellschaft für Rheinische Geschichtskunde hat unter gütiger Vermittlung der Herren Geh. Rat Usener und Prof. Lamprecht dieselbe mir anvertraut und mir damit eine willkommene Gelegenheit geboten, meine aus anderer Veranlassung unternommenen Studien über die Vulgata zu fördern.

Ehe ich an die Aufgabe selbst herantrete, muss ich die Geduld des Lesers für einige allgemeine Erörterungen in Anspruch nehmen, die zu ihrem Verständnis erforderlich sind. Der grosse Kreis der Handschriften, dem die unsere angehört, muss bezeichnet, Wesen und Schicksale derselben kurz angedeutet, der kleinere Kreis, auf welchen wir uns beschränken, in den grösseren eingeschrieben werden.

Die Adahandschrift bietet die vier Evangelien in der üblichen Reihenfolge mit verschiedenen allgemeinen und besonderen Einleitungen, welche wir in den lateinischen Evangelienhandschriften bis tief in das Mittelalter hinab

antreffen.[1] Unter diesen befindet sich der Brief des heiligen Hieronymus an Damasus, mit welchem er dem Papst den lateinischen Text der Evangelien in der von diesem angeordneten Revision auf Grund griechischer Handschriften überreicht. Unsere Handschrift giebt sich also als ein Exemplar dieser Revision und somit als eine Vulgatahandschrift, insofern diese Revision die Grundlage des von dem Tridentinischen Concil approbierten und von Clemens VIII. endgültig festgestellten officiellen Textes, der sogenannten Vulgata, bildet.

Hieronymus schildert in dem genannten Briefe den Zustand, in welchem die lateinische Überlieferung des Neuen Testaments, insbesondere der Evangelien, sich zu seiner Zeit befand. Die Unterschiede der verschiedenen Evangelien liefen Gefahr verwischt zu werden. Nicht nur, dass Worte und Sätze eines Evangeliums nach einem andern verändert wurden, es wurden auch ganze Stücke aus einem ins andere geschoben. Mit der Willkür der Schreiber wuchs die Verschiedenheit der Handschriften: so viel Handschriften, so viel Texte, sagt Hieronymus.

Eine Reihe älterer handschriftlich erhaltener Texte ermöglicht uns diese Schilderung zu controllieren und zu bestätigen. Den mannigfach von einander abweichenden Texten stehen nun die zahllosen Handschriften gegenüber, welche den Text im grossen und ganzen übereinstimmend geben. Auch ohne äusseres Zeugnis würde es keinen Augenblick zweifelhaft sein, dass eine durchgreifende Revision gegen die wachsende Mannigfaltigkeit und Entartung des Textes erfolgreich gewirkt hat. Die Vulgata in diesem Sinne ist eine unzweifelhafte, durch eine endlose Reihe von Handschriften bewiesene Thatsache. Richten wir aber unsere Blicke von dem Ganzen auf das Einzelne, so finden wir ihre Zeugen an vielen Punkten unter einander im Widerspruch, und fassen wir einseitig die Mannigfaltigkeit der Überlieferung ins Auge, so bietet sich uns ein Bild grosser Verwirrung dar. Dieser Umstand hat nichts auffälliges. Die Vulgata konnte dem allgemeinen Schicksal der schriftlichen Überlieferung nicht entgehen, und dies ist immer und unvermeidlich die Veränderung. Veränderung erfolgt willkürlich und unwillkürlich, durch Versehen und Missverständnis wie durch gewaltsame Anmassung. Überall entstehen Abweichungen von der echten Lesart, die im Unterschied von den zweifellosen Schreibfehlern einen gewissen Schein der Zulässigkeit an sich haben. Die eigentümlichen Verhältnisse der Vulgata begünstigten das Eindringen von Varianten in besonderem Maasse. Nicht scharf genug von der älteren Überlieferung unterschieden, der sie in ihrer eigentlichen Substanz selbst angehörte, war sie, so lange beide neben einander vorhanden waren, gegen ältere gewohnte Lesarten wenig geschützt. Vielfach ist offenbar die Ausbreitung der Vulgata auch auf dem Wege der Assimilation der älteren Texte an den revidierten Text vor sich gegangen. So entstanden gemischte Texte schon in der ältesten Zeit.

Bis zum Ende des 8. Jahrhunderts ist die Geschichte der Vulgata in ein Dunkel gehüllt, in welches erst kürzlich ein Lichtstrahl fiel durch eine jener glücklichen Entdeckungen, die dem Scharfsinn im Bunde mit der Gelehrsamkeit gelingen. De Rossi wies nach, dass der Codex Amiatinus, den man bisher ins 6. Jahrhundert gesetzt und in Italien hatte entstehen lassen, am Anfang des 8. Jahrhunderts in England geschrieben sei. Professor Hort in Cambridge, der in der Einleitung zu seiner im Verein mit Westcott unternommenen Ausgabe des griechischen Neuen Testaments die Grundsätze einer methodischen Textkritik in der schärfsten und consequentesten Weise entwickelt hat, war es vorbehalten, dieser Entdeckung die urkundliche Bestätigung hinzuzufügen.[2] Damit ist ein unverrückbarer Anhalt für die Beurteilung des Verhältnisses vieler Handschriften gewonnen.

Im Anfang des 9. Jahrhunderts schwillt der Strom der Überlieferung, namentlich für die Evangelien, gewaltig an. Karl der Grosse interessiert sich persönlich für die Reinigung des biblischen Textes. Bekannte Namen werden genannt, deren Träger in die handschriftliche Entwicklung bestimmend eingreifen.

Die Beziehungen der Handschriften dieser Epoche unter einander aufzuhellen, den Ursprung und die Richtung der textlichen Veränderung innerhalb derselben zu verfolgen und dadurch die Stellung der Adahandschrift in ihrer Zeit zu bestimmen, das ist unsere Aufgabe. Zweck und Veranlassung dieser Untersuchung bringen es mit sich, dass sie nach keiner Seite erschöpfend zu sein sich bestrebt. Ihr Charakter ist vorbereitend, ihr Ziel mehr eine Orientierung als eine gründliche Erforschung. Sie wird sich auf die Feststellung äusserer Thatsachen beschränken, um die Grenzen nicht zu verlassen, die ihr billiger Weise in diesem Rahmen eingeräumt werden können. Ich werde zufrieden sein, wenn es mir gelingt, verschiedene Strömungen in den karolingischen Bibelhandschriften zu unterscheiden, die jetzt wie ein einziger wirrer Strudel erscheinen.

Zwei Männer werden vor allem als diejenigen genannt, die sich unter Karl dem Grossen um die Verbesserung des biblischen Textes bemüht haben: Theodulf, Bischof von Orléans, und Alcuin, Abt des Klosters des h. Martinus zu Tours. Von Theodulfs Thätigkeit legen die Verse, welche wir am Ende zweier einander höchst ähnlicher Bibelhandschriften finden, des Paris. 9380 und einer Handschrift von Puy,[3] über welche L. Delisle sehr lehrreich gehandelt

[1] S. oben S. 2.
[2] S. La bibbia offerta da Ceolfrido abbate. Memoria di G. B. de Rossi. Roma 1887.
[3] Codicis huius opus struat Theodulfus amor; illius etc.

hat.[1] Zeugnis ab. Mit beiden ist eine Handschrift des Britischen Museums, Additional 24142, nah verwandt. Es kann als sicher betrachtet werden, dass keine dieser Handschriften das Theodulfsche Original ist, sondern dass es selbständige, an einzelnen Punkten ändernde Copieen des Originals sind, welches, wie aus verschiedenen Anzeichen zu schliessen ist, nicht ganz vollendet hinterlassen war. Über Theodulfs Text urteilt S. Berger, der vorzügliche Vulgata-kenner, von dem wir die Geschichte der Vulgata in Frankreich mit Spannung erwarten, mit Recht absprechend.[2] Ich schliesse die Theodulfsche Recension aus meiner Untersuchung aus, weil die Adahandschrift jedenfalls in keiner unmittelbaren Beziehung zu ihr steht. Ihre Bedeutung und ihr Einfluss ist geringer gewesen als derjenige, welcher von der Klosterschule in Tours ausging.

An der Spitze derselben stand in seinen letzten Lebensjahren der Angelsachse Alcuin, einer der Träger der geistigen Bildung seiner Zeit, die Karl der Grosse mit so sicherem Blicke zu finden und seinem jungen Reiche nutzbar zu machen wusste. Alcuin wird als der Urheber einer Reform des biblischen Textes angesehen, die auf direkte Veranlassung Karls unternommen und im Reiche eingeführt sei. Wir müssen versuchen uns von der Bedeutung Alcuins für die Textesgestaltung der Bibel eine möglichst klare Vorstellung zu verschaffen und zunächst die äusseren Zeugnisse, auf welche die hergebrachte Ansicht sich stützt, einer sorgfältigen Prüfung unterziehen.

Alcuin thut seiner Beschäftigung mit dem Text des A. und N. Testaments selbst Erwähnung gelegentlich eines Briefes an Gisla, die Schwester Karls des Grossen, und ihre Tochter Rotruda: *Totius forsitan evangelii expositionem direxerim vobis, si me non occupasset domni regis praeceptum in emendatione veteris novique testamenti.*[3] Diese Stelle wird allgemein so verstanden, als wenn Karl der Grosse Alcuin beauftragt habe, den verderbten Bibeltext zu reinigen, damit der berichtigte Text in den Kirchen und Klöstern eingeführt würde, dass also Karl für das Frankenreich ein ähnliches Ziel verfolgt habe, wie es später von dem Tridentiner Concil für die gesammte katholische Christenheit aufgestellt und endlich durch die Sixtinisch-Clementinische Ausgabe erreicht wurde. Die angezogene Stelle rechtfertigt diese Auffassung nicht. Ob die *emendatio* eine Bedeutung für weitere Kreise haben sollte, oder ob sie nur in einem einzelnen Exemplar zum Ausdruck gebracht wurde, das ausschliesslich für Karl bestimmt war, darüber lässt sich aus dieser Stelle nichts entscheiden. Die gewissenhafte Herstellung einer Handschrift war mit einer *emendatio* notwendig verbunden. Der Ausdruck wird bald auf Interpunktion und Orthographie bezogen, bald auch von der Berichtigung des Textes verstanden, wobei, soweit es anging, für zuverlässig gehaltene Handschriften herangezogen wurden. Sie war der höhere geistige Teil der Arbeit bei der Herstellung von Handschriften, um welche allein in den meisten Fällen ein Mann wie Alcuin sich bekümmerte. Aus der Stelle folgt daher möglicherweise nichts weiter, als dass Karl der Grosse in dem Kloster des h. Martinus in Tours eine Bibelhandschrift bestellt hatte.

Mit der angeführten Stelle setzt Kaulen[4] einen Brief in Verbindung, mit welchem Alcuin eine dem Kaiser übersandte Bibel begleitete; dies sei ein Exemplar der fertig gewordenen Recension gewesen.

Zunächst ist festzustellen, dass es sich in diesem Briefe allerdings um eine vollständige Bibel handelt. Von Dümmler, dem neusten Herausgeber der Alcuinischen Briefe, ist dies allerdings nicht erkannt worden. Er glaubt, Alcuin habe dem Kaiser eine Evangelienhandschrift geschickt und hält es für möglich, dass sie dieselbe in dem Trevirensis 23 (Stadtbibliothek) erhalten sei.[5] Aber der Trevirensis muss schon aus palaeographischen Gründen der Zeit Karls des Grossen abgesprochen werden und Alcuins Worte — *libros divinos in unius clarissimi corporis sanctitatem connexos atque diligenter emendatos* — lassen sich nur von einer vollständigen Bibel verstehen. Es ist aber vor allem notwendig, das chronologische Verhältnis beider Briefe genau zu bestimmen, denn ohne dies können wir zu keiner präcisen Auffassung gelangen.

Der Brief an Gisla und Rotruda, epist. 136, lässt sich zeitlich so genau bestimmen, wie wir nur wünschen können. Wir erfahren aus dem Briefe selbst, dass er zum Osterfeste eintreffen sollte, und das Jahr finden wir durch Zuhülfenahme eines zweiten Briefes an dieselben Personen, ep. 150, mit welchem er den fertigen Commentar zu dem Evangelium Johannis übersandte. Dieser Brief ist unter dem frischen Eindrucke des grossen Ereignisses des Jahres 800 geschrieben. Alcuin bezieht sich auf die Neuigkeiten des Tages, von denen Gisla ihm Nachricht gegeben hatte,[6] so dass der Anfang des Jahres 801 sich mit absoluter Sicherheit als die Zeit dieses Briefes ergiebt. Da nun aus demselben hervorgeht, dass Alcuin gerade vor einem Jahre einen Teil des Commentars, zu welchem ep. 136 die Vorrede bildete, geschickt hatte,[7] so muss der letztere gegen Ostern 800 geschrieben sein.

[1] S. Bibliothèque de l'école de Chartres, t. LX: Les Bibles de Théodulfe.
[2] Samuel Berger: De l'histoire de la Vulgate en France. Paris 1887, p. 61.
[3] S. Jaffé: Bibliotheca rerum Germanicarum, t. VI, monumenta Alcuiniana p. 519 ep 136.
[4] Kaulen, Geschichte des Vulgata, p. 230.
[5] Monumenta Alcuiniana, epist. 205.
[6] Mon. Alc., p. 697, Anm. 1
[7] M. A., p. 596: *Litteras vero quas direxisti nobis, benigne suscepi gratias, de agon de exaltatione domini mei david, et de prosperitate apostolici vice et de legatione hostecha sanctae vestitati.*
[8] Ibid.: *Iam partem, quam vobis anno transacto direxi.*

Nicht ebenso sicher gehen wir in der Bestimmung des von Kaulen angezogenen Briefes, ep. 205. Dümmler setzt als äusserste Grenzen, zwischen denen er liegen müsse, die Jahre 801 und 803. Fest steht, dass der Brief zum Weihnachtsfest geschrieben war. Das geht aus ep. 206 hervor, dem Briefe an Nathanael, den Boten, welcher die Handschrift dem Kaiser übergeben sollte.[1] Keineswegs sicher ist der terminus a quo. Der Ausdruck *imperialis potentia*, den Alcuin im Anfang des Briefes auf Karl anwendet, erlaubt durchaus nicht den Schluss, dass die Kaiserkrönung bereits stattgefunden hatte. Wir finden eine ganz ähnliche Wendung — *ad decorem imperialis regni vestri* — in einem Briefe, der zweifellos vor demselben geschrieben ist, nämlich bald nachdem Alcuin an die Spitze der Schule in Tours getreten war, a. 796, die er nach dem Vorbild der englischen Akademien neu organisierte, und deren Programm er in eben diesem Briefe entwirft (ep. 78). Wir haben es also nicht mit einem sicheren historischen Anhaltspunkte, sondern vielleicht nur mit einer höfischen Wendung zu thun, welche die Ereignisse vorweg nahm.

Sehen wir aber ep. 206, den Brief an Nathanael, genauer an, so stossen wir auf gewisse innere Anhaltspunkte, nach welchen sich, wenn ich nicht sehr irre, dieser und damit zugleich der vorhergehende, nr. 205, zeitlich genau bestimmen lässt. Alcuin trägt seinem Vertrauten Grüsse an seine Freundinnen Gisla und Rotruda auf. Er soll sie ermahnen, nach den Schätzen der Weisheit zu streben, den Herrn zu suchen und ihn nicht fahren zu lassen, zu ihrem zeitlichen Glück und zur ewigen Seligkeit. Dieselben Ermahnungen richtet Alcuin selbst an die beiden Frauen in einem Briefe, in welchem er sich über ihr langes Schweigen beklagt (ep. 160). Auf die frommen Ergüsse folgt hier aber ein *ceterum*, das dem hofgewandten Manne vermutlich weit wichtiger war. Er teilt seinen Freundinnen mit, dass er leidend sei, dass seine Kräfte täglich abnehmen, dass der Herr an seine Thüre klopfe. Dann kommt eine Anspielung auf eine Angelegenheit, die Alcuin sehr am Herzen lag. Alcuin war, wenn ich mich im modernen Sinne ausdrücken darf, um seine Pensionierung eingekommen. Die Last der mit der Verwaltung des Turonischen Klosters verbundenen Geschäfte war für den kranken und altersschwachen Mann zu drückend geworden. Die Ruhe, nach der er sich seit Jahren sehnte, war nun für Leib und Seele ein gleich dringendes Bedürfnis. Er schickte daher Karl auf seiner Rückkehr aus Italien einen Vertrauten mit Geschenken entgegen, der die Wünsche, die er in seinen Briefe (ep. 170) andeutete, mündlich empfehlen sollte. Alcuins Absichten begegneten bei dem Kaiser erheblichen Bedenken. Sein eigentlicher Wunsch war, Frankreich zu verlassen und sich in das Kloster von Fulda zurückzuziehen, wie wir von seinem Biographen erfahren. Er hatte diesen Wunsch nicht brieflich auszusprechen gewagt, sondern den Candidus, denselben, den er später dem zurückkehrenden Kaiser entgegenreiste, nach Rom geschickt, um die Sache durchzusetzen.[2] Der ,furchtbare' Herrscher, wie Alcuins Biograph ihn bei dieser Gelegenheit charakteristisch bezeichnet, schlug das rundweg ab. Alcuin beschränkte nun seine Bitte: er wollte in Tours bleiben, nur sollte man ihn von seinen Geschäften entlasten. Darauf liess Karl sich ein, wie Alcuins Biograph erzählt und aus mehreren seiner Briefe hervorgeht.[3] Wann aber die Bewilligung seitens des Kaisers erfolgte, lässt sich, soweit ich sehe, nicht völlig genau bestimmen. Sie kann erst nach seiner Rückkehr aus Italien gekommen sein, die jedenfalls vor November 801 stattfand.[4] Dass aber die Sache dann sofort entschieden worden sei, wird durch nichts bewiesen. Enthält nun der Brief 160 eine Anspielung auf Alcuins Absichten, sich von den weltlichen Geschäften zurückzuziehen, so ist er nicht nur nach dem Briefe 170, sondern auch nach dem Briefe 161 geschrieben, in welchem Alcuin für die von Gisla und Rotruda auf den Commentar gesandten Geschenke dankt. Wir müssen aber die Stelle in dem Briefe 160 genauer prüfen, denn sie ist unklar und verworren. Ich setze sie ganz her:

> *Ceterum si paternae valetudinis effectum scire curam habetis, scitote cotidie infirmitates crescere et variis corpus debilitari doloribus, et dominum pulsantem ianuam, si vigilantem inveniat famulum suum, vigilasque vestris aditum intercessionibus custodire sanctas, ne me in saeculi occupationibus dormicutem inveniat, qui apostolis suis praecepit: Vigilate et orate ut non intretis in temptationem.*

Dass Alcuin sich mit diesen Worten auf die erwähnte Angelegenheit bezieht, geht deutlich aus einer Reihe ähnlich, aber bestimmter lautender Stellen hervor.[5] Die Frage ist: hatte er seine Entlassung bereits bekommen oder stand sie noch bevor? Der Mangel einer ordentlichen Construction macht es undeutlich, was Alcuin eigentlich sagen will.

---

[1] P. 300. *Apostolum vero portantem nunc cum sanctissimo divino scriptorem numere die natalis domini . . . redde domino meo david.*

[2] S. ep. 156, p. 584.

[3] S. Monum. Alc. p. 10 und Anm. 1 daselbst.

[4] S. Böhmer-Mühlbacher, Regesta Imperii I. p. 253.

[5] Ep. 174, p. 624: *Nos vero sunt ficti Curalis dispositio vestri postremis curae quasi solemus apud S. Martinum expectare, quando vos veniat, apex pulsavit.*

ep. 172, p. 629: *Ego militariae congedo laboris defende quartus dux servies dividerans nonnum trepidus expectans, qua hora devotae mihi: apex pulsavit . . . te vero cum tuis omnibus fidele intervenia medeto.*

ep. 175, p. 646: *Ego filius vestras bonitati sacerdotis nutriti occupationes liberatus, veli deo servitie desiderans.*

ep. 176, p. 646: *Sicut dulcissima paternitatis vestrae dilectio, quod ego filius tuus sacculi occupationibus depositis veli deo vacare desidero.*

Aber der Finalsatz würde nicht verständlich sein, wenn Alcuin der weltlichen Geschäfte schon enthoben gewesen wäre. Er verrichtet die nächtlichen Gebetsübungen, um den gefährlichen Sorgen der Welt entgegenzuwirken. In dieser Wendung unterscheidet sich der Ausdruck von allen übrigen Stellen, wo klar ausgedrückt wird, dass die Last der weltlichen Geschäfte ihn nicht mehr drückt.

Ich glaube daher, dass wir voll berechtigt sind, mit Dümmler anzunehmen, dass Alcuins Entlassung aus den Amtsgeschäften noch nicht genehmigt war.

Wir können aber der Entstehungszeit des Briefes noch etwas näher kommen. Der Brief 161 war nach Ostern 801 geschrieben. Zwischen diesem und dem unseren, ep. 169, war eine geraume Zeit verstrichen, wie wir aus dem Eingang des letzteren ersehen. Dadurch werden wir zum mindesten in das letzte Viertel des Jahres 801 geführt.

Wir richten nun unsere Aufmerksamkeit noch auf einen dritten Punkt, um die Analogie zwischen den Briefen 169 und 206 vollständig zu übersehen. Im Jahre 800 hatte Gisla aus ihrem Kloster Cala an Alcuin geschrieben. Sie beklagt sich, dass Alcuin ihr nur einen Teil seines Commentars geschickt habe, ohne seiner Entschuldigung irgend welche Beachtung zu schenken (ep. 137). Im Jahre 801 hatten Gisla und Rotruda Cala verlassen. Das geht aus Alcuins Brief hervor (ep. 169), der ebenso ihre Entfernung von einander hervorhebt, wie Gisla vorher ihre Nähe betont hatte. Ziehen wir nun in Erwägung, dass, wenn Nathanael Gisla an Gisla und Rotruda bestellen sollte, diese in Aachen am Hofe Karls gewesen sein müssen, wohin er geschickt war, so sind die Beziehungen zwischen beiden Briefen völlig aufgehellt.

Der Brief an Gisla und Rotruda ist im Winter 801 geschrieben und sucht die Empfänger fern von Tours. Nathanael war Weihnachten nach Aachen geschickt und empfing Bestellungen an die Frauen in gleichlautenden Wendungen. Damit ergibt sich für den einen Brief, ep. 169, der unbekannte Bestimmungsort, für den andern, ep. 206, die fehlende Jahreszahl.

Beiden Briefen liegt offenbar dieselbe unausgesprochene Absicht zu Grunde. In dem Briefe 169 schimmert sie durch. Der Bote aber, welcher dem Kaiser das Geschenk überbrachte, wird höchst wahrscheinlich ausser dem Briefe, den er den Frauen präsentieren konnte, noch einen deutlicheren mündlichen Auftrag gehabt haben. Wir haben gesehen, wie wenig Karl gewillt war, auf Alcuins Wünsche einzugehen, und wie sehr diesem daran lag, sie durchzusetzen. Das Schweigen über seine Angelegenheit in den Briefen 205 und 206 ist beredt für jeden, der sich in die Situation versetzt. Alcuin war in Sorge und Ungewissheit über die Mission des Candidus. Aber der gewiegte Hofmann war zu klug, durch ungeduldiges Drängen etwas zu verderben. Inzwischen aber setzte er den Einfluss seiner mächtigen Freundinnen in Bewegung, der diplomatisch gewandte Vertraute sollte die rechte Stunde abpassen, und das kostbare Geschenk den Kaiser in gute Laune versetzen.

Wir können jetzt die Frage erwägen, um derentwillen wir die vorstehende Untersuchung angestellt haben. Man mag die viel berufene Stelle, von der wir ausgegangen sind, in dem Sinne verstehen wie es gewöhnlich geschieht oder wie ich es als möglich bezeichnet habe, auf keinen Fall besteht zwischen den Briefen 136 und 205 der Zusammenhang, den Kauten annimmt.

Lange, schreibt Alcuin ep. 205, habe er geschwankt, was er dem Kaiser darbringen könne, wo andere sich ihm mit reichen Geschenken nahten. Endlich habe er, vom heiligen Geiste erleuchtet, gefunden, was die des Gebers und Empfängers allein würdige Gabe sei: ein prächtiges und korrektes Exemplar der heiligen Schriften. Als Gabe persönlicher Ergebenheit, nicht als Resultat einer, sei es zu einem allgemeinen, sei es zu einem besonderen Zwecke aufgegebenen Arbeit wird die dargebrachte Bibel bezeichnet. Wir dürfen dieselbe daher nicht verwechseln mit der Arbeit, die auf ausdrücklichen Befehl Karls des Grossen unternommen war, von welcher Alcuin in der ep. 136 spricht. Dann aber muss es in hohem Grade unwahrscheinlich erscheinen, dass der Kaiser Alcuin überhaupt mit einer Revision des biblischen Textes zu allgemeinen kirchlichen Zwecken beauftragt hatte. In der Handschrift würde doch unter die anbefohlene Arbeit zum Ausdruck gekommen sein, und ich sehe nicht ein, wie Alcuin etwas, das gewissermassen als Werk des Kaisers selbst hätte erscheinen sollen, als den freiwilligen und selbständigen Tribut seiner Verehrung und Ergebenheit hätte bezeichnen können.

Es wird aber vielleicht auf den ersten Blick nicht minder wunderbar erscheinen, dass Alcuin dem Kaiser dasselbe Buch zum Geschenk darbrachte, welches er ihm vor Jahresfrist auf Bestellung geliefert hatte. Das lässt sich jedoch auf mehr als eine Weise erklären. Es ist durchaus nicht nötig, anzunehmen, dass Karl die Bibel zu seinem eigenen Gebrauche bestellt hatte. Sie mochte zu einem Geschenk bestimmt sein und vielleicht wusste Karl selbst kaum etwas von der Bestellung. Dass Alcuin dem Kaiser eine, wenn nicht mehr biblische Handschriften im Auftrag

---

[1] Ep. 169: *Numquid longinquitas terrarum caritatis dulcedinem separare debet?* ep. 137: *Memoria . . . Hartugmann nobilium nullatenus operante feminarum preces . . . . aut terrarum longinquitate . . . iterationem, quam mente uno toto recessum perhibemus abuntur. Mini se violenus Raven Annam quam Tyrreni maris latibula pericula navigatas. Et multo faciam tostorum portibus de Tarase Parisiacum accessum quam illius de Bethleem Romam perremeare potuit.* (Cala log in pago Parisiaco. S. Gallia Christiana t. VII col. 559 VII.)

lieferte, geht auch aus seinen Gedichten hervor.[1] Ebenso ist uns ein Gedicht erhalten, welches vortrefflich zu den Briefen 205 und 206 passt und offenbar aus der Handschrift stammt, die Alcuin dem Kaiser im Jahre 801 darbot.[2] Es ist klar, dass unter Alcuin, besonders in seinen letzten Jahren,[3] manche Bibelhandschriften aus dem Kloster des h. Martin hervorgingen. Wir können aus seinen Gedichten, ausser den für den Kaiser bestimmten, noch 3 feststellen.[4] Alle diese aber sind auf bestimmte Veranlassung einzelner Personen entstanden. Der Biograph Alcuins, welcher über seine litterarischen Verdienste eingehend berichtet,[5] weiss nichts von einer allgemeinen Recension der heiligen Schriften. Alcuin „emendirte" die Bibel, wie es überall geschah, wo dieselbe gewissenhaft abgeschrieben wurde. Dass er einen amtlichen Auftrag dazu hatte, ist weder überliefert, noch mit den Thatsachen, die uns bekannt sind, zu vereinigen.

Man wird mir die epistola generalis bei Boretius, Monumenta Germ. Legum s. II, 1 p. 80 entgegenhalten. Hier sagt Karl:

Iam pridem universos veteris ac novi instrumenti libros librariorum imperitia depravatos deo nos in omnibus adiuvante examussim correximus.

Es wird gewöhnlich angenommen, dass diese Bibelverbesserung das Werk Alcuins sei. Mit welchem Rechte? Boretius stützt sich auf die Stelle der ep. 136, die wir soeben eingehend behandelt haben.[6] Ich lasse die Richtigkeit meiner Argumentation vorläufig dahingestellt sein und nehme nur den unbestrittenen und unbestreitbaren Punkt, der die Datierung des Briefes betrifft, heraus: er ist, wie wir gesehen haben, um Ostern 800 geschrieben. Die zeitlichen Grenzen des Capitulare sind von Boretius zweifellos richtig angenommen worden: es muss zwischen den Jahren 786 und 800 liegen. Das Capitulare steht der Predigtsammlung des Paulus Diaconus voran, welche darin dem gallischen Clerus empfohlen wird. Diese wurde, wie aus einem Gedichte des Paulus hervorgeht,[7] auf Monte Cassino, also nach dem Jahre 786, in welchem Paulus sich in das Kloster zurückzog, vollendet.[8] Andererseits kann dasselbe nicht jünger als das Jahr 800 sein, weil Karl sich im Eingang noch nicht als Kaiser bezeichnet. Pertz hatte das Capitulare in das Jahr 782 gesetzt. Dies hält Boretius schon darum für unmöglich, weil Karl dann nicht hätte sagen können, dass er „schon längst" die Bibel verbessert hätte, da Alcuin, der Emendator der Bibel, erst seit 781 an dem Hofe Karls gelebt habe. Der Schluss ist richtig: wenn Alcuin der Emendator war, so kann das Capitulare nicht aus dem Jahre 782 stammen. Aber die Annahme, dass Alcuin der Urheber der in dem Capitulare erwähnten Emendation sei, kann nicht auf die ep. 136 gegründet werden, weil das Capitulare vor 801 erlassen ist. Denn rucken wir dasselbe an die äusserste Zeitgrenze hinan, so springt in die Augen, dass eine Arbeit, die Ostern 800 noch nicht fertig war, doch darin ganz und gar nicht gemeint sein kann.

Es ist aber unwahrscheinlich, dass das Capitulare überhaupt so spät zu setzen ist. Man wird die Annahme nicht gewagt finden, dass der Gedanke zu der Ordnung des Homiliars von Paulus selbst ausgegangen und noch im Frankenreich entstanden sei. Dann aber ist es undenkbar, dass dasselbe erst gegen Ende des Jahrhunderts abgeliefert sei, vielmehr müssen wir die Abfassung möglichst nahe zum Jahr 786 herabrucken. Ich glaube sogar, dass wir ganz sichere Spuren des Homiliars schon in den achtziger Jahren finden. In der Epistola generalis setzt Karl seine Reform der Liturgie der Gallischen Kirchen auseinander. Er erwähnt an erster Stelle die Verbesserung des Textes des Neuen und Alten Testaments. Sodann bezieht er sich auf die Verdienste seines Vaters um die Psalmodie. An sein Werk schliesst sich unmittelbar Karls Fürsorge für den Nachtgottesdienst durch die Neugestaltung der dafür bestimmten Homiliensammlung an.[9] Man erkennt hier deutlich den einheitlichen Gedanken einer die gesammte Liturgie umfassenden

---

[1] Cf. Dümmler, Poetae latini medii aevi I p. 283 carmen LXV, 1: *Nomine panderis proprio vestrae memento Hoc corpus sacrum, lector, in ore tuo,* schliesst: *Mercedis habeat Christo donante per aevum. Tot Cordus rex qui scribere iussit eam.* P. 293 c. LXX, 2: *Et praecepit Karolus, sancte qui mauri tenprans: Illas hic codex emisi artus ope.* (Ausschreibend: «in Codex des Novum Testam.)

[2] Poetae latini I p. 283 c. LXV, III: *Magna magno dei portantes munera templo, Quam laudavit omnes rex pia populus . . . Munera sed domno caelestibus rutilos Porta tibi plenus, optime rex, manibus. Nempe novat ac veteris perdire pia femina legis In hoc conductur corpore quippe sacro.*

[3] S. Monumenta Alcuiniana, Vita Alcuini p. 28.

[4] Poetae latini I p. 285 c. LXVI: *Condidit hic sanctus uno sub corpore codex Omnia numipso novae ac veteris mysteria legis . . . Iusserat hanc summus Geofridus scribere praesul.* P. 286 c. LXVII: *Hoos ancilla dos ossa inmerat Aica libellum Scribere praecepi demno deducta amori . . . Omnes florigeri pendet praemardius mundi . . . Omnia celsithroni vos nos miracula Christi.* P. 283 c. LXVIII: *Iusserat hos amore Christi deducta amore Alcuinus ecclesiae famulus perardentes libens.* Nach Aufzählung der biblischen Bücher.

[5] Vita Alcuini p. 28.

[6] S. Boretius in der Vorbemerkung zu dem Capitulare.

[7] Poetae latini medii aevi I p. 64 c. XXXIV.

[8] S. Dahn, Paulus Diaconus p. 52—55.

[9] Boretius, Cap. 30 p. 80: *Inter quae iam pridem universos veteris ac novi instrumenti libros librariorum imperitia depravatos deo nos in omnibus adiuvante examussim correximus. Accensi praeterea venerandae Pippini genitoris nostri exemplo, qui totas Galliarum ecclesias Romanae traditionis suo studio cantibus decoravit, nos nobiliusima, solerti studio corumus intuitu praecipuarum reinginere terere lectionum. Denique quia ad nocturnale officium compilatas quorundam casu labore, licet recto intentu, minus tamen idonee repperimus lectiones, . . . nos nonuis pari nostis in ductus ia Aeinis lectionibus inter sacra officia incunctanter perstrepere taboramus, atque earundum lectionum in rebus reformare tramitem mentem intendimus. Hanc opus Paulo diacono, familiari tibi nostri, hoc peragendum decrevimus, elaudandum iniungimus.*

Reform. Auf dieses Werk wird nun, wie mir scheint, in unzweideutiger Weise als auf ein fertiges und allgemein zugängliches in der Admonitio generalis (Boretius, Capit. 22 p. 52 ff.) Bezug genommen. Die Geistlichen werden ermahnt, die heiligen Schriften richtig abzuschreiben,[1] den römischen Gesang vollständig zu lernen (wobei wieder des Königs Pippin gedacht wird) und den Nachtgottesdienst ordnungsmässig zu vollziehen.[2] Die Admonitio generalis ist, wie Boretius gezeigt hat, vom 23. März 789.[3] Wir würden also, wenn meine Voraussetzung richtig ist, für die Abfassung der Epistola generalis erheblich engere Grenzen gewinnen: nämlich das Jahr 786 einerseits und das Jahr 789 andererseits.

Auf keinen Fall kann daher die Bibelverbesserung, von welcher in der Epistola generalis die Rede ist, mit der in Alcuins Briefe erwähnten Emendation irgend etwas zu thun haben. Dann aber schwindet jeder Grund, Alcuin überhaupt einen Anteil an der ersten allgemeinen Textesrevision unter Karl dem Grossen zuzuschreiben. Bei dem unverkennbaren Zusammenhange unter den verschiedenen liturgischen Reformen Karls des Grossen, zu denen er doch zweifellos die Anregung von einem seiner Hoftheologen empfing, ist es vielmehr natürlich, in dem Manne den Urheber des Ganzen zu erblicken, dessen Autorschaft für einen Teil gesichert ist.

Andererseits steht, wie wir gesehen haben, die lebhafte Beschäftigung Alcuins mit dem biblischen Texte hinlänglich fest. Seine Handschriften genossen ohne Zweifel hohes Ansehen und wurden gern zu Rate gezogen. So wissen wir zufällig von Angelomus, einem Theologen unter Ludwig dem Frommen,[4] der einen Commentar zur Genesis hinterlassen hat, dass er eine Handschrift Alcuins wegen der Schreibung des Namens Saraa einsah. Aber dieser spricht bestimmt von einer einzelnen Handschrift, die er mit anderen zugleich benützte.[5]

Ist uns nun eine von den zahlreichen unter Alcuin geschriebenen Bibeln, sei es im Original, sei es in Abschrift, erhalten? Man hat lange das erstere geglaubt und ist noch geneigt, das letztere anzunehmen.

Baronius[6] hatte die Bibelhandschrift der Bibliothek Vallicelliana in Rom, B 6, als Originalhandschrift in Anspruch genommen, weil sie am Schluss unter anderem die Verse hat:

Pro me quisque legas versus orare memento;
Alchuine dicor ego, tu sine fine vale.

Jetzt denkt gewiss niemand mehr daran, diese Handschrift der Zeit Alcuins zuzuschreiben; gleichwohl ist ihr der grosse Respekt, den sie sich einmal erworben hat, verblieben. Ich selbst habe seiner Zeit kein Bedenken getragen, ihr unter allen Handschriften, die mir alcuinischer Abkunft schienen, den ersten Platz anzuweisen und darnach die andern zu beurteilen,[7] und noch immer geht die Meinung der hervorragendsten Forscher dahin, dass sie als der eigentliche Typus der alcuinischen Recension zu betrachten sei.[8]

Dieser Anspruch gründet sich nur auf die angeführten Verse. Dieselben Verse finden sich aber (abgesehen von einer späteren Handschrift, Paris. 15176, in welcher der Name Alcuins ausradiert und durch ΦΡΑΝΚΩ ersetzt ist) auch in einer Handschrift des Britischen Museums, Additional 10546, einer Handschrift, die jedenfalls nicht jünger als die der Vallicelliana ist. Beide Handschriften weichen in manchen Punkten von einander ab. Welche von beiden enthält nun die echte Alcuinische Recension? Von vornherein ist gewiss kein Grund vorhanden, dem Vallicellianus eine höhere Autorität zuzuschreiben; ja denn von einzelnen ihm die Handschrift des Britischen Museums vorgezogen worden, wie von Sir F. Madden, der eine recht gründliche Abhandlung über dieselbe in The Gentleman's Magazine 1836, S. 358—363 und 468—477, veröffentlichte.[a]

Es ist aber die Frage, ob diese Verse an sich überhaupt irgend einen Zusammenhang dieser Handschriften mit Alcuin beweisen. Sie sind in beiden Handschriften mit anderen, z. T. denselben, z. T. verschiedenen Gedichten verbunden. In der Handschrift des B. M. folgen dieselben unmittelbar auf einander wie ein einziges Gedicht. Der Schreiber des Vallicellianus dagegen trennte die einzelnen Gedichte von einander durch weite Zwischenräume. Ver-

[1] Boretius, Capit. 22 p. 59 c. 72. *Psalmos, notas, cantus, compotum, grammaticam per singula monasteria vel episcopia et libros catholicos bene emendate; quia saepe, dum bene aliquid deum rogare cupiunt, sed per inemendatos libros male rogant.*

[2] Ibid. p. 61, c. 80. *Ut cantum Romanum pleniter discant, et ordinabiliter per nocturnale vel gradale officium peragatur, secundum quod beatae memoriae genitor noster Pippinus rex decrevisse, ut fieret.*

[3] S. Sickel, Acta Karolinorum II p. 267 und Boretius in der Vorbemerkung zu dem Capitular.

[4] S. Mabillon, Annales ordinis S. Benedicti II, 561.

[5] Pez, Thesaurus Anecdotorum t. I col. 148: *unde cognitum fuerat, quod pater Albinus in bibliothecis, quam Karolo princeps coererit, quod un etiam oculis diligenter indi imprimens, emendare concicit, ividelicet non nos R Saraam et etc. ... t et te nostris quibuslum codicibus, ita legebat.*

[6] Annales ecclesiastici ann. 778.

[7] P. Corssen, Epistola ad Galatas p. 10.

[8] S. Berger, La Vulgate en France p. 6.

[a] P. 476. Whether the volume was actually the autograph of Alcuin or not, is reasonably disputed; for although it has better claim to be ... considered than the Vallicella Ms., yet I am inclined to regard it, together with No 1 of the Bibl. du Roi and the Zurich copy, as the labour of the students in the school established by Alcuin in the Monastery of Tours, but doubtless superintended by Alcuin himself.

gleicht man nun die Gedichte im Vallicellianus unter sich, so erkennt man sogleich, dass sie unmöglich in dieser Weise ursprünglich am Ende einer Bibelhandschrift neben einander gestanden haben können.[1] Sie sind mit Ausnahme eines einzigen, No. IV, das einem von den Schreibern oft wiederholten Vergleich in Verse kleidet und sich für jede Handschrift schickt, für verschiedene biblische Handschriften geschrieben. No. I und III sind die oben (S. 34 A. 1 u. 2) erwähnten Gedichte, von denen das eine für eine von Karl bestellte, das andere für eine ihm von Alcuin geschenkte Bibel geschrieben ist. In der Handschrift des B. M. fehlt zwar Nr. III, dafür aber stehen 6 Verse, die wir im Vallicell. nicht finden, welche sich auf Geschenke beziehen, die Alcuin in eigenem Namen Christus, als dem Geber alles Guten darbringt.[2]

Wir können aber nicht einmal ohne weiteres behaupten, dass diese Verse unmittelbar aus alcuinischen Bibeln zusammengeschrieben sind, wodurch es wahrscheinlich würde, dass diese auch für den Text unserer Handschriften benutzt worden wären. Wer giebt uns Gewähr, dass sie nicht einer Gedichtsammlung entlehnt sind?[3] Für die Londoner Handschrift ist dies sogar wahrscheinlich, da hier noch 3 kleinere Gedichte allgemeineren Inhalts folgen.

Eine in Hexametern abgefasste Liste der Schriften des Alten und Neuen Testaments,[4] findet sich in mehreren anderen Bibelhandschriften. Daran schliessen sich 7 Verse, aus denen hervorgeht, dass die Liste aus einer Bibel stammt, welche Alcuin für eine Kirche — für welche, sagt er nicht — hatte anfertigen lassen.[5] Vollständig finden sich die Verse zu Anfang des Bambergensis A I, 5 und Turicensis C 1. Ohne die letzten 7 in dem Parisiensis 11 504[6] und Venetus I, 1.[7] Die letzten 7 Verse sind ferner ausgeschlossen in dem Vindobonensis 1190, Parisiensis 15 176 und Bruxellensis 4435. In diesen Handschriften schliesst sich aber unmittelbar ein längeres Gedicht in Distichen an, welches mit Segenswünschen für König Karl endigt.[8]

Der Bambergensis und Turicensis gehören in dieselbe Zeit wie die Londoner Bibel. Ob nun diese von einer Alcuinischen Urhandschrift abzuleiten sind, lässt sich ebensowenig von vornherein sagen. Es erhebt sich aber auch die Frage, ob Alcuin alle Handschriften nach einem Modelle anfertigen liess, oder ob er von Handschrift zu Handschrift änderte, ob er immer dieselben oder auch andere Originale zu Grunde legte.

Auf diese Fragen kann, wenn anders überhaupt, eine Antwort nur von einer sorgfältigen Vergleichung der überlieferten Handschriften erwartet werden. Nachdem die Prüfung der äusseren Zeugnisse ein mehr negatives Resultat ergeben hat, müssen wir versuchen, welche Ergebnisse die Erforschung der Handschriften selbst liefert. Dieser Weg ist lang und mühsam; wir kommen nicht daran denken, ihn zu Ende zu gehen. Zunächst erlaubt uns unsere Aufgabe nur, uns für die Evangelien zu interessieren, aber auch bei diesen müssen wir uns auf die Collation ausgewählter Abschnitte beschränken, um eine möglichst grosse Zahl von Handschriften berücksichtigen zu können. Diese aber wird uns wenigstens im allgemeinen ein treues Spiegelbild des Ganzen geben.

Um uns unter den karolingischen Handschriften zunächst nach äusseren Momenten zu orientieren, bedienen wir uns der bahnbrechenden Untersuchungen von Leopold Delisle über karolingische Handschriften. Es ist Delisle gelungen, eine stattliche Reihe von Handschriften, worunter viele biblische, auf die Schreibschule von Tours zurückzuführen, indem er nachwies, dass die Anwendung der sogenannten Semiuncial für die Einleitungen und Anfänge der Bücher der Schreibern aus Tours charakteristisch ist.[9] Diese Schriftform, von der Wattenbach und Zangemeister in den Exempla codicum latinorum gute Proben aus dem 6. Jahrhundert geben, ist in der karolingischen Zeit auf ganz bestimmte, auch sonst in Schrift und Miniatur übereinstimmende Handschriften beschränkt. Die fortlaufende Minuskel des Textes zeichnet sich von der anderer gleichzeitiger Handschriften durch runde und fleischige Formen aus und verrät sich dem Auge schon nach kürzerem Einlesen in die Handschriften dieses Zeitalters. Ich habe von diesen Handschriften die folgenden benutzt und zwar von vollständigen Bibeln:

Die Handschrift C 1 der Cantonalbibliothek in Zürich, A I, 5 der Bamberger Bibliothek, No. 4 der Berner Stadtbibliothek, g. 1 der Kapitelsbibliothek in Monza, No. 75 der Stiftsbibliothek in St. Gallen, No. 10 546 des Britischen Museums, No. 1 der Kapitelsbibliothek in Cöln, No. 3 und 1 der Bibliothèque Nationale in Paris, No. 47 (fragmentarisch) und 250 (enthält nur das Neue Testament) derselben.

---

[1] S. Poetae latini medii aevi I p. 283 ff. c. LXV, I—V.
[2] P. 285 c. LXV, P.
[3] Ein Ratisbonensis, jetzt verloren, enthielt mehr als 30 Alcuinische Gedichte. S. Dümmler, Poetae Latini I. p. 165, 166.
[4] S. Poetae Lat. p. 287 c. LXVIII.
[5] C. LXVIII v. 19 *Jusserat hos eunov sp. dedactos amore / Alcuinus sedituis famulus perseverare libens.*
[6] Die Handschrift stammt aus dem Jahr 821. S. Delisle, Cabinet des manuscrits III. p. 247.
[7] So nach Dümmler, p. 287. Zanetta, Latina et Italica D. Marci Bibliotheca, übergieht die Verse mit Stillschweigen.
[8] Die vier Verse, welche bei Dümmler im Schluss stehen, hatte der Ratisbonensis, offenbar richtiger, am Anfang des c. LXVIII, wo sie auch der Pat. 15 176 hat. — C. LXVIII hat im Bamb. A I, 5 die Überschrift *Incipiunt versiculi Albini magistri*, im Vindob. 1190 *In corpore bibliothecae ab Alcuino editi.*
[9] Académie des Inscriptions t. XXXII p. 29 ff.; L'école calligraphique de Tours au IXe siècle.

Von Evangelienhandschriften:

No. 266, 267, 274 und 9385 der Bibliothèque Nationale, Harleian 2790 und Additional 11848 des Britischen Museums.

Zu den einzelnen Handschriften bemerke ich, dass die Handschrift in Monza und St. Gallen einen sehr beschränkten Gebrauch von der Semiuniciale machen. Der Text der Sanct-Galler Handschrift ist ungleich und flüchtig, offenbar von vielen Händen zusammengeschrieben. Palaeographisch interessant ist No. 11848 des Brit. Museums. F. 1—14 sind in so sicherem turonischen Charakter geschrieben wie nur eine Handschrift dieser Klasse. Die Dinte ist tiefschwarz, wie gewöhnlich in turonischen Handschriften. Dann aber beginnt mit f. 15 eine neue Hand, die uns statt originaler Formen eine gezwungene Nachahmung bietet. Die Semiuncialen, die auch diese Hand nach dem Muster von Tours in den Prologen anwendet, gelingen mühsam und unvollkommen. Die Minuskel des Textes ist grösser und steifer als in Tours, auch die Dinte wird schlechter. Die Bilder der Evangelisten sind roh, dagegen ist die Decoration der Canonesbögen, f. 10—12, gut turonisch. Der verdienstvolle Katalog von Bond und Thompson, der schlechtweg behauptet, dass diese Handschrift deutscher Provenienz sei (eine Annahme, zu der die Verfasser überhaupt bei Handschriften, in denen die karolingische Form nur zu einem unvollkommenen Ausdruck gelangt ist, zu sehr neigen), findet sich offenbar etwas zu leicht mit ihr ab.[1]

Harleian 2790 ist, wie die Verse auf f. 19v, welche man in dem Catalogue of ancient mss. II, p. 25 findet, angeben, von Herimann, dem Bischof von Nevers, der Cathedrale von Nevers geschenkt worden. Herimann regierte etwa von 840—860 (s. Gallia Christiana t. XII, col. 620). Die Verse sind später, nicht von der Hand des Schreibers, eingetragen. Es ist daher auf jede Weise unwahrscheinlich, dass der Band in Nevers geschrieben ist (vergl. auch unten S. 41, Anm. 2); wir haben anzunehmen, dass er von Herimann in Tours bestellt war.

Die Bamberger Bibel habe ich nicht selbst gesehen; man findet sie auch nicht bei Delisle a. a. O., der sie zu der Zeit wohl noch nicht näher kannte. Nach der gütigen Auskunft, die ich von Herrn Oberbibliothekar Dr. Leitschuh erhalten habe, und den Versicherungen, die mir bereits früher Herr S. Berger gegeben hatte, ist es nicht zweifelhaft, dass die Handschrift nach ihrer äusseren Erscheinung zu dieser Familie gehört.

Eine in Schrift und Ornamentik von diesen verschiedene Klasse von Handschriften weist Delisle den Provinzen von Rheims und Sens zu.[2] Der Schriftcharakter dieser Gattung ist höchst sauber und sorgfältig, aber nicht so frei und gelenkig wie der von Tours. In Schrift und Decoration ihr durchaus ähnlich sind die Evangelienhandschriften No. 257 eben derselben und No. 357 der Stadtbibliothek von Lyon.[3] Zu dieser Klasse ist auch No. 12 der Stadtbibliothek von Boulogne-sur-Mer zu rechnen. Die Handschrift enthält den Text des Evangelium Matthaei, ausserdem am Schluss auf je zwei Seiten die Anfänge der übrigen drei Evangelien in reicher Verzierung. Die letzten drei Evangelien sind offenbar überhaupt nicht ausgeführt gewesen, die ersten Blätter von jedem wie eine Decorationsprobe gegeben. Die Zeichnung der Initialen ist in demselben Stile gehalten wie die der übrigen genannten Handschriften, doch bleibt die Ausführung hinter jenen erheblich zurück. Die von Delisle als besonders charakteristisch hervorgehobenen in Pfeilspitzen endenden Buchstaben kommen hier nicht vor. Doch finden sich die Pfeilspitzen gelegentlich an den übergeschriebenen wagerechten Strichen, die für die unterdrückten Silben stehen. Die Schrift ist in Goldtinte ausgeführt und steht keineswegs hinter der der übrigen Handschriften zurück.

Ich schliesse an diese einige andere Evangelienhandschriften an, die ihnen im Schriftcharakter nah verwandt sind, ohne in der Decoration die besonderen irischen Einflüsse aufzuweisen, die in jenen hervortreten; es sind No. 259, 270 und 11956 der Bibliothèque Nationale und zwei Handschriften der Vaticanischen Bibliothek, Palatinus 47 und Urbinas 3.

Zum grösseren Teile gehört dieser Klasse auch die Evangelienhandschrift No. 261 der Bibl. Nat. an. Die Handschrift ist von zwei verschiedenen Schreibern gefertigt. F. 1—22 und 30—51 stammen von einer turonischen Hand, die auch Semiunciale anwendet, die andere Hand stimmt mit den oben genannten Handschriften. Beide Teile sind gleichzeitig und an einem Orte geschrieben, denn der Schreiber des kleineren Teiles erscheint in dem andern gelegentlich als Korrektor.[4]

---

[1] Catalogue of ancient manuscripts in the British Museum. Part II. Latin.

[2] Académie des Inscriptions t. XXXII, p. 61: Ancien Sacramentaire.

[3] Auf Irrtum beruht die Angabe Delisles, p. 60 und 61, dass der Sud der Initaien dieser Handschriften sich auch in No. 593 der Arsenalbibliothek in Paris fände. Die Handschrift ist eine Copie aus dem 11. Jahrh., allerdings eines karolingischen Exemplars, aber nicht von Familie.

[4] Die Handschrift muss schon im 10. Jahrh. in Le Mans gewesen sein (womit allerdings noch nicht bewiesen ist, dass sie dort auch geschrieben wurde); denn auf f. 149v steht von einer Hand des 10. Jahrh.: Incipiunt responsoria de puncto Iuliani evangelis. Cubi gi estis terminum salam merabis etc. Ferner auf f. 19v von einer Hand des 11. Jahrh. die Bemerkung: Hunt codicem ornavit pro-vidus aura gemmis et nobilissimis huic commemoratis, Fredua venantis episcopus.

Der Turoner Bibel Handschrift.

Diesen Handschriften steht eine andere Gruppe nahe, welche sich um das Ebonevangeliar in Epernay reiht. Charakteristisch ist für sie die Dekoration der Canonestafeln, auf denen die einrahmenden Säulen nicht wie gewöhnlich von Bogen, sondern von Giebelfeldern überdeckt sind. Dazu gehören No. 17068, 324 und 265 der Bibliothèque Nationale. Dieselbe Dekoration findet sich auch in Harleian 2797 und 2820 des Britischen Museums.

In Nordfrankreich, aber sicher nicht in Tours geschrieben sind die beiden Bibeln B, 6 der Bibliotheca Vallicelliana und die Prachtbibel des Klosters S. Paolo fuori le mura. In der Schrift sind sie der letztgenannten Klasse von Handschriften verwandt, aber unter sich wieder wesentlich verschieden. Am dem Vallicellianus ist bemerkenswert die durchgehend kleine Form der Buchstaben und die Teilung der Seiten in drei Columnen.[1]

Endlich nenne ich eine Reihe von Handschriften, die zu unsererer Adahandschrift jedenfalls in besonders enger Beziehung stehen: No. 599 der Arsenalbibliothek in Paris, Harleian 2788 des Brit. Mus., No. 8850 der Bibl. Nat. und Palatinus 50 der Vaticana. Von diesen ist ohne Zweifel die Handschrift der Arsenalbibliothek die älteste. Sie ist in zwei Columnen mit Goldtinte in demselben Charakter wie der Anfang der Adahandschrift geschrieben, nur dass die Formen der Buchstaben kleiner und eleganter sind. Die Dekoration der ersten Seite jedes Evangeliums stimmt ebenfalls mit der Adahandschrift überein. Unter sich stimmen auf das genaueste in ihrer ganzen Anlage Harleian 2788, Parisiensis 8850 und Palatinus 50. Die goldene Uncialschrift ist in zwei schon unränderte Columnen geteilt; das Verzeichnis der Sonn- und Festtagslektionen ist in Minuskel geschrieben. Die Bilder der Evangelisten entsprechen den Darstellungen in der Adahandschrift. Ebenso behandelt ist No. 1 der Communalbibliothek von Abbeville, nur dass das Pergament derselben, soweit der Evangelientext geht, purpurgefarbt ist. Palat. 50 enthält nur Lucas und Johannes. Ich schliesse an diese Handschriften an No. 8840 der Bibl. Nat., enthaltend die 4 Evangelien, in schönen Uncialen auf starkem Pergament, mit sehr rohen Darstellungen der Evangelisten, und No. 9383 und 11955, ebenfalls der Bibl. Nat., beides Evangelienhandschriften in goldener Rustica auf Purpur. No. 11955 enthält nur Matthäus und Marcus, auch diese nicht unversehrt.

Ich ziehe endlich (aus Gründen, die später einleuchten werden) eine Handschrift heran, No. 11957 der Bibl. Nat., welche mit keiner der genannten durch äussere Momente in Beziehung gesetzt wird. Die Handschrift enthält die vier Evangelien, scheint am Ausgang des 9. Jahrhunderts geschrieben zu sein und enthält von späterer Hand einen Catalogus sacrarum reliquiarum coenobii Corbeiensis.

Zu leichterer Übersicht stelle ich nun die von mir verglichenen Handschriften in derjenigen Anordnung zusammen, in welcher ich später ihre Varianten vorführen werde.

Ad = Adahandschrift.	o = Harleianus 2700.	**Klasse C.**
x = Parisiensis 11957.	p = Musei Britannici 11848.	1 = No. 1 der Stadtbibliothek von
	q = Parisiensis 274.	Epernay.
	r = Parisiensis 266.	2 = Parisiensis 17068.
Klasse A.		3 = Parisiensis 265.
	s = Vallicellianus B 6.	4 = Parisiensis 324.
a = Turicensis C 1.	t = Paulinus.	
b = Bambergensis A I 5.		5 = Parisiensis 2.
c = Bernensis 4.		6 = Parisiensis 257.
d = Modoetiensis g 1.	**Klasse B.**	7 = No. 357 der Stadtbibl. von Lyon.
e = Sangallensis 75.		8 = No. 12 der Stadtbibliothek von
f = Parisiensis 265.	α = No. 599 der Arsenalbibliothek.	Boulogne-sur-Mer.
g = Musei Britannici 10546.	β = Harleianus 2788.	
h = Coloniensis.	γ = No. 1 der Stadtbibliothek von	9 = Parisiensis 11956.
i = Parisiensis 47.	Abbeville.	10 = Parisiensis 261.
k = Parisiensis 3.	δ = Parisiensis 8840.	11 = Parisiensis 259.
l = Parisiensis 1.	ε = Vaticanus-Palatinus 50.	12 = Parisiensis 270.
	ζ = Parisiensis 8849.	13 = Vaticanus-Palatinus 47.
m = Parisiensis 267.	η = Parisiensis 11955.	14 = Vaticanus-Urbinas 3.
n = Parisiensis 9385.	ϑ = Parisiensis 9383.	

[1] Zu meinem Bedauert habe ich die Bibel 1190 der Hofbibliothek in Wien nicht sehen und benutzen können. Ich weiss von Herrn S. Berger, dass sie nicht in Tours geschrieben sein kann. Beachtenswert ist, dass auch in dieser Handschrift die Schrift in drei Columnen geteilt ist. /S. Denis, Codices theologici bibl. Vindobonensis Latini. No. 1.) Die Dreiteilung ist selten. Sie findet sich auch in der Theodulfbibel des Britschen Museums, No. 15345, nicht jedoch in dem Pariser Exemplar 9380. Ich bin überzeugt, dass die Originalhandschrift dreiteilig war. Es ist von verschiedenen Seiten übereinstimmend constatiert worden, dass Theodulf spanische Handschriften zu Rate gezogen hatte. (Vgl. S. Berger, La Vulgate en France, p. 7. Mann, Saint Etienne Harding, Théodulfe et Alcuin. Corssen, Epistola ad Galatas, p. 13). Derselbe ist die westgotische Bibelhandschrift in Corpo di Cava bei Salerno, welche verschiedene interessante Vergleichungspunkte mit der Theodulfbibel bietet. Nach Denis hat der

Vulgatahandschriften unterscheiden sich zunächst in ihrer äusseren Einrichtung von einander. Die Evangelien haben einen Zubehör von Einleitungen, welche weder in der Reihenfolge, noch in der Zahl, noch in der Form in den verschiedenen Handschriften mit einander übereinstimmen. Wichtiger noch ist die verschiedene Kapiteleinteilung und die entsprechend verschiedene Inhaltsangabe der einzelnen Evangelien. Die Titel der Kapitel werden meistens den einzelnen Evangelien vorausgeschickt. Drei, resp. fünf verschiedene Einteilungen kommen für uns hauptsächlich in Betracht, die ich kurz andeute:

I.

Mt.	Cpp. LXXXVIII.	Cp. I.	*Generationum quadraginta duarum* etc.
Mr.	„ XLVI.	„	*Esaiae testimonio* etc.
Lc.	„ NCIIII.	„	*Praefatione Lucas* etc.
Io.	„ XLV.	„	*In principio verbum* etc.

II⁰.   **II^b.**

Mt.	Cpp. LXXXI.	Cp. I.	*Generationum nomina* etc.	Mt.	LXXIIII.	Cp. I.	*Nativitas xpi in bethleem* etc.
Mr.	„ XLVI.	„	*De baptismo iohannis* etc.	Mr.	XLVII.	„	*Erat iohannes baptizans* etc.
Lc.	„ LXXIII.	„	*Visio Zacchariae* etc.	Lc.	LXXVIII.	„	*Zaccharias sacerdote apparuit* etc.
Io.	„ XXXV.	„	*Ubi iohannes testimonium per- hibet* etc.	Io.	XXXVI.	„	*Iohannes testimonium perhibet* etc.

III⁰.   **III^b.**

Mt.	Cpp. XXVIII.	Cp. I.	*Nativitas xpi: magi cum mu- neribus veniunt* etc.	Mt.	Cpp. XXVIII.	Cp. I.	*Nativitas xpi: magorum mu- nera* etc.
Mr.	„ XIII.	„	*De iohanne baptista et victu et habitu eius; De baptismo ihu* etc.	Mr.	„ XII	„	*De iohanne baptista et victu et habitu eiusdem; baptizatus dominus* etc.
Lc.	„ XXI.	„	*Zacharias viso angelo quia non credidit obmutuit. Elisa- beth uxor eius* etc.	Lc.	„ XX.	„	*Zacharias viso angelo non cre- dens obmutuit; ac postea- quam elisabeth* etc.
Io.	„ XIIII.	„	*Phariseorum levitae — ad nathanael loquitur.*	Io.	„ XIII.	„	*Phariseorum levitae — incepi- mus messiam.*

Aus Klasse A haben folgende Handschriften die Capitelatio II^b: *b, g, h, k, l, u, p, r*.

In *i* fehlt der Anfang des Mt. samt den Einleitungen; die übrigen Evangelien haben die Capitulatio II^b, auch Mt. ist eingeteilt in LXXXI Capitel. Defekt ist auch *q*. Es fehlen hier die Titel zu Lc. Das Evangelium selbst ist eingeteilt in LXXII Capitel. Die übrigen haben die Capitulatio II^b.

Statt der Titel II^b haben zu Mt. andere (Cp. I. *De nativitate domini nostri ihu xpi in bethleem* indeß), während sie im übrigen mit den genannten Handschriften stimmen: *a, c, o*.

Die Zahl der Titel zu Mt. ist in den Handschriften verschieden: *c* zählt LXII, *a* LXXII, *o* LXXVII. Doch ist zu bemerken, dass der Text des Evangeliums in *a* in LXXXI, in *c* in LXXXII Capitel eingeteilt ist.

f hat keine Titel zu Mt., aber die Einteilung II^b; dagegen in den übrigen Evangelien Titel und Einteilung II^b.

d hat keine Titel. Mt. ist eingeteilt in LXXXVII Capitel (wie *a*), die übrigen Evangelien nach II^b.

u hat ebenfalls keine Titel. Mt. ist eingeteilt in LXXXI (II^b), Mr. in XLVII (II^b), Lc. in LXXVIII (II^b), Io. in XXXV (II^b).

e hat weder Titel noch ist der Text in Capitel eingeteilt.

s hat die Titel I zu allen 4 Evangelien, *t* zu Mr., dagegen zu den 3 übrigen III^b. Zu *s* ist zu bemerken, dass der Text der Evangelien nicht von erster Hand in Capitel abgeteilt ist. Eine nicht viel spätere Hand hat Mt. in

---

Vindobonensis den Prolog *Vetus testamentum alio dicitur*, der sich auch in der Theodulfbibel findet, und zwar ist er in beiden in Form eines Kreuzes geschrieben. Das aber ist entschieden eine Imitation spanischer Handschriften, denn dasselbe findet sich in dem Codex Cavensis. So besteht zwar nur eine äussere, aber gewiss nicht zufällige Zusammengehörung zwischen dem Vindobonensis, Valkellianus und den Theodulfischen Handschriften. Andererseits enthalten der Vindobonensis wie der Vallicellianus akrostische Gedichte, wie wir eben gesehen haben. Die Entstehung des Cod. Cavensis kann, wie ich glaube, mit gutem Grunde in die Grenzschrift des 8. und 9. Jahrhunderts gesetzt werden. Er hat um diese Zeit blühende Schreibschulen in Nordspanien gegeben, die nach Frankreich und, wie ich glaube, auch nach Italien gewirkt haben. Es wäre interessant und wichtig für die Geschichte der lateinischen Palaeographie des Mittelalters, diese Beziehungen zu verfolgen und erläutern.

LXXXVI Capitel geteilt, in Mt. und Io. die Zahlen der Capitulatio III beigeschrieben, ebenso an zwei Stellen in Lc., zugleich aber Capitel I—IX von Capitulatio I.

Capitulatio III* zu Mt., Mr., Lc., III* zu Io. haben sämtliche Handschriften der Klasse B, wobei daran zu erinnern ist, dass *1* nur Lc. und Io., *5* nur Mt. und Mr. enthält und dass in letzterem bei dem fragmentarischen Zustand der Handschrift die Titel fehlen, die Einteilung stimmt jedoch mit Capitulatio III.

Damit stimmt überein die Mehrzahl der Handschriften von Klasse C. Ausgenommen sind folgende:

1, 2 haben Capitulatio III* zu Mt. und Io., III* zu Mr. und Lc. *4* hat Capitulatio III* zu allen, doch ist der Text von Lc. in XXI Capitel geteilt. *3* endlich hat die Titel III* zu Mt., I zu Mr., Lc. und Io. Der Text ist in allen vieren von späterer Hand nach Capitulatio I geteilt.

Ich bemerke, dass von den oben erwähnten, mit diesen verwandten Handschriften Harleian 2826 in Übereinstimmung mit *1* und *2* Capitulatio III* zu Mt. und Io., Capitul. III* zu Mr. und Lc. hat. Harl. 2797 hat die Titel III* zu Mt., III* zu Mr., I zu Lc. und Io. Der Text von Mt. und Io. ist nicht in Capitel eingeteilt, Mr. in XIII Capitel (entsprechend der Capitulatio), Lc. von zweiter Hand in XXI Capitel.

8, welches nur Mt. enthält, hat keine Titel, doch ist das Evangelium in XXVIII Capitel eingeteilt, in den Handschriften.

An einleitenden Stücken zu den Evangelien finden sich, abgesehen von der Inhaltsangabe, in den Handschriften folgende: am häufigsten der Brief des Hieronymus an Damasus, dessen oben (S. 30) Erwähnung geschah *(Novum)*, sodann ein Abriss über die Canonicität der vier Evangelien von einem unbekannten Verfasser *(Plures)*, und ein specieller Prolog vor jedem Evangelium, nicht ebenso regelmässig der Brief des Eusebius an Carpianus über die Einrichtung seiner auf Grund der Evangelienharmonie des Ammonius entworfenen Canones der Evangelien (*Ammonius*), und endlich ein zweiter, dem Hieronymus untergeschobener Brief an Damasus über die richtige Benutzung dieser Canones *(Sciendum)*. Ich bezeichne der Kürze halber ein jedes dieser Stücke mit dem soeben in Klammern angefügten Anfangsworte.

Die Stücke finden sich in Handschriften aller Klassen. Doch tritt ein Unterschied in der Reihenfolge hervor.[1] Es haben:

> *Novum Sciendum Plures Ammonius a b c h l n o p q r. t. 12.*
> *Novum Sciendum Plures d c g k.*
> *Novum Sciendum Ammonius f.*

Novum allein haben *m* und *s*.

> *Novum Plures Ammonius Sciendum u β. i. 5 6 7. 10 11 13.*[2]
> *Novum Plures Sciendum Ammonius 4.*
> *Novum Plures Ammonius 2.*
> *Novum Plures Sciendum δ. 9.*[3]
> *Plures Novum Ammonius Sciendum 7.*
> *Plures Novum δ ζ. 14.*

Wir erkennen aus dieser Übersicht den durchgreifenden Unterschied zwischen der Klasse A und den Klassen B C. Die Abweichungen, die sich innerhalb der Klasse A herausstellen, sind nicht sehr erheblich; sie sind, wenn ich so sagen darf, mehr gradueller als genereller Art. In der Klasse B ist die Übereinstimmung der Handschriften in der Capitulatio vollkommen; in den Einleitungen tritt ein näheres Verhältnis zwischen α, β und δ einerseits und γ, δ und ζ andererseits hervor. In Klasse C treten in der Capitulatio die uns das Ebonevangeliar (*1*) sich reihenden Handschriften hervor. Alle *4* haben Capitulatio III* zu Mt. (auch die verwandten Handschriften Harleian 2826 und 2797), während alle übrigen Handschriften von B und C III* haben. Ferner tritt bei *4* und Harleian 2797 ein Schwanken zwischen Capitulatio III und I hervor.

Keine bestimmte Stellung gewinnen *s* und *t*. *t* stimmt in den Prologen mit Klasse A, dagegen in der Capitulatio mehr mit B C, besonders mit der ersten Gruppe von C. Bemerkenswert ist das Auftreten der Capitulatio I in *s* bei allen Evangelien und bei *t* in Mr.

Vergleichen wir nun unsere Adahandschrift, so finden wir, dass sie Mt. und Io. Capitulatio III*, Mr. und Lc. III* (= *1* und *2*), ferner in den Einleitungen *Plures Novum* (= δ und ζ) hat. Dabei ist daran zu erinnern, dass die Einleitungen (f. 1—8) von der jüngeren, die Capitulatio zu Mt. von der älteren Hand herrühren.

---

[1] Ich sehe von den Canonestafeln ab, die einen sehr verschiedenen Platz in den Handschriften einnehmen.

[2] Ich erinnere daran, dass *i* und ζ, in Wegfall kommen, da *t* nur die beiden letzten, ζ die beiden ersten Evangelien, aber verstümmelt, so dass die Einleitungen fehlen, enthält. *8* hat keine Einleitungen ausser den Canonestafeln.

[3] *3* hat nur den Titel des Hieronymus (*Novum*); aber der Vorlage enthielt mehr. Denn auf den Schluss des Briefes folgt: *Prologus quattuor evangeliorum*, die Überschrift zu dem Prologe *Plures*, welche der Schreiber aber wieder ausradierte, da er zugleich den speciellen Prolog zu Mt. folgen liess.

Was endlich x betrifft, so fehlen hier, ausser den Canonestafeln, alle Einleitungen. Mt. hat Capitulatio II[b], Mr., Lc., Io. II[b].

In vielen Evangelienhandschriften findet sich, gewöhnlich am Schluss, ein Verzeichnis der Leseabschnitte aus den Evangelien für die Sonn- und Festtage, sowie für besondere Vorkommnisse. Der Leser findet das der Ada-handschrift S. 16ff. In diesem treten in den Handschriften viele, jedenfalls örtlich und zeitlich bedingte Verschiedenheiten hervor, die ebenfalls einen willkommenen Anhaltspunkt zu ihrer Bestimmung bieten.

Ich kann freilich nur oberflächlich auf die Sache eingehen, doch werden die wenigen äusserlichen Beobachtungen, die ich mitteile, dazu dienen, die vorläufige Unterscheidung der Handschriften weiter zu bestätigen.

Es haben von den erwähnten Handschriften ein solches Verzeichnis

aus A *n o p q r*; aus B *a β γ δ ε δ*; aus C *1 3 4 6 7 9 10 12 14*.[1]

Das Verzeichnis beginnt — abgesehen von unbedeutenden formellen Abweichungen — in allen Handschriften von A, mit Ausnahme von *a*:[2]

> *Incipit capitulare evangeliorum lectionum de circulo anni*
> *Id est de vigilia natale domini de nocte.*

Dagegen in den übrigen:

> *Incipit capitulare evangeliorum de circulo anni*
> *In natale domini ad sanctam mariam maiorem.*

Doch haben nach der Überschrift 6, 7, 12

> *In vigilia natalis domini.*

7 und *4*:

> *In vigilia natalis domini horae nouae ad sanctam mariam.*

Das Allerheiligenfest findet sich nur in *6, 7* und *12*.

Der Abschnitt der Lektionen für bestimmte Gelegenheiten ist in den Handschriften der Klasse A überschrieben: *Incipiunt capitula necessaria.* In den übrigen: *Incipiunt lectiones de diversis causis.* Doch fehlt diese Überschrift in mehreren Handschriften, wie ja auch in *Ad*.

Vergleicht man die Lektionen dieses Abschnittes in den Handschriften, so findet man, dass diejenigen der Klasse A zu den Lektionen, welche *Ad* bietet (s. S. 27), folgende hinzufügen: *Contra indices male agentes* hinter *Ad relaudam maritatam*, *Contra episcopus male agentibus* (sic) hinter *Pro ordinantibus*. *In scrutinio primo, secundo, tertio* am Schluss.

Ferner stimmen die Handschriften von A in folgenden Varianten überein: *In ieiunio de natale papae* statt *In natale papae*. *Presbiteri* und *diaconi* statt des Plurals. *Ad agendam*, mit Auslassung von *mortuorum*, statt *In agenda mortuorum*. Bemerkenswerte Übereinstimmungen unter den einzelnen Handschriften finde ich an folgenden Punkten: *n* hat richtig *In commotione gentium*, dagegen *p, q, r In commutatione gentium*. *n In ordinatione presbiteri* und *In ora diaconi*; *p In ordinat: pröi* und *In ordinät diaconi*; *q, r In ordo presbiteri* und *In ordo diaconi*.

Sämtliche Handschriften der Klasse B, soweit sie ein Capitulare haben, und *1, 3, 9, 10* aus C stimmen mit *Ad* dahin überein, dass sie Lektionen für dieselben Gelegenheiten in derselben Reihenfolge bieten, nur schiebt *δ Pro ieiunio quocunque* vor *In agenda mortuorum* ein, während *1* umstellt. *Pro sterilitate pluviae Pro ubertate pluviae*, ebenso die verwandten Handschriften Harleian 2797 und 2826.

Dagegen erweitern, unter sich übereinstimmend, das Verzeichnis erheblich *6, 7, 12.*

Ebenso, aber weder unter sich noch mit jenen übereinstimmend, *4* und *14*.

Die bisherige Betrachtung, welche uns bereits gestattet hat, die Handschriften genauer zu bestimmen, hat im allgemeinen ergeben, dass, während die Grenzen zwischen B und C verschwimmen, A zu beiden einen durchgreifenden Gegensatz bildet. *Ad* hat dabei seinen Platz mit voller Entschiedenheit auf der Seite von B C genommen.

Es fragt sich nun, ob die Untersuchung des Textes uns entsprechende Resultate und eine sicherere und vollstandigere Erkenntnis des Verhältnisses der Handschriften liefern wird. Hier bieten nun gewisse Erscheinungen in der Adahandschrift, welche für diese Handschrift und ihr Verhältnis zu den übrigen von besonderer Wichtigkeit sind, einen passenden Ausgangspunkt.

Sieht man die Adahandschrift ein, so fällt sogleich in die Augen, dass der Text an vielen Stellen geändert worden ist.[3] Nicht nur Orthographie und Interpunktion sind berichtigt, Schreibfehler beseitigt, sondern die Lesart

---

[1] Das Capitulare von *2* ist erheblich jünger als der Rest der Handschrift. Ich lasse es daher unberücksichtigt.

[2] Das Capitulare von *a* ist von anderer Hand als der Text. Es ist ermatlich in Nevers hinzugefügt worden. Für die nähere Bestimmung der Handschrift kann es daher nicht dienen. Es stimmt im wesentlichen mit *Ad*.

[3] S. oben S. 6.

selbst ist oft erheblich modificiert worden. Die Korrekturen gehen durch die ganze Handschrift durch, aber die Fälle, wo es sich nicht um Verbesserung von Fehlern, sondern wirklich um Änderung der Lesart handelt, sind in dem grösseren, späteren Teile vergleichungsweise selten. Die Handschrift, nach welcher die Adahandschrift corradirt wurde, muss mit dem letzten Teile sich in weit grösserer Übereinstimmung befunden haben; es hat also von dem ersten zum zweiten Teile ein Wechsel im Texte stattgefunden.[1]

Die Korrekturen scheinen zum grössten Teile von einer Hand herzurühren. Sie gebraucht Goldtinte, wie die beiden ersten, doch ist dieselbe matter und weniger rein. Sie ist der des zweiten Teils ähnlich und dürfte ihr gleichzeitig sein. Dass der Korrektor ein Exemplar mit der Kapiteleinteilung III benutzte, kann mit unbedingter Sicherheit behauptet werden. Denn er hat zweimal leichte Änderungen an der ursprünglichen Texteseinteilung vorgenommen, beide Male in Übereinstimmung mit der Capitulatio III.

Einige wenige Korrekturen finden sich in dem ersten Teile der Handschrift, die in Farbe der Tinte und Gestalt der Buchstaben der ersten Hand durchaus ähnlich sind; auch bedient sich dieser Korrektor, um anzudeuten, dass ein Wort getilgt oder ergänzt werden soll, eines andern Zeichens als der zweite.

Ich werde nun die oben angeführten Handschriften mit der Adahandschrift zunächst an allen denjenigen Stellen vergleichen, wo in dieser Doppellesarten vorhanden sind. In weitaus den meisten Fällen sind beide Lesarten noch unmittelbar zu erkennen. Da freilich, wo das Rasiermesser gewirkt hat, ist bisweilen von der ursprünglichen Lesart keine andere Spur als der Umfang der Rasur geblieben. Doch lässt dieser in Verbindung mit der Analogie anderer Handschriften fast nie Zweifel über die erste Lesart bestehen. Wo nun der Leser in der Tabelle nur die Lesart der zweiten Hand angeführt findet, sei es von Ada, sei es von anderen Handschriften (die erste und zweite Hand sind mit den Zahlen 1 und 2 bezeichnet), ist die der ersten nicht unmittelbar mehr zu erkennen, doch kann dafür dann durchweg mit fast unbedingter Sicherheit die andere der beiden gegebenen vorausgesetzt werden. Änderungen, die einer beträchtlich späteren Zeit als die Handschrift selbst angehören, werden überall nicht berücksichtigt, doch habe ich an solchen Stellen gewöhnlich dadurch, dass ich die Lesart als erste bezeichnet habe (1), angedeutet, dass sie später verändert ist. Es ist noch zu bemerken, dass verschiedene Handschriften lückenhaft sind. *i* beginnt erst Mt VII, 26 *dominus suam*. In *q* fehlt V, 12—34. *t*, beginnt VI, 2 *ut demorificentur*, 12 II, 3 *et omnis*.

		Ad *it*	*a* *b* *c* *d*	*f* *h* *k* *l* *m* *v*	*p* *q* *g*	*i* *t*,	*e* *f* *t* *d* *s* *Ø*	*r* *c* *g* *a* *s* *t*, *Ø*	*b* *n* *m* *t*, *Ø*
II, 1	iudae						?		
	iudaeae						?	?	
5	iudae					?			
	iudaeae					?			
21	exsurgens						?		
	surgens						?		
III, 3	qui praedictus est								
	qui dictus est								?
	de quo dictum est								
	quod dictum est					?			
	quod dictus est								
	quo dictum est								
6	ut baptizarentur								
	ut baptizabantur								
	et baptizabantur								
9	relictis								
	relitis								
	relictis								
12	triticum					?			
	triticum suum								
16	sicut columbam venientem				?				
	sicut columbam et venientem				?				
IV, 5	ait illi ihs totus scriptum				?				
	ait illi ihs rursum scriptum								
	ait illis ihs rursum scriptum								
	ait illis ihs rursum scriptum								
	ait illi ihs rursus scriptum								
	ait illi ihs rursus scriptum								
9	procidens adoraveris								
	cadens adoraveris								

[1] Vgl. oben S. 7.

[2] II, 6 ist es unter er noch deutlich zu erkennen, die stehe zur Lesart, u es ist aus dem Auslaut nach später eingegangen erst. IV, 7 Aus der Art der Korrektur geht deutlich hervor, dass *Ad* die letztgenannte nach die letzte ursprünglich hatte, ob es ursprünglich *rursum* oder *rursus* stand.

		α	b	c	d	e	f	g	h	i	k	l	m	n	o	p	q	r	s	t	u	x	y	z
IV, 18	ambulans autem ibi																							
	ambulans autem																							
22	et de mihra																							
	et mihra																							
V, 12	peteretis sunt et prophetae																							
	peteretis sunt prophetae																							
23	si ergo offeres																							
	si ergo offers																							
24	venieus offers																							
	venieus offer et																							
	venieus offers																							
33	posarralis																							
	perjeralis																							
	posterales																							
41	cum illo et alia duo																							
	cum ill. alia duo																							
42	et qui petit																							
	qui petit																							
43	alio habebis																							
	ahio																							
VI, 2	hypocritae																							
	hypocritae (hypocritae)																							
	ypocritae																							
	ypocritae																							
4	absconalito (ris)																							
	absconso																							
5	hypocritae																							
	hypocritae																							
	ypocritae																							
	ypocritae																							
6	absconalito (ris)																							
	absconso																							
7	quia																							
	quod																							
15	dimittet vobis peccata																							
	dimittet peccata																							
18	absconalito (ris)																							
	absconso																							
20	ubi fures non effodiunt																							
	et ubi fures non effodiunt																							
31	aut quid operiemur																							
	aut quid operieretur																							
	aut quo operiemur																							
	aut operiemur																							
34	ubi quo																							
	ubi qui																							
VII, 4	dico																							
	dices																							
5	hypocrita																							
	hyporita																							
	ypocrita																							
22	eo nomine tuo daemonia																							
	in tuo nomine daemonia																							
25	descendit pluvia																							
	et descendit pluvia																							
29	simile est																							
	simili erat																							
1	supra harenam																							
	super harenam																							

	Ad¹ Ad²	x	a b c d e f g h i k l m n o p q r s t	u v	α β γ δ ε ζ η θ	1 2 3 4 5 6 7 8 9 10 11 12
XIII, 23 in terram bonam							
in terra bona							
— aliud quidem centum, aliud autem sexaginta, porro aliud triginta							
aliud quidem centesimum, aliud autem sexagesimum, aliud vero tricesimum							
XIV, 3 posuit in carcerem							
posuit in carcere							
22 discipulos suos							
discipulis							
XXII, 20 superscriptio							
superscripti							

Die vorstehende Übersicht lehrt auf den ersten Blick, dass *Ad²* durchweg die Majorität der Handschriften für sich hat. Sie repräsentiert aber nicht nur die in diesen, sondern die in den besseren Vulgatahandschriften überhaupt gewöhnliche Lesung, während die Lesarten erster Hand im allgemeinen dem griechischen Texte, wie er in den besseren Handschriften vorliegt, weniger entsprechen und zum grossen Teil aus altlateinischen und gemischten Texten belegt werden können. Einige Male steht *Ad²* ganz vereinzelt: VII, 4. XI, 7. 9. An 2 Stellen lässt sich die Lesart nicht sicher feststellen: V, 23. 24. XIII, 23 bietet *Ad²* offenbar eine Mischung der beiden vertretenen Lesarten. Sehen wir von diesen Stellen zunächst ab, so ergiebt sich, dass an den übrigbleibenden 62 Stellen die einzelnen Handschriften so oft mit *Ad²* übereinstimmen, wie die einer jeden untergefügte Zahl angiebt:

$$x\ a\ b\ c\ d\ e\ f\ g\ h\ i\ k\ l\ m\ n\ o\ p\ q\ r\ s\ t$$
$$43\ 30\ 26\ 27\ 26\ 27\ 26\ 26\ 25\ (9)\ 16\ 18\ 26\ 24\ 26\ 26\ 17\ 11\ 24\ 23$$

$$u\ \beta\ \gamma\ \delta\ \zeta\ \eta\ \vartheta\ 1\ 2\ 3\ 4\ 5\ 6\ 7\ 8\ 9\ 10\ 11\ 12$$
$$17\ 23\ 11\ 4\ 7\ 5\ 7(8)\ 13\ 10\ 10\ 10\ 12\ 11\ 8\ 9\ 10\ 9\ 7\ 10$$

Diese Zahlen reden, gleichwohl sind sie allein nur ein unvollkommener Ausdruck des thatsächlichen Verhältnisses. Qualität und die besonderen Umstände, unter welchen die Lesart in einer Handschrift erscheint, müssen zugleich in Rechnung gezogen werden. Unterschiede der Klassen unter einander und der Gruppen innerhalb der einzelnen Klassen treten bei der Vergleichung mit *Ad²* deutlich hervor. Vereinzelte Übereinstimmungen mit *Ad²* wie VI, 5 von *c*, VII, 26 von *q*, XIII, 2 von *u* u. s. w. sind durch versprengte Lesarten entstanden, die der Klasse nicht ursprünglich zugehören. Unter den turonischen Handschriften sondern sich — wenn wir von *i* zunächst absehen — *k l q r* merklich ab. Sie neigen ganz entschieden zu BC, namentlich *r* stimmt nicht mehr mit *Ad²* überein als viele Handschriften aus diesen beiden Klassen. Es ist daher bezeichnend, dass an einigen Stellen, wo *Ad²* von der Majorität in BC vertreten wird, IX, 18 *l r* X, 13 *k l* XIII, 15 *k l q r h i³* mit dieser, die übrigen turonischen Handschriften dagegen mit *Ad²* übereinstimmen. Richten wir uns lediglich nach der Übereinstimmung mit *Ad²*, so scheint *h* der Gruppe *k l q r* kaum näher zu stehen als andere Handschriften. Vergleichen wir aber die Handschriften unter einander ohne Rücksicht auf *Ad²*, so sehen wir, dass *h* der Gruppe verwandter ist als etwa *u*, das mit *Ad²* nicht ganz so häufig übereinstimmt.

s und *t* stellen sich entschieden auf die Seite von A, doch ist die öftere Übereinstimmung namentlich von *t* mit der Minorität der turonischen Handschriften nicht zu übersehen: cf. IV, 7. VI, 7. VII, 25. 27, IX, 18, X, 13, XIII, 23.

Aus den übrigen Klassen treten vor allem *u*, *β* und *ι*, öfter von *v* unterstützt, hervor. Man beachte in *ι* V, 43. VIII, 20. IX, 2. 18. X, 13; andererseits V, 33. VI, 31.

Besonders beachtenswert ist die Übereinstimmung zwischen *β* und *Ad²*; sie ist es um so mehr, weil sie wiederholt an Stellen hervortritt, wo sie in den übrigen Klassen gar nicht oder ganz vereinzelt vorhanden ist (cf. V, 12. VI, 34. IX, 23. XI, 20. 23. XIII, 14). An einigen dieser Stellen verbinden sich andere Handschriften aus B mit *β*, wie *u*, *γ*, *δ*. Wichtig ist besonders die Übereinstimmung von *ϑ* in XI, 23. *ϑ* erinnert auch III, 6 in bemerkenswerter Weise an *Ad²*.

Diese Erscheinungen haben eine ganz andere Bedeutung als die Übereinstimmung zwischen *Ad²* und den turonischen Handschriften. Nachdem andere Beziehungen, die zwischen *Ad* und A nicht bestehen, zwischen *Ad* und B

—

nachgewiesen sind, kann es nicht zweifelhaft sein, dass, wo Ad mit dieser übereinstimmt, eine unmittelbare Berührung der Handschriften unter einander stattgefunden hat. Mehr freilich springt der Unterschied zwischen Ad² und H in die Augen, während andererseits gerade ein Teil dieser Handschriften von allen am meisten mit Ad² zusammentrifft.

Den Korrektor der Adahandschrift lernt man zuverlässig nur an den Stellen kennen, welche er geändert hat. Dass er im übrigen mit der ersten Hand übereinstimmte, ist zwar in den meisten Fällen wahrscheinlich; doch darf man nicht vergessen, dass er schwerlich alle von seinem Exemplare abweichenden Stellen bemerkte, an manchen vielleicht auch absichtlich vorüberging. Wichtig zu wissen wäre es, ob er etwa im zweiten Teile flüchtiger als im ersten verfahren sei und so der Wechsel im Texte doch geringfügiger sei als es scheine.

An seltenen unkorrigierten Lesarten sind mir in Mt. — abgesehen von den weiter unten berücksichtigten Partien — nur die folgenden aufgefallen: im ersten Teile:

Am Ende von I, 17 setzt Ad zu: Omnes itaque generationes ab abraham usque ad xpm generationes XL duas. Ebenso v (aber XLII). v (quadraginta duas). VIII, 30 Ad, x ab eis, die übrigen ab illis. X, 10 Ad, x² mercede sua statt cibo suo (x¹ mercedem suam, A mercede tua). XIII, 33 Ad, x, α, β, γ¹, δ cognoscitur statt agnoscitur. XIII, 14 Ad, x, q¹, β, x, γ¹ dicentis statt dicens. VIII, 4 Ad allein moses statt moyses. (Die Form moses hat von diesen Handschriften nur α an anderer Stelle, XVII, 3 und 4.)

Im zweiten Teile: XVIII, 25 cum — haberet statt cum — haberet. XIX, 13 increpabant eis mit a¹ statt increpabant eos. XXVI, 55 zuistis statt existis.

Auffallend ist das ganz vereinzelte Vorkommnis des Zusatzes I, 17 in v. v ist, wie wir gesehen, gerade diejenige von den turonischen Handschriften, die sich am meisten von Ad² und damit zugleich von den ihr stammverwandten Handschriften unterscheidet. Jedenfalls ist die Lesart zufällig hierher versprengt. Im übrigen findet sich bestätigt, was bereits festgestellt worden ist: der Unterschied des ersten und zweiten Teiles von Ad, die nähere Verwandtschaft der älteren Hand vor allem mit x, sodann mit β.

Eine ausreichende Vorstellung von dem Verhältnis der Handschriften kann selbstverständlich nicht durch eine willkürliche Auswahl von Stellen gewonnen werden. Wir könnten durch andere Stellen Ad von A entfernen und näher an BC rücken, wenn auch die Bedeutung der gefundenen Unterschiede keineswegs dadurch aufgehoben werden würde. Zur Vervollständigung des Bildes und zur Erreichung eines befriedigenden Gesamtergebnisses werde ich daher im folgenden die Handschriften (zugleich auch die eben ausser Acht gelassenen 13 und 14) durch verschiedene Abschnitte fortlaufend vergleichen. Hierbei wird nicht jede orthographische Abweichung noch auch jeder Schreibfehler berücksichtigt werden, sondern beides nur, soweit es für das Verhältnis der Handschriften von Bedeutung ist, andererseits aber auch nach Möglichkeit nichts wesentliches übergangen werden.[1]

Mt. c. XV—XVII, 7.	a	b	c d e f g h i k l m n o p p	r	α β b z e θ	r x y d s t u v w m n o p q
XV, 2 traditionem		7	1 1		1	
traditiones			1 2			
4 patrem et matrem			1 2 1	1		
patrem tuum et matrem . .			1 2		1	
patrem tuum et matrem tuam			2			
6 matrem suam		6			1	
matrem		1				
7 hypocrite		6			1	
hypochritae		1				
hypochryone						
— estis		2				
isaias						
8 eorum		2				
illorum						
9 doctrinas mandata		2		4		
doctrinas et mandata . . .						

[1] Gemeinschaftliche Abweichungen sämtlicher Handschriften von der Clementinischen Ausgabe der Vulgata sind die folgenden: Mt. XV, 14 sunt duces statt sunt et duces XVI, 2 nih st. illis XXI, 16 lectionem st. lectionibus im späte Korrektur in i und 2) 25 baptismus st. baptismum XXIII, 26 fiat et id st. fiat id XXIV, 29 hirne st. in hirne 76 penetrabilibus st. penetrabilibus 28 illae st. illic 38 in arcam usw. st. usw in arcam. Mt. XVI, 1 tune st. tenens 12 st. eis st. eis 14 illorum st. eorum — his qui st. iis qui. I.c. VI, 3 tunc eo st. eum ille 14 inden esset st. et inden iuszi — semunh st. incaratus 76 termndum haec faciebat st. termndum haec enim faciebat 28 solet erate st. solet et orate 55 restres st. benefacit 46 fundasmata st. fundamentum — super st. reper (beide Male) 49 super st. super.

[a] XV, 9 et mandata 14 hoc conquassit hernaneo verba in 2 aus Rasur.

Mt. c. XV, 10—XVI, 15.																																					
XV, 10 intellegite								1																								1			
intelligite																											2							
12 verba					1																													
verba hoc					2																													
hoc verba																																		
17 intellegitis								1																					2					
intelligitis								1																										
28 respondens illi ait								2																										
respondens ait								1																										
— filia eius																		1																
filia illius								2											2															
31 mutos claudos caecos								1																					1					
mutos clodos caecos																													1					
mutos caecos clodos																																		
31 claudis	1																												1					
clodis								2																					1					
32 turbae																													1					
turbae huic																																		
24 dixerunt																																		
dixerunt ei																																		
35 discumberent							2		1						2				2															
discumberet								2							1				1															
36 accipiens																		1																
accipiens das																		2						2										
38 hominum								2																											
virorum																		1																
XVI, 1 temptantes																																		
temptantes eum																																		
4 potestis	1																	1						2										
potestis scire	1																	1																
— ionae								2																											
ionae prophetae																		1																
5 discipuli sui								2																					1					
discipuli	1																																	
— panes accipere																																		
panes tollere																																		
7 inter se																																		
intra se																																		
8 dixit																																		
dixit eis																																		
9 intellegitis								2										1						1										
intelligitis								1										1						2										
quinque panum et quinque milia																																		
quinque panorum quinque milia								2																										
quinque panum quinque milia																																		
quinque panum et quinque milium																																		
9 et 10 sumpsistis																	2																	
sumsistis									1								1																	
10 septem panum et quattuor milia							1											1						1										
septem panum in quattuor milia																																		
septem panum quattuor milia															1																			
septem panum et quattuor milium																													1					
11 intellegitis																		1																
intelligitis								1										1																
13 quem dicunt																		1																
quem me dicunt																		1																
15 dicit illis ihs	1					1		1						2				1					1										
dicit eis	1																	1						2										

Mt. c. XVI, 18 — XVII, 7		

XVI. 18 inferi.
 inferi

— adversus
 adversum

19 ligatum in caelis.
 ligatum et in caelis.
 ligatum in caelis.

— solutum in caelis
 solutum et in caelis

21 oporteret
 oportet

— hierosolymam iturum
 hierosolymis

23 post me.
 retro me

— scandalum.
 scandala

— es mihi
 mihi es

24 semet ipsum
 se ipsum

26 mundum universum
 universum mundum

27 opera
 opus

XVII. 1 adducit (ass—)
 adsumpsit (ass—)
 adsumit

2 apparuit.
 apparuerunt

— illis.
 eis

— moyses.
 moses

4 faciamus hic
 faciamus

— tria.
 tres

— unum et moysi
 unum mosi
 unum et mosi

5 conplacui (conla—)
 conplacuit (conla—)

7 surgite et nolite.
 surgite nolite

Mt. c. XXI, 9—32.		

XXI. 9 venit
 venturus est

11 ferens illam
 ferens eam

14 sanavit
 curavit

16 dixerunt ei.
 dixerunt

— audis.
 audisti

— dicunt
 dicant

* XVI. 23. In A debb. ex

Mt. c. XXI, 16—32.																													
XXI,16 dicis																													
dixit																													
23 in templum																													
in templo																													
— tibi dedit																													
dedit tibi																													
24 dixit eis																													
dixit illis																													
ait eis																													
— interrogabo																													
interrogo																													
25 inter se																													
intra se																													
26 credidistis illi . . .																													
credidistis ei . . .																													
— habent																													
habebant																													
27 dico vobis																													
vobis dico																													
28 homo quidam . . .																													
homo																													
— in vinea mea . . .																													
in vineam meam . . .																													
30 ivit																													
iit																													
31 dicunt																													
dicunt ei																													
— primus																													
novissimus																													
— publicani et meretrices . . .																													
publicani et peccatores et meretrices . . .																													
— in regno																													
in regnum																													
32 venit enim																													
venit autem																													
XXIII, 13—XXIV, 51.																													
XXIII,13 quia clauditis . . .																													
qui clauditis . . .																													
— sinitis intrare . . .																													
sinitis introire . . .																													
14 vae vobis scribae et pharisaei hypocritae qui comeditis domos viduarum orationes longas orantes propter hoc amplius accipietis iudicium . . .																													
omittunt versum . . .																													
15 vae vobis																													
vae autem vobis . . .																													
— quia																													
qui																													
— circumitis																													
circuitis																													
16 qui dicitis																													
quia dicitis																													
— in auro																													
in aurum																													
— debet																													
debitor est																													

Mt. c. XIII. 18—XXIV. 7.		
XXIII.18	in altari	
	in altare	
	debet	
	debitor est	
19	caeci	
	caeci stulti	
20	in altari	
	in altare	
21	et qui iuravit	
	et qui	
—	habitat	
	inhabitat	
22	super caelum	
	super ipsum	
23	vae autem vobis	
	vae vobis	
	qui decimatis	
	quia decimatis	
—	reliquistis	
	reliquistis	
25	quia mundatis	
	qui mundatis	
	pleni sunt	
	pleni estis	
27	quia similes	
	qui similes	
—	parent	
	apparent	
28	hypocrisi	
	ypocrisi	
	hypochrisi	
	ypochrisi	
33	generatio viperarum	
	progenies viperarum	
34	ecce ego mitto	
	ecce mitto	
—	ex eis flagellabitis	
	ex illis flagellabitis	
	persequemini	
	persequemini	
45	quoniam	
	quoniam	
XXIV.1	et egressus ihs	
	et egressus inde ihs	
—	aedificationes	
	aedificationes	
2	dixit illis	
	dixit eis	
3	discipuli	
	discipuli sui	
4	et respondens	
	tunc respondens	
—	dixit	
	dicit	
6	audituri enim	
	audituri autem	
7	in gentem	
	contra gentem	

Mt. c. XXIV, 7—43.																																							
XXIV. 7	in regnum																																							
	contra regnum																																							
	super regnum																																							
9	in tribulationem																																							
	in tribulatione																																							
13	perseveraverit																																							
	permanserit																																							
15	abominationem																																							
	abhominationem																																							
—	danihelo																																							
	danielo																																							
	danihele																																							
	danielo																																							
16	ad montes																																							
	in montes																																							
17	aliquid																																							
	quid																																							
—	domo																																							
	domum																																							
21	hic xps																																							
	hic est xps																																							
27	fulgor																																							
	fulgur																																							
—	exit																																							
	exiit																																							
	erit et adventus																																							
	erit adventus																																							
30	parebit																																							
	apparebit																																							
31	quia																																							
	quoniam																																							
34	omnia																																							
	omnia haec																																							
	haec omnia																																							
35	verba vero																																							
	verba autem																																							
36	caelorum nisi																																							
	caelorum nisque filius nec																																							
	pater solus																																							
	solus pater																																							
37	erit et adventus																																							
	erit adventus																																							
39	introivit nec																																							
	intravit nec																																							
41	una relinquetur duo in lecto																																							
	unus assumetur (adis—) et																																							
	unus relinquetur																																							
	una relinquetur duo in lecto																																							
	unus assumetur (adis—) et																																							
	alter relinquetur																																							
42	qua hora dominus vester venturus sit																																							
	qua die vel hora dominus vester venturus sit																																							
—	venturus sit																																							
	venturus est																																							
44	sineret																																							
	staret																																							
—	perfodiri																																							
	perfodi																																							
	perfodere																																							

Mt. c. XXIV, 44							
XXIV. 44							
45	supra familiam / super familiam						
46							
49							

Mr. c. XVI.

XVI. 1							
3	revolvet / revolvet						
4	viderunt / vident						
5							
6	dicit illis / dicit eis						
7	ite dicite / ite et dicite						
9	autem mane / autem die mane						
12							
—	voluerunt / voluerunt						
—	crediderunt / crediderunt						
13							
14							
—							
19							
—	locutus / loquutus						
20							
—	signis / signis						

Lc. cap. VI.		a b c d e f g h i k l m n	o p q	r s t u v w x y z 1 2 3 4 5 6 7 8 9 10 11 12 13 14
VI, 3	quod fecit			
	quid fecit			
4	cum ip.			
	cum eo			
	licet			
	licebat			
2	observabant autem			
	et observabant autem			
—	unde accusarent illum			
	unde accusarent eum			
8	in medium			
	in medio			
9	sabbatis			
	sabbato			
15	mattheum et thomam			
	mattheum et thoman			
	thomam et mattheum			
	thomam et matheuum			
	thoman et mattheum			
16	venerunt			
	venerunt			
—	ab spiritibus			
	a spiritibus			
19	quaerebat			
	quaerebant			
—	exiebat			
	exibat			
23	multa in caelo			
	multa est in caelo			
	multa in caelo est			
24	qui habetis			
	qui habetis			
	qui habebitis			
25	qui saturati estis			
	quia saturati estis			
26	bene vobis dixerint			
	vobis bene dixerint			
	prophetis			
	pseudoprophetis			
27	auditis			
	audistis			
—	vos oderunt			
	oderunt vos			
28	maledicentibus vobis			
	maledicentibus vos			
—	calumniantibus vos			
	calumniantibus vobis			
29	aufert			
	auferet			
30	petenti te			
	petenti			
—	aufert			
	auferet			
35	nihil inde sperantes			
	nihil desperantes			
37	dimittemini			
	dimittimini			
	dimittetur vobis			
	dimittemur vobis			

* V. 4 ... die erste Hand hatte zum ...

Le. cap. VI																																
VI, 38 bonam et confersam																																
bonam confersam																																
bonam et confertam																																
bonam confertam																																

Das Resultat der angestellten Vergleichung wird dem Leser sich noch bequemer in der folgenden Übersicht darstellen, in welcher die entscheidenden Varianten der Klassen nach der Häufigkeit ihres Vorkommens in den einzelnen Handschriften geordnet sind.

A < B C

XVI, 13	*i k l n q r h³*	*s*		*t*	*Ad*	B C	dicit illis illis
	A		*s*	*t*		*o³ S j³*	dicit illis
— 10	*i³ k l m q r p³*	*s*	*?*	*t*	*Ad*	B C	septem panum et quattuor milia
	A					*j³*	septem panum et quattuor milia
	a b					*o³ j*	septem panues quattuor milia
— 4	*d h i k l o q r p³*	*s*	*s*	*t*	*Ad*	B C	ionae
	A						ionae prophetae
XV, 12	*r f g h³ k l q v*		*s*	*t*		B C	verbo
	A					*j³*	verbo hoc
		v			*Ad*	*j³*	hoc verbo
— 4	*a b i³ k l³ m n q h³*	*s*	*s*	*t*	*Ad*	B C	patrem et matrem
	c d e g³ h³ o p r i³ p³						patrem tuum et matrem
	f g³						patrem tuum et matrem tuam
XVI, 23	*f g h i k l q r*	*s*		*t*		B C	post
	A		*s*	*t*			retro
—	*f g i³ k l n q³ r p³*	*s*		*t*	*Ad*	B C	satanas
	A		*s*	*t*		*S o³ j³*	satana
XV, 38	*a³ f g i k l n q³*	*s*	*s*	*t*	*Ad*	B C	hominum
	A						virorum
— 7	*k l m n q r*				*Ad*	B C	esaias
	A		*x³*			*j³ j 12 13*	isaias
XVI, 9	*d e f o p q³*	*s*	*s*	*t*	*Ad*	B C	intellegitis
	A					*S j³*	intellegitis
— 11	*d e f o p q³*	*s*	*s*	*t*	*Ad*	B C	intellegitis
	A					*S 12 j³*	intellegitis
XV, 10	*d e f s³ o p*	*v*	*s*	*t*	*Ad*	B C	intellegite
	A					*S 12 11³*	intellegite
— 17	*d e f g s o p q³*	*s*	*s*	*t*	*Ad*	B C	intellegitis
	A					*S 12 11³*	intellegitis

A = C < B

XV, 6	A	*s*	*s*		*Ad³*	*o³ C*	matrem suam
				t	*Ad³*	B *j*	matrem
— 36	A	*s*	*s*	*t*	*Ad*	*o³ C*	accipiens
						B *j j³*	accipiens illos

A = C < Teil von B

XV, 28	A	*s*	*s*	*t*		*a y ? C*	eius
	o q³				*Ad*	*β δ ξ j j5 j³ j³*	illius
XVI, 19	A	*s*	*s*	*t*		*o³ y ? δ C*	ligatum in caelis
					Ad	*β δ ξ j n³*	ligatum et in caelis
—	A		*s*	*t*		*o³ y ? δ C*	solutum in caelis
		s			*Ad*	*β δ ξ j³ j³ j³ n³*	solutum et in caelis
XV, 7	A	*s*	*s*	*t*	*Ad³*	*y δ ξ j o³ C*	hypocritae
	(i)				*Ad³*	*o³ β δ j j*	hypocritae

A = B < Teil von C

XV, 35	A	*s*		*t*	*Ad*	B *j j 8 q 10 13 j³*	discumberent
	k l³ j³		*s*			*o³ j³ j³ j 6 j 11 12 14*	discumberet
— 30	A	*s*	*s*	*t*	*Ad*	B C	mutos claudos (et alios) caecos
						o³ j r 10 13 14	mutos caecos clodos claudos

A < B C

XXI, 27	*o p³ q³*				*Ad*	B C	dicit solus
	A					*o j³ q j*	solus dicit
— 31	*k l q³*	*s*		*t*	*Ad*	B C	in regno
	A		*s*			*j r³*	in regnum
—	*k l r*	*v*	*s*		*Ad*	B C	dicunt
	A					*o³ j S r³ n³*	dicunt ei
— 16	*k l q r h³ r³ p³*	*s*	*s*	*t*		B C	dixerunt ei
	A				*Ad*		dixerunt
— 9	*i k l q³ s h³ p³*			*t*	*Ad*	B C	venit
	A		*s*			*a S j³*	venturus est

XXI, 13	i k l m r h² p³ q²	x	s	t	Ad	B C		illam
	A							eam
— 38	c c h i k l u r p¹	x	s	t	Ad	B C	a³ β ϑ 5 6 7 8	in vinea tuea
	A							in vineam tuam

A = B < C

XXI, 42	A	s	s	t	Ad	B 3 δ		enim
	k l r					ε³ γ ζ		autem

A = C < B

— 36	A	x	s	t		C δ θ		habent
	r					B 4 8 10		habebant

A < B C

XXIV, 2	k²	x	s	t	Ad	B C		illis
	A					a β 3 h³		eis
XXIII, 13	o p³ q²	x		t	Ad	B C		intrare
	A					a³		introire
XXIV, 13	m q²	x	s	t	Ad	B C		perseveraverit
	A					a³ 5		permanserit
— 15	i		s	t	Ad	B C		abominationem
	A	x				a β³ 4 10		abhominationem
3ª	o q r p³	x		t	Ad	B C		introivit
	A					a³		intravit
44	k³ l r				Ad	B C		quia qua nescitis hora
	A	x	s	t		a³ β a³ 3³ 4³		quia nescitis qua hora
	r	x				3		quia qua hora nescitis
— 41	d i f g q k² q²		s	t		B C		una relinquetur
	i b l r h²					β		una relinquetur duo etc et alter relinq.
	a b c h m u p	x			Ad			una relinquetur duo etc et unus relinq.
XXIII, 20	i k l q r h³	x	s	t	Ad	B C		in altari
	A					a³ β 13		in altare
— 23	h i k l² m a q²	x	s	t	Ad	B C		qui
	A					o γ 4 8 13 7³		quia
— 15	i² g k l q r p³			s		B C		circumita
	A	e³		t	Ad	a β 7² 16³		circuitis
XXIV, 16	d i k l o q r k³ p³	x	s	t	Ad	B C		ad montes
	A							in montes
— 27	d c h i l q r	x		t	Ad	B C		et adventus
	A		s					adventus
— 37	d c i k l c q r h²	x	s	t²	Ad	B C		et adventus
	A			t²		a		adventus
— 9	d c h k l o p q r	x		t	Ad	B C		in tribulationem
	A		s			3 3²		in tribulatione
XXIII, 16	d f g h i k l o q r c³ p³	x	s	t	Ad	B C		debet
	A					a³ β 4		debitor est

A = C < B

XXIV, 34	c¹ k h² a²				Ad	B 4 9		omnia
	A	x	s	t		3 5 6 7² 8 10 13		omnia haec
	i r					1 2 11 12 14 7³		haec omnia
— 49	p³ q²	x			Ad	B 4 8		ebrus
	k l q							ebrios
	A		s	t		a³ C		ebriosis
— 1	q³	x		t	Ad	B 3³ 4 8 13 7²		aedificationem
	A		s			a³ C		aedificationes
XXIII, 37	i k l q r p³	x		t	Ad	B 1 2 3 4 8 11 12		quotiens
	A		s			5 6 7 9 10 13 14		quoties
XXIV, 37	o c³ q³	x³		t	Ad	B 1 2 8 9 11 13 14 7²		fulger
	A	x³	s			7 3 4 5 6 7² 10 12		fulgur
— 43						B		sineret
	A	s	s	t	Ad	γ η C		sineret

XXIII, 34	o q² A	x	s	t	Ad⁴ Ad⁴	B s z¹ γ η d² ζ¹ C	persepuimini persequemin
— 13	i³ q³ A	x³ x³	s	t	Ad	B d δ t₃ γ¹ o θ ζ C	qnia qui
— 15	q³ A		s	t	Ad	B d 8 a³ δ η C	quia qui

A = B < C

— 21	A i k l r	x	s	t	Ad	B s z d 3 10 γ C¹ C	qui quicumque
— 25	A i³ k l u r h²	x	s	t	Ad	B d δ t₃ γ² C	quia qui
— 23	A i k l r h² p²	x	s	t	Ad	B s z d 8 o γ ζ C	uae uae autem

A < B C

Mr XVI, 9	A	x		t	Ad	B C a³ r₂ j²	autem autem ihs
— 15	o p² q² A	x²	s	t	Ad	B C	sit est ihs
— 5	r o r q² A	x	s	t	Ad	B C r z j¹	obstupuerunt obstupuerunt
— 14	l q² r k³ p¹ A	r³ z³	s	t	Ad	B C j	crediderunt crediderant
— 18	k l q r A	x	s	t	Ad	B C j³ q³	eos nocebit eis nocebit
— 7	i l p q r h³ n³ A	x	s	t	Ad	B C	ite dicite ite et dicite
— 1	a d f g u r h³ A	x³ x⁴	s	t	Ad	B C t³ j 10	ungerent ungerent
— 14	a³ h i k l m q r p³ A	x	s	t	Ad	B C	viderunt viderunt
— 20	f g i k m n q r A	x³ x³	s	t	Ad	B C d s	sermonem sermone

A = C < B

— 19	A		s	t	Ad	B s z 11 C	loquutus locutus
— 3	k¹ m f³ A	x	s	t	Ad	B s z 9 11 r₃ 14 C	revolvet revolvet
— 19	q³ A	x	s	t	Ad	B r₃ C o³	quidem quidem ihs

A < B C

Lc VI, 40	A	x	s	p⁰ p⁰	Ad	B C j³	cendit contedit
— 4	p³ A	x	s	t	Ad³ Ad⁴	B C d d	licet licebat
— 23	A	x	s	t	Ad	B C j q² C	multa in caelo multa est in caelo multa in caelo est
— 40	A	x	s	t	Ad	B C a³ d 5 10 r₁³ z² j³ r₃²	sicut si sit sicut
— 4	i p³ A	x	s	t	Ad	B C j³ j	quo eo
— 42	l r p³ A	x	s	t	Ad	B C a³ r0³ q³ r₃³	vides vides
— 40	i v l³ p³ A	x	s	t	Ad	B C	autem enim

VI, 47	h i r l² p²	s	s	t	Ad	B C	sit / sic
— 15	k l r b²	s	s	t	Ad	B C / r²	mattheum (maatheum) et thomam / thomam (thomam) et mattheum (maatheum)
— 24	k l r	s	s	t	Ad	B C / 9 j 10² 12	quia / qui
— 30	k l r i² p²			t		7 9 2² t² C / 3 4 4² 10² / 0³	denuntietur / denuntietur / denuntietur (?)
— 36	k l r	s	s	t	Ad	B C	vero / quippe
	f² k l r p²	s	s	t	Ad	a β² γ² C / δ 4 1 2 j	et habent / et dicunt aut
— 40	r k l r p²	s		t	Ad	B C	audit / audivit
—	i k l r p²	s		t	Ad	B C	facit / fecit
4	b i k l r		s	t	Ad	B C / 4	sabbatis / sabbato
— 50	f g k l n p r²	s	s	t	Ad	B C	aufert / aufered
— 18	c d f h k l n o r g² l² p²	s	s	t	Ad	B C	venerunt / venerum

A = C < B

| — 30 | A | s² | | t | Ad | B i / γ ζ θ C | cadent / cadunt |

A = B < C

— 42	A / i k l r h² p²	s	s	t	Ad	B j / γ θ C	et / aut
—	A / k l r p²	s	s	t	Ad	B 1 2 j j² 10² 12² / a² C	potest (potest) / poteris
— 28	A / h k l r	s²	s	t	Ad	B 1 2 j / γ ζ C	maledicentibus vobis / maledicentibus vos
— 26	A / b² i² k l n r	s	s	t	Ad	B j j 13 p² / C	prophetis / pseudoprophetis
— 33	A / s f g k i² k l n r	s	s²	t²	Ad	B 4 6 7² 23 9² 10² / desperantes	unde sperantes / desperantes
— 18	A	s	s	t	Ad	B 1 2 11 13 14 j² / C	ab spiritibus / a spiritibus

Wir finden das Ergebnis unserer ersten Vergleichung hier bestätigt. Zunächst tritt das nähere Verhältnis der beiden Klassen B und C im Gegensatz zu A deutlich hervor. Vergleichen wir die einzelnen Handschriften untereinander, so sehen wir in A mit *k l q r*, die uns schon oben näher untereinander und mit B C verwandt erschienen, *i* am engsten verbunden. Innerhalb dieser Gruppe besteht wiederum ein engeres Verhältnis zwischen *k* und *l*. Dies zeigt sich besonders auch an Stellen, die in der zweiten Tabelle nicht berücksichtigt sind, wie Mt. XVI, 5 *eins* fehlt. — 23 *oportet* statt *oporteret*, XVII, 4 *et* fehlt vor *moysi*, XXIV, 26 *suus* statt *eius*, Le. VI, 7 *et observabant autem*. Allerdings ist an allen diesen Stellen die erste Lesart in *l* korrigiert, doch lässt sich aus der Art der Korrektur überall die ursprüngliche Übereinstimmung mit *k* erkennen. Trotz des engen Verhältnisses beider Handschriften (das ausser in den Evangelien auch in andern Büchern, z. B. in den Acten, den Paulinischen und Canonischen Briefen besteht) lässt sich doch nicht die eine als eine mechanische Wiederholung der andern betrachten. Es sind Abweichungen vorhanden, die nicht ohne Bewusstsein entstanden sind. *l* steht *r* näher als *k* (cf. Mt. XXIV, 34 *haec omnia* Mt. XVI, 14 *crediderunt*, Le. VI, 38 *confersam*, 42 *vides*). Besonders nähe verwandt mit *r* aber ist der Korrektor von *l*, der mit *r* an allen bis auf eine Stelle Le VI, 26 (*vobis benedixerint*) und zwar oft ganz vereinzelt übereinstimmt (s. die erste Tabelle). Ein engeres Verhältnis besteht auch zwischen *a* und *b*. Man beachte dafür auch die in der zweiten Tabelle übergangenen Lesarten Mt. XXI, 16 *dicunt*, XXIV, 17 *down*, Mr. XVI, 5 *veumentos*, Le. VI, 28 *calumniantibus vobis*.

Die gleichzeitigen Änderungen zweiter Hand nähern die Handschriften der Klasse A im allgemeinen denen von B C, obwohl biweilen eine rückläufige Bewegung hervortritt, wie in *q* und auch in *i*. Doch ist zu beachten, dass hier

die zweite Hand verschiedene seltenere Lesarten einführt, die nicht turonisch sind. Lehrreich sind Mischlesarten, in denen der Umwandlungsprozess der Lesart greifbar hervortritt, wie in *q*[1] Mt. IX, 2 *et videns autem* (aus *videns autem* und *et videns*) oder in *i*[5] Lc. VI, 37 *dimittemini vobis* (aus *dimittetur vobis* und *dimittemini*).

Die turonischen Handschriften bieten augenscheinlich einen ursprünglich im ganzen einheitlichen, allmäligen Veränderungen unterliegenden Text. Dass die Veränderung auf dem Wege von *a* zu *l* und *u* zu *r* erfolgt ist und nicht etwa umgekehrt, wird niemandem zweifelhaft sein. Die einzigen von diesen Handschriften, die sich zeitlich etwas genauer festlegen lassen, sind *l* und *r*. Die grosse Bibel *l* ist für Karl den Kahlen unter Vivianus, das Evangeliar auf Befehl Kaiser Lothars geschrieben.[1] Wir werden diese beiden als die jüngsten der Reihe anzusehen haben. Auch in den jetzt verglichenen Abschnitten entsprechen die eigentlich turonischen Lesarten dem griechischen Texte weniger als die entsprechenden in BC. Die handschriftliche Entwicklung steigt also in dieser Klasse von einer gemischten zu einer reineren Form auf. Dass dieser gemischte Text auf Alcuin zurückgeht, kann vernünftigerweise nicht wohl bezweifelt werden. Wir werden annehmen dürfen, dass die Handschriften *a* und *b* der alcuinischen Originalhandschrift sehr nahe stehen. Es leidet jetzt selbstverständlich auch weiter keinen Zweifel, dass die in demselben stehenden alcuinischen Verse mit dem Texte eben dieser Handschriften von Anfang an verbunden waren.

Bemerkenswert ist, dass Alcuin im Privatgebrauch einen Text benutzte, der mit dem allgemein turonischen keineswegs übereinstimmte. Seinem Kommentar zum Ev. Joh., an welchem er, wie wir gesehen, zu derselben Zeit arbeitete, wo er mit der Bibelrevision beschäftigt war, legte er einen Text zu Grunde, welcher, abweichend von allen turonischen Handschriften, die Capitulatio A, wie der Codex Amiatinus, hatte. Eine Stelle, die in den besten Vulgatahandschriften fehlt, in anderen in sehr verschiedener Fassung erscheint (Io. V, 4), las Alcuin in dieser Handschrift in der Form, in welcher der Amiatinus sie bietet, im Gegensatz zu allen turonischen Handschriften und auch zu *s* und *t*. Ich will damit nicht sagen, dass der dem Kommentar zu Grunde gelegte Text in einem Zusammenhang mit dem Codex Amiatinus gestanden habe. Denn die flüchtige Prüfung, die ich auf ihn verwendet habe, liess auch erhebliche Abweichungen von demselben hervortreten.

Die Vergleichung des Vallicellianus, *s*, hat ergeben, dass in dieser Handschrift den Evangelien entschieden der turonische Text zu Grunde gelegt ist. Die mit dem Amiatinus übereinstimmende Capitulatio kann allerdings nicht als turonisch und darum nicht als die offiziell alcuinische in Anspruch genommen werden. Als Dokument des alcuinischen Textes kann *s* erst nach den turonischen Handschriften in Betracht kommen. Wo die Handschrift von der Majorität derselben abweicht und sich an BC anschliesst, entfernt sie sich gewiss zugleich von Alcuin. Reinheit des Textes darf man nicht zum Massstab für die Beurteilung des Verhältnisses einer karolingischen Bibelhandschrift zu dem alcuinischen Texte machen.

Die Bibel von S. Paolo, *t*, die in der Capitulatio zum Teil mit *s*, zum Teil mit BC übereinstimmt, auch in der Schrift wie *s* von den turonischen Handschriften abweicht und mit C verwandt ist (in beiden Beziehungen am nächsten der ersten Gruppe in C) verrät ebenfalls deutlich die Einwirkung des turonischen Textes, wenn sie auch bereits den jüngeren turonischen Handschriften erheblich näher steht. Hervorzuheben ist die Ungleichheit dieser Handschrift in den verschiedenen Teilen; während sie in Mt. an vielen bedeutsamen Stellen mit A übereinstimmt, weicht sie in Mr. in allen bis auf 3 Fälle ab und bei diesen liegt die Verschiedenheit nur zwischen B und A, nicht auch zwischen C und A.

Den Einfluss des turonischen Textes über diese Handschriften hinaus zu verfolgen, würde mich zu weit führen und würde den Nachweis, den ich besonders ins Licht zu stellen wünschte, verdunkeln. Von Handschriften, die meiner Meinung nach in Tours geschrieben sind, habe ich, soweit sie mir überhaupt vorgekommen sind,[2] nur zwei unberücksichtigt gelassen, die sehr verstümmelte Evangelienhandschrift Paris. 263, von der hier nur Lc. VI in Betracht gekommen sein würde, und das Evangeliar No. 10849 des Britischen Museums. Die Pariser Handschrift stimmt in der Capitulatio mit *b*, der Text ist im wesentlichen der turonische. Dagegen hat die Handschrift des Brit. Museums, welche als ein Muster turonischer Kalligraphie bezeichnet werden kann, zwar Zahl und Reihenfolge der Prologe in Übereinstimmung mit der Mehrzahl der turonischen Handschriften, ist aber die einzige Handschrift dieser ganzen Klasse, welche die Capitulatio III in allen vier Evangelien hat. Auch der Text tritt, so weit ich ihn geprüft, noch näher an BC heran, als der der fortgeschrittensten Handschriften der Klasse.

---

[1] Cf. Delisle, Mém. des Inscr. t. XXXII, p. 40—41.

[2] Vgl. die oben mitgeteilten Verse, Poetae Latini I p. 287 c. LXVIII, 19, 10:

Instruat hos omnes christi deductor amore

Alcuinus seelerum famulus persuadere libens

In der Erklärung dieser Verse ist mir oben S. 56 ein Missverständnis begegnet.

[3] Nachträglich habe ich noch eine turonische Evangelienhandschrift auf der Kgl. Bibliothek in Berlin in No. 248 der Hamilton'schen Sammlung kennen gelernt, die sich in allen Stücken jenen Handschriften anschliesst.

Wenden wir uns nun zu den übrigen Klassen und zwar zunächst zu C, so finden wir, dass aus dieser besonders *3, 4, 8*, dann auch *13* heraustreten. Man wird aus der zweiten Tabelle die nicht geringe Anzahl von Stellen ersehen, wo diese, sei es vereinzelt, sei es in Gruppen (wie *3, 4, 8; 4, 8, 13; 4, 8; 3, 8*) zu A, wo die Mehrzahl von B und C zusammenstimmt; zu B, wo B und C differieren, treten.

Es sind ferner aus der ersten Tabelle die singulären Lesarten dieser Handschriften zu berücksichtigen, von *4* Mt. XXIII, 16 *quia*, 18 *in altare,* — *debitor est.* XXIV, 6 *antem* Le. VI, 26 *vobis benedixerint;* von *3* Mt. XXIV, 42 *est,* 44 *qua qua hora nescitis,* Mt. XVI, 18 *ingredus;* von *8* Mt. XVII, 4 *et fehlt* — *3 complacuit,* XXI, 24 *illis,* XXIII, 25 *cotis;* von *3, 8* Mt. XXIV, 45, *supers;* von *4, 8* XXIV, 44 *ideoque.*

Wo an diesen Stellen Übereinstimmung mit Handschriften der anderen Klassen vorhanden ist, da dieselbe so vereinzelt, dass die Lesart nicht als Eigentum der Klasse betrachtet werden kann. Es muss dies betont werden, damit die Übereinstimmung von Handschriften aus C mit A richtig beurteilt wird. In vielen Fällen sehen wir, dass diese Übereinstimmung erst von zweiter Hand herbeigeführt ist, wie besonders in *3,* sowie umgekehrt in Handschriften von A die Übereinstimmung mit C. Ganz sicher haben zwischen den beiden Klassen Berührungen stattgefunden und der Austausch unter den Handschriften der einen und andern hat zweifellos viele Abweichungen innerhalb der einzelnen Klassen hervorgebracht. Aber nicht berechtigt, und wie die letzterwähnten Fälle zeigen, nicht möglich wäre es, alle von einander abweichenden Lesarten der Handschriften einer Klasse auf diesen Austausch zurückzuführen.

Wir haben C aus äusseren Gründen in verschiedene Gruppen geteilt. *5, 6, 7* stimmen im Text zwar nicht in jedem einzelnen Falle, aber doch im wesentlichen überein; *8,* welches, wie wir sahen, das Dekorative jener Handschriften mehr nachbildet, weicht textlich von ihnen bedeutend ab.

Grosse Unsicherheit des Textes herrscht innerhalb der Gruppe *1, 2, 3, 4.* Schon das Schwanken in der Capitulatio deutete auf den Einfluss verschiedener Handschriftengattungen hin. Ich erinnere daran, dass nicht nur in *3,* sondern auch in dem verwandten Harleianus 2797 verschiedene Capitulation beobachtet wurde. Auch in diesem schwankt der Text ähnlich. Nahe unter sich stimmen *1* und *2* überein. Nächst den oben genannten treten diese beiden am meisten aus der ganzen Klasse heraus. Bemerkenswert ist ihre Übereinstimmung Mt. XXIII, 14 und 27 (s. Tab. I). Dies stimmt mit der oben gemachten Beobachtungen (cf. p. 45).

Gehen wir endlich zu der Klasse B über, so fällt uns vor allem die eigentümliche Stellung von α auf. Wir finden in der Handschrift, besonders im Ev. Matth., eine lange Reihe, meist korrigierter, Lesarten, die teils mit A, teils mit vereinzelten Handschriften übereinstimmen, teils aber auch unter den hier verglichenen ganz allein stehen (vgl. für die letzteren Tab. I). Die Korrekturen, welche von einer jedenfalls nicht viel späteren Hand herrühren, stimmen wie *Ad⁰* durchweg mit BC.

So nimmt α ebenso wie der ältere Teil von *Ad,* von dem die Handschrift übrigens, wie wir oben gesehen, bedeutend abweicht, eine Sonderstellung in Klasse B ein. Gleichwohl aber lässt auch die Betrachtung des Textes Beziehungen erkennen, die ihre Verbindungen mit derselben auch von dieser Seite sichern. Ein Blick in die zweite Tabelle lehrt, dass α der Handschriften β und *x* besonders nahe steht. Man vergleiche ferner auf der ersten Tabelle Mt. XVI, 9, 10; XVII, 1; XXIII, 16, 23, 33; XXIV, 23, 36; XXIV, 3 und man wird α *β* noch 4 Mal, α *β x* 6 Mal, α *β x Ad* 1 Mal unter sich verbunden finden. Nun sind *x* und *β* diejenigen Handschriften, deren hervorragende Übereinstimmung mit *Ad¹* oben hervorgehoben wurde (p. 45, 46), so dass nun *β* als die Brücke zwischen dem älteren Teile von *Ad* und α erscheint.

Der jüngere Teil von *Ad* tritt mit Entschiedenheit zu B, resp. zu der Majorität von B über, obwohl *Ad* auch hier an einigen Stellen sich mit A verbindet: vor allem Mt. XVI, 26; XXI, 16, 26; XXIII, 13; XXIV, 41; Mr. XVI, 19. Zu beachten sind auch die singulären Lesarten Mt. XVI, 23; XXI, 25, 28; XXIV, 3 und nicht ohne Bedeutung ist das gelegentliche Zusammentreffen an diesen Stellen mit α und β.

Besonders durchsichtig ist das Verhältnis der Handschriften in Le. Hier stehen die Klassen sich geschlossener gegenüber. Aus C sondern sich, wie oben in erster Linie *3* und *4,* dann *1* und *2* aus. In B steht α *3* Mal, *Ad, β, ξ, δ* je *1* Mal allein. Eine vollkommene Übereinstimmung besteht zwischen *δ* und *ε,* die auch in Schrift und Dekoration einander völlig gleichen (S. 40). Mit ihnen stimmt *Ad,* abgesehen von zwei Fällen, an allen Stellen überein. *3* Mal haben wir die Gruppe γ *δ, 1* Mal α *β* γ ζ und *1* Mal γ ζ. Die beiden letzteren finden wir auch in Mt. öfters vereinigt.

Wir können in der Entwickelung des Textes der Klasse B etwa folgende Stufen unterscheiden: *Ad¹* und α¹ bieten gemischte, doch von einander verschiedene Texte. Zwischen beiden steht *β.* Die nächste Stufe bilden *δ, ε, γ, ζ,* die letzte α², *Ad⁰, δ, ε.*

Von den Handschriften der Klasse C sind *1* durch den Namen Ebos, des Bischofs von Reims, *5,* die prächtige Bibelhandschrift der Nationalbibliothek, durch den Karl des Kahlen zeitlich einigermassen näher bestimmt. Der reinere Text ist auch hier der jüngere.

Die Handschrift δ aus B ist aller Wahrscheinlichkeit nach dieselbe, welche Ludwig der Fromme zum Osterfeste 827 dem h. Medardus zu Soissons darbrachte[1]

Die Reform des Evangelientextes nach Alcuin ist also in B zuerst zum Abschluss gekommen. Sie hat offenbar an dem Orte, wo die Mehrzahl der Handschriften dieser Klasse entstanden ist, ihren Ursprung gehabt und sich von B nach A und C ausgebreitet.

Innerhalb der Klasse B hat sich die Adahandschrift als ein wichtiges Glied erwiesen. Zu verschiedenen Zeiten entstanden, verbindet sie Anfang und Ende der Entwickelung dieser Handschriftenklasse und zeigt in ihren späteren Teilen und den Korrekturen des Anfangs den Fortschritt in der Gestaltung des Textes.

Für das kritische Verfahren der Korrektoren bezeichnend ist die Bemerkung, welche an dem Rande von α zu Mt. XXVII, 35 beigeschrieben ist. Hier hat α in Übereinstimmung mit den turonischen Handschriften und κ allein von allen der Klasse B und C den Zusatz *ut impleretur — sortem*, den auch die gedruckte Vulgata hat.[2] Dieser Zusatz ist von späterer, doch alter Hand eingeklammert und dazu bemerkt: *hoc nec in quibusdam evangeliis nec in commentario hieronimi nec in graeco habetur.*

Es wurde nach bestem Können der Grundsatz des h. Hieronymus befolgt[3] Wurde schon mit gesundem kritischen Sinne das Griechische als Autorität betrachtet, so wurde doch der überlieferte Ausdruck nicht selbständig darnach geändert. Man suchte vielmehr zunächst nach lateinischen Handschriften, die mit dem griechischen Texte übereinstimmten. Es werden schwerlich in BC Lesarten begegnen, die wir nicht noch heute aus älteren Vulgatahandschriften belegen könnten. Die lateinischen Handschriften, denen man vorzugsweise folgte, sind jedenfalls aus Italien gekommen. Es werden gute Vulgatahandschriften etwa des 6. Jahrhunderts gewesen sein, wie sie gewiss auch schon Alcuin benutzte. Denn die jüngst von hervorragender Seite aufgestellte Behauptung, dass der, natürlich nur mittelbare, Einfluss des Codex Amiatinus sich in dem alcuinischen Texte zeige, hält weder vor der Vergleichung des Vallicellianus noch der turonischen Handschriften mit jenem Codex Stand.[4] Soweit wir urteilen können, sind reine Vulgatatexte in Frankreich im 8. Jahrhundert nicht mehr aufbewahrt worden. In England, wo der Codex Amiatinus und sicher noch andere Vulgatahandschriften gegen die hergebrachte schlechte Überlieferung gewirkt hatten, überwogen doch die gemischten Texte, die man noch im 10. Jahrhundert fortpflanzte, als karolingische Evangelienhandschriften über den Kanal gekommen waren, deren Schrift und Dekoration man nachahmte, ohne sich ihren Text zu kümmern.[5] Der spanische Einfluss, der in der Theodulfbibel hervortritt, scheint sich nur unheilvoll erwiesen zu haben.[6] So werden wir nach Italien für die Vorbilder der karolingischen Bibelhandschriften gewiesen. Dieses Land, besonders Rom, von wo die Reform der lateinischen Bibelübersetzung ausgegangen war, wird gewiss noch immer eine Fundgrube guter Texte gewesen sein.

Nicht als Werk eines einzelnen Mannes erscheinen die Verbesserungsversuche des lateinischen Bibeltextes in der karolingischen Zeit. Zwar werden sie von gewissen Centren geleitet, aber überall treten sie hervor. Sie sind das Gefolge der neu erblühten Kultur, auch sie ein Teil der aufgegangenen Saat, die der grosse Kaiser mit reicher Hand ausgestreut hatte.

P. Corssen.

---

[1] Vgl. Fleury, Les Manuscrits de Soissons, Paris 1865, p. 6.

[2] α stimmt mit dem Wortlaut der gedruckten Vulgata überein, ebenso κ, α; dagegen haben *adimpleretur* statt *impleretur* d[?], i, b, k, q, *vestioentm sua sibi* statt *sibi vestimenta sua* x, i, b, k, q (doch steht *sibi* in i auf Rasur), *sibi* fehlt in a, b, c, d, e, f, ſ, m. In p fehlt das Blatt, welches diese Stelle enthält. e hat den Zusatz nicht, es fehlt auch in a und δ.

[3] *Haec proponens praeferendam pollicetur textum evangelii . . . codicum graecorum emendate vodatant sed et veterum.* Hieronymus ad Damasum, Praefatio in Evangelia.

[4] S. Samuel Berger, La Vulgate en France, p. 6.

[5] Ein Beweis davon sind die Evangelienhandschriften des Britischen Museums: Egerton 609, Additional 9381, Royal I A XVIII (mit welchen nahe verwandt Royal I D III).

[6] Theodulf lieferte, wenn man nach Par. 9380 urteilen darf, auch in den Evangelien einen recht interpolierten Text, wogegen der des Codex Cavensis in den Evangelien verhältnismässig rein ist.

DIE KÜNSTLERISCHE AUSSTATTUNG.

Die künstlerische Ausstattung des Ada-Evangeliars und die karolingische Buchmalerei.

I.

Charakter der karolingischen Buchmalerei.

Bamberg, Kgl. Bibliothek
No. A. I. 5. Bl. 339ᵛ.

runkvolle Schmeichelnamen der Hofpoeten halten der Zeit nicht
Stand; der Karls aber hat sich als echt erwiesen. Zum Wenigsten
hatte Karl den Beinamen „der Grosse" dadurch verdient, dass er
in Fortsetzung der Bestrebungen seines Vaters, die merovingische
Erbschaft zum Kern eines neuen, doch ganz kurzlebigen Welt-
reiches zu machen wusste; es ist vielmehr der von ihm in Angriff
genommene innere Ausbau des Reiches, in welchem die eigene
Zeit und die Zukunft die eigentliche Grossthat seines Lebens
sah. Dieser innere Ausbau geschah nach einem lückenlosen Programm, welches nicht bloss Recht und Verwaltung, sondern auch
Kunst und Wissenschaft umfasste. Für Idee und Ausgestaltung der-
selben gab das untergegangene weströmische Reich starke Anregungen, aber nicht mehr, Karl
war kein Romantiker auf dem Throne, er wusste, dass auch die ihm sympathischesten Ideen bei
den Franken einer anderen Ausdrucksform bedurften, als sie bei den Quiriten erhalten hatten. Von
einer Roma secunda, von einer Athena nova träumten die Poeten wie Hofgelehrten; aber das neue
Rom war jetzt Aachen! In Recht und Verwaltung war dies am stärksten merkbar, in der Wissenschaft am wenigsten, da sie jetzt und noch für lange Zeit nicht Forschung, sondern bloss
Überlieferung sein konnte; die Kunst dagegen ward von Anfang auf den eigentlichen Mittelweg
gezwungen. Das antike Erbe bot hochentfaltete Techniken, Ideen, Typen, Formen, —
aber die Ideen erhielten bei dem jugendlichen Volke neue Entwickelungsfähigkeit, und die
Formen wurden auch durch die geschickteste und gelehrigste Hand instinctiv im Geschmacke
der neuen Volksindividualität abgewandelt, neuen Bedürfnissen angepasst. Solcher natürlicher
Verlauf der Dinge wurde von Karl dadurch gefordert, dass sein von gesundem Egoismus
erfüllter Nationalismus mit Hülfe der Schule diese Franken so schnell als möglich künstlerisch
unabhängig zu machen trachtete. Soweit Künstlernamen mit unter Karl entstandenen Werken
— nicht bloss der Malerei, sondern auch der Baukunst, — in Beziehung gebracht werden,
haben sie germanischen Klang. Und die Werke selbst zeigen dann die Umgestaltung und
Ausgestaltung antiker Anregungen und Lehren durch die Hände germanischer Künstler in
angebahnt, und die Malerei lässt keinen Zweifel übrig, dass man nicht bloss einen besonderen ornamentalen Geschmack,
sondern auch ein besonderes ästhetisches Ideal besass. Um dies zu beweisen, müssen allerdings Denkmäler der Buch-

---

* . . . sed et nobis potens ab Roma secunda | Flore novo, segetes, magnis concrescat ad alta | Mole, tholis auro praecelsa ultra lumetur. In
Angilberti Gedicht. Karolus Magnus et Leo Papa v. 94–96 (ed. Dümmler Carmina Aevi Carolini I. p. 362). Ut feriae Ronis in a perscriptat
in Francia, romae melius excellentior, quasi here Christi Domini infinitate integritur e numeri Aechiinent exaltationes sequitur potestatem scribebt. Alcuin ad
Karl (ed. Jaffé ep. 110 p. 448).

malerei allein genügen, da solche der Wandmalerei sich nicht erhielten. Doch dies hat nichts Misliches, liegt doch die Annahme nahe, dass gerade die Buchmalerei infolge ihrer geringeren Anforderungen an die Technik und an die Sicherheit der Hand am besten geeignet ist, die künstlerischen Absichten eines erst in den Anfängen künstlerischer Entwickelung stehenden Zeitalters zu verraten.

An zahlreichen Denkmälern der Buchmalerei fehlt es nun aber in der karolingischen Periode durchaus nicht; das erklärt sich aus dem Eifer, mit welchem die Vertreter der karolingischen Dynastie von Pippin an die Gründung von Handbibliotheken betrieben. Karl d. Gr. hatte eine grosse Menge von Büchern geistlichen und profanen Inhalts in seiner Bibliothek gesammelt, die dann laut seiner testamentarischen Verfügung zu Gunsten der Armen an Liebhaber verkauft wurden. Ludwig d. Fr. zeigte schon vor seiner Thronbesteigung den seines Vaters würdigen Eifer, und wie weit auch der Enkel Karl d. Gr., Karl der Kahle, hinter seinem Grossvater an Genie und Thatkraft zurück bleiben mochte, an leidenschaftlicher Bücherliebhaberei ging er ihm noch voraus.[1] Doch nicht bloss im kaiserlichen Palast sammelten sich die Bücherschätze an, schon bildeten Handschriften kostbare Geschenke, die von Klöstern an Glieder der Herrscherfamilien gespendet oder aber auch auf Kosten der Herrscher für Klöster angefertigt und nicht selten als Weihegaben für deren Patronatsheilige dargebracht wurden. Diese gesteigerte Bücherliebhaberei wurde gefördert durch die rasche Entwickelung, welche Schrift und künstlerische Ausstattung seit Karl d. Gr. genommen hatten. Im merovingischen Zeitalter hätte solchen Anforderungen weder die geistige Bildung noch die künstlerische Handfertigkeit genügt. Die Texte waren ebenso kritiklos in der Abschrift, wie die Schrift schleuderisch und bunt in den Charakteren, die künstlerische Ausstattung ergab sich einem richtungslosen Schwanken zwischen nationalen Erinnerungen und unverarbeiteten fremden Einflüssen.[2] Karls reformatorische Thätigkeit hatte sich dem Texte der Schrift und der künstlerischen Ausstattung zugewendet. In planmässiger Arbeit wurde dabei vorgegangen. Sorgsame Auswahl des Guten, Fortbildung desselben sollte an Stelle kritiklosen Kopierens oder unsicheren Tastens treten. Der Mittelpunkt solcher Bestrebungen war, wie angenommen werden darf, die Schola Palatina. Weil sie ein Institut des Hofes war, war sie auch an den örtlichen Wechsel der Hofhaltung gebunden, immer jedoch Aachen, besonders in den späteren Jahren Kaiser Karls, in den Vordergrund trat. Der persönliche Mittelpunkt war der Kaiser selbst, um ihn scharten sich als die eigentlichen Pädagogen Petrus von Pisa, Paulus Diaconus, Theodulph und vor allen Alcuin. Die Gegenstände des Unterrichts umgrenzten annähernd das literarische Interesse der Zeit. Wie Alcuin andeutet, lag dem Unterrichtsplane der Schola Palatina schon das System des Mittelalters zu Grunde, mahnt er doch, sich mit den fremden Kunsten, — Grammatik, Rhetorik, Dialektik, Arithmetik, Geometrie, Musik, Astrologie, — eifrig zu beschäftigen. Ob auch das Griechische im Unterrichtssystem schon seine Stelle gefunden hatte, ist zweifelhaft, jedoch unzweifelhaft, dass es am Hofe Pflege fand, am eifrigsten zur Zeit der Anwesenheit des Paulus Diaconus (782—786). In jedem Falle waren die Anregungen, die der Hof gab, stark genug, um auch in den Klosterschulen von Metz, St. Riquier, Elnon das Griechische einzubürgern.[3] Schon der Bedarf an Unterrichtsbüchern forderte es, neben der Schule eine Schreibstube einzurichten,[4] und so dürfen denn die Palastschule und die von deren Geist angeeiferten Klosterschulen als die Ursprungsstätten jener kostbaren Bilderhandschriften betrachtet werden, die der karolingischen Zeit entstammen. In der Mehrheit der Fälle darf man annehmen, dass die Schreiber, oder wenn mehrere an der Anfertigung einer Handschrift

---

[1] *Scriptores et de libris, quorum magnam in bibliotheca sua copiam congregavit, statuit ut ab his qui ei habere vellent, justo pretio fuissent redempti pretiumque in pauperibus erogatum.* Einhardi Vita Caroli, c. 26.

[2] Vielleicht aber ist die Vermutung zulässig, dass die zum Verkauf bestimmten Bücher nur die der Privatbibliothek, nicht aber auch die der Palastbibliothek gewesen. Vgl. Abel-Simson, Jahrb. d. frank. Reiches unter Karl d. Gr. II. S. 157 n. 2.

Verweise über Handschriften, welche den Bibliotheken Karls d. Gr., Ludwigs d. Fr. und anderer Karolinger angehören, besonders bei Delisle, Le Cabinet des Manuscrits de la Bibliothèque Impériale (Paris 1868 fg.) t. I. p. 1 ff., und J. Ch. F. Baer: *De literarum studiis a Carolo Magno revocatis* (Heidelberg 1855) bes. S. 13—14. Ludwig d. Fr. besass schon vor seiner Thronbesteigung in seinem Palast zu Chasseneuil eine Schreibstube. Beweis dafür der Schreibervermerk am Ende eines Kommentars der Genesis, Cod. Pal. 9575 der Vaticana: *Finitum expletumque in Cassonillo palatio suburbano Pictavium provinciae Aquitaniae anno vicesimo septimo regnante pio principe domino Hludowico rege filio gloriosi Caroli imperatoris era DCCCXLVIII, qui est annus incarnationis Domini nostri Jesu Christi DCCCXI. Faustinus scripsit.* Bei Delisle auch weitere Belege. Le Cabinet. I. p. 4 fg.

[3] Man vergleiche als bestrickendes Beispiel für Schriftproben, welche Details aus einer Ägyptusschandschrift an der 1. Hälfte des VIII. Jahrh. mitteilt: Notice sur un Manuscrit Mérovingien contenant des fragments d'Ésopsgant, Paris. Picard 1875.

[4] Alcuins Winke über den Studiengang in dem Fragment seiner Grammatica (ed. Putschius in Grammaticae latinae, Han. 1605 p. 1097ff.). Über das Verhältnis Alcuins und der Palastschule zum Griechischen, vergl. Cramer, Dissert. de Graecis medii aevi studiis Part. alter. (Sundiae 1853), p. 18. Über die Palastschule: J. Bass Mullinger, The schools of Charles the Great and the restoration of education in the ninth century, London 1877; dann A. F. Thery, L'École et l'Académie Palatines, Amiens 1858.

Über Paulus Diaconus' Verdienste um das Studium des Griechischen am Hofe: F. Dahn: Langobard. Studien I (Paulus Diaconus), Lprg. 1876. S. 48. Für die praktische Kenntnis des Griechischen war wohl von Bedeutung die Anwesenheit des Verschnittenen Elisaeus, eines geborenen Griechen, der berufen worden war, um die Braut des byzantinischen Theodfolgers, Prinzessin Rotrud, im Griechischen zu unterrichten (die Verlobung wurde 787 aufgelöst).

[5] Als Alcuin nach Tours ging, um die Klosterschule einzurichten, liess er zunächst die notwendigsten Bücher aus England kommen. Alcuini Ep. 10 ed. Jaffé (ep. 31. p. 220).

thätig waren, einer derselben der Künstler des bildnerischen Schmuckes der Handschrift war. Für eine Trennung des Künstlers vom Schreiber fehlen für diese Zeit alle Andeutungen; als Handfertigkeit wurde ebenso die Schrift wie die künstlerische Ausstattung der Handschrift betrachtet.[1] Die künstlerische Ausstattung bestand in Bildern, welche zum Inhalt der Handschrift in Beziehung standen, dann in reinen, nur dem Schmucke der Handschrift dienenden Zierformen; es wird sich zeigen, wie gerade in letzteren das Racennaturell des Künstlers am stärksten zum Ausdruck kam.

Welche Stoffe behandelte nun aber die karolingische Malerei, wie beschaffen ist ihre Ornamentik, auf welchen Voraussetzungen beruhten Formensprache und Technik? —

Wer die karolingische Buchmalerei auf ihre Stoffe hin mustert, findet in Bezug auf den Umfang derselben einen schroffen Gegensatz zwischen der Zeit Karls d. Gr. und der Spätzeit der Regierung Ludwigs d. Frommen. Es läge nahe, zu vermuten, dass die geringe Zahl der von der Malerei unter Karl gestalteten Stoffe auf Rechnung der noch ungeschulten Phantasie und ungeübten Gestaltungskraft käme, doch dem widerspräche sowohl die Tüchtigkeit des unter Karl Geleisteten, wie der kühne Mut, der gerade zu der Zeit Karls die Vertreter der Forschung und der Kunst beseelte. Überdies hätte man ja der zagen Phantasie durch Anlehen bei der altchristlichen Kunst ebenso entschieden zu Hilfe kommen können, wie dies später geschah. Es ist vielmehr ein äusserer Grund, der den von der frühkaro-lingischen Malerei gestalteten Bilderkreis einengte, und der liegt in Karls d. Gr. Stellung zum Bilderstreit. Im byzan-tinischen Reiche waren dem Verbote der Bilderverehrung und dem Bildersturm Zeiten milderer und dann entgegen-gesetzter Praxis gefolgt. Hatte das von Konstantin Kopronymus 754 nach Konstantinopel berufene Konzil die Ver-tilgung der Bilder genehmigt, so hatte das von der Kaiserin Irene als Reichsverweserin und Vormünderin ihres Sohnes Konstantin IV. im Jahre 787 nach Nicaa berufene Konzil die Bilderverehrung, doch allerdings nicht Anbetung (προσκύνησις im ausgesprochenen Gegensatz zu λατρία, die Gott allein gebührt), wieder eingesetzt. Die Übersetzung der Konzilsakten hatte προσκύνησις mit adoratio übertragen — und nun brach der Sturm los. Schon um 790 hatte Karl die Libri Carolini in seinem Namen, wahrscheinlich durch Alcuin, abfassen lassen, in welchen mit aller Entschieden-heit die Beschlüsse des Nicänischen Konzils bekämpft und Irene und deren Sohn Konstantin mit den stärksten Aus-fällen bedacht wurden. Die von 794 berufene Reichssynode zu Frankfurt gab dann dieser in den Libri Carolini ausgesprochenen Verdammung jener Konzilsbeschlüsse kirchlich autoritative Billigung.[2] Nicht dass die Libri Caro-lini unbedingt verboten hätten, Bilder zu verehren, aber damit hielten sie nicht zurück, dass die religiöse Gefahr, welche von Seite der Bilderstürmer komme, eine weit geringere sei, als die, welche auf Seite der Bilderverehrer liege. Wohl werden Bilder als Zier der Kirche, als geschichtliche Erinnerung für zulässig erklärt, aber sie sind doch nicht bloss gänzlich bedeutungslos für die Förderung des Seelenheils, sondern sie können auch eine grosse Gefahr desselben werden, wenn die feine Grenze ihrer Zweckbestimmung nicht eingehalten wird. Solche energische Polemik gegen das nicänische Konzil und dessen Protektoren, Irene und Konstantin, mussten Karl d. Gr. auch in der Praxis eine Zurück-haltung auferlegen, welche ihm vielleicht nicht einmal recht vom Herzen kam.[3] Die Capitularien, die er erlassen, widersprechen dem nicht. Im Wesentlichen geht aus ihnen nur hervor, dass Karl seine Sendboten ermahnte, auf den Zustand der Gotteshäuser zu achten und notwendige Verbesserungen zu veranlassen.[4] Erst unter dem Nachfolger Karls, unter Ludwig dem Frommen, stellte sich die fränkische Kirche theoretisch auf einen milderen Standpunkt in der Bilderfrage, womit dann auch eine Änderung in der Praxis sich sofort bemerkbar machte. Bezeichnend für den Umschwung, der eingetreten, war es, dass Ludwig d. Fr. den Bischof Jonas von Orleans beauftragte, eine Streitschrift gegen Claudius von Turin abzufassen, dessen Kampf gegen die Bilderverehrung doch nichts weiter war, als die schroffe Durchführung der von den Libri Carolini gestellten Forderungen. Die Carolinischen Bücher hatten den Titel: De impio imaginum cultu, die Ludovicianischen: De cultu imaginum erhalten. Dort wurden die Gefahren der Bilder-verehrung in grellsten Farben geschildert, hier wurde, ohne den Standpunkt Karls formal preiszugeben, mit Entschieden-heit auf die Bedeutung der Bilder für die religiöse Unterweisung hingewiesen.[5]

Aus der Stellung Karls zum Bilderstreit erklärt sich die geringe Anzahl der von der frühkarolingischen Malerei gestalteten religiösen Motive. Aus dem alten Testament fand nur das Buch Genesis ausführliche Berücksichtigung[6]

---

[1] Vgl. Lamprecht, Initialornamentik, Tafel IV und V.

[2] Ed. Migne, Patrol. Curs. compl. Ser. lat. t. XCVIII. Die Echtheit der Libri Carolini ist sicher gestellt. Vgl. Hefele, Conciliengesch. A.² III. S. 698 und Wattenbach, Deutschlands Geschichtsquellen. A.⁵ S. 148 n. 3. Die Abfassung durch Alcuin ist wahrscheinlich, doch nicht sicher. Die Litteratur darüber bei Dümmler, Monumenta Alcuiniana (Jaffé Bibl. Rer. Germ. VI.) S. 222.

[3] Vgl. die zweite meiner Studien: Zur Gesch. d. karol. Malerei: Bilderwut und Bilderproduktion am Strassburger Festgruss an Anton Springer, Berlin, Stuttgart, Spemann 1885.

[4] Auch das in dieser Beziehung ausführlichste Capitulare, das Capitulare Vigorii von 807, sagt nichts mehr: Pronum de ecclesiis, quo modo structae sint ac teltae, ne materies vice paravaerit, aerem in picturis, etiam in luminaribus vice officio. Migne G. I. I. pag. 279. Sirkel, Acta Conch Nr. 211. De übrigen Capitularien, welche hier noch in Frage kommen, Strassburger Festgruss. S. 20 u. 9.

[5] Ed. Migne. t. 15. tom. CVI. col. 305 fgg. Das erste Buch behandelt die Bilderverehrung, das zweite die Verehrung des Kreuzes, das dritte die Reliquienverehrung.

[6] Vgl. den Titulus Alcuins carm. CXV bei Dümmler, Poetae Latini Aevi Carolini I. pg. 346.

die Zahl neutestamentlicher Darstellungen war noch beschränkter: der jugendliche Christus, die Evangelisten, die Anbetung des Lammes durch die vierundzwanzig Ältesten, das Lamm allein, die Hand Gottes, der Lebensbrunnen, erschöpfen die Zahl der beliebtesten Motive.[1] Erst unter Ludwig d. Fr. trat auch das neue Testament als Quelle künstlerischer Darstellung wieder in seine Rechte, und begannen auch die heiligen Legenden die künstlerische Phantasie zu befruchten. Am Ende des Zeitalters steht die Bibel von St. Paul in Rom als der wahre biblische Bilderatlas jener Zeit.

Anders war es auf dekorativem Gebiete. Gerade die Beschränkung, die man sich bei Gestaltung religiöser Stoffe auferlegen musste, drängte zur Verstärkung des rein dekorativen Elements. Und im Ornament hat nun auch thatsächlich die karolingische Buchmalerei ihre höchsten und selbständigsten Leistungen, die zugleich von absolutem künstlerischen Wert sind, geschaffen. Eine Analyse des Inhalts der karolingischen Ornamentik muss mit einer Auseinandersetzung über die verschiedenen künstlerischen Einflüsse, welche nach und neben einander auf die nationale Ornamentik gewirkt hatten, beginnen. Zunächst freilich stellt sich die Frage, gab es eine nationale Ornamentik, oder vielmehr, lässt sich ein Rest derselben in den künstlerischen Leistungen aus geschichtlicher Zeit nachweisen? Die Auslösung des nationalen Elements in der Ornamentik ist nicht leicht, schon in Anbetracht dessen, dass noch vor der Absonderung in Stämme die Ornamentik der Germanen Anregung durch Werke fremden, besonders etruskisch-römischen Kunstfleisses erfuhr, doch stösst die Bestimmung desselben auch nicht auf unübersteigliche Schwierigkeiten. Als nicht entlehnt darf man zunächst alle jene Formen in Anspruch nehmen, deren Elemente sich überall in entsprechender Weise im Gefolge jener gewerblichen Techniken, welche den Kulturanfängen angehören, also der Webetechnik, der Thonbildnerei und der Holzschnitzerei, entwickeln. Die mannigfachen Formen des Punktes, als Kreis, als Raute, als Dreieck, erscheinen ebenso in der Ornamentik wilder Stämme, wie in der Ornamentik germanischer Grabfunde; das Gleiche gilt von der Linie als Parallelisirung, Vergitterung und Verflechtung; sogar schwierigere Formen der letzteren, wie die s-förmige, kann man ebenso an dem mit Schnitzwerk verzierten Kahn eines wilden Bewohners von Neu-Guinea, wie wiederum in der Verzierung nordischer Grabfunde sehen. Solchen Formen gegenüber die Einflussnahme höherer Kulturen als notwendig vorauszusetzen, hiesse das Dasein und die naive formenbildende Thätigkeit der Phantasie, die bei Bearbeitung eines bestimmten Stoffes in davon bedingter Weise entbunden wird, gänzlich leugnen, wogegen die Psychologie des Kindes und der Wilden zugleich spräche.[2] Dem höheren Stand der Kultur der germanischen Stammeszeit verdanken dann wahrscheinlich die den Metalltechniken entlehnten, auf die Spirale zurückführenden ornamentalen Elemente ihr Dasein, deren einfachste, aber auch sehr künstliche Formen ebenso in den Funden des Grabfeldes von Keszthely wie in jenen in Süddeutschland angetroffen werden.[3] Zur linearen und Bandornamentik gesellte sich gewiss schon in den Anfängen ornamentaler Entwickelung die Tierornamentik, gehört doch die Tierform in der Regel zu dem frühesten Besitzstand eines künstlerischen Formenvorrats. So erscheint sie auf den kunstgewerblichen Erzeugnissen wilder Stämme und auf jenen prähistorischen Funden, wie sie z. B. die Grabfunde von Terra Nova bieten.[4] Die hervorragende Rolle, welche das Tier in der Religion und im Leben der Germanen spielte, kann diese Annahme nur stärken, so dass das Zeugnis des Tacitus, dass sich das Tierbild im Kunstvorrat der Germanen befand, schon als ein verspätetes gelten darf.[5] Von verwendeten Tierformen tritt die des Vogels in den Vordergrund, dazu kommen einige Vierfüssler, von welchen Hund und Pferd kenntlich gezeichnet sind; ebenso war wohl der Fisch, der in der Ornamentik der germanischen Stämme in der Merovingerzeit eine so grosse Rolle spielt, nicht erst infolge römisch-altchristlichen Einflusses dort heimisch geworden. Von mythischen Tiergestalten war gewiss der Drache, der in der gesamten barbarischen Kunst des Nordens, wahrscheinlich infolge gemeinschaftlicher religiöser Vorstellungen angetroffen wird, schon früh in den germanischen Bildervorrat aufgenommen worden. Häufiger noch als ganze Tierformen verwendete man einzelne Tierglieder, weil diese sich zu wirksamen Abschlüssen von verzierenden Bändern oder konstruktiven Teilen besonders eigneten; Formen, die dem Pferdekopf oder Hundekopf ähneln, dann ein Vogelkopf mit gekrümmtem Schnabel, waren als Abschlüsse besonders beliebt. Dass diese Formen ganz linear stilisirt wurden, liegt bei der Unbeholfenheit der Hände klar.[6]

---

[1] Die Darstellung der Anbetung des Lammes, des Lammes allein und der Hand Gottes in der Zeit Karls d. Gr. ist verbürgt durch einen Titulus Alcuins Carm. LXX a. O. I. p. 204. Eine umfassende Arbeit über den Bilderkreis der karolingischen Malerei wird demnächst Dr. Fr. Frdr. Leitschuh bieten.

[2] Man vgl. Owen Jones, Grammatik des Ornamentes (London, 1856) cap. I und Taf. I—III.

[3] Doch möchte ich nicht behaupten, dass das Auftreten der Spirale in der germanischen Ornamentik unmittelbar mit einer eigenen vorgeschrittenen Metallkultur im Zusammenhang stehen müsse. Die Metalltechniken waren bereits den Indogermanen bekannt, und so könnte die Spirale auch noch als Rest des Formenschatzes aus jener Urzeit betrachtet werden. Nur die öftere Verwendung dieses Motivs und die kunstvolleren Abwandlungen desselben werden aus der neuerlichen Übung der Metalltechnik zu erklären sein. Über das uralte Vorkommen der Spirale vgl. z. B. Chipiez, Histoire de l'art dans l'antiquité, IV p. 771.

[4] Die Tierform in der Ornamentik wilder Stämme bei Owen Jones, a. O. Über die Grabfunde von Terra Nova vgl. Gozzadini, La Nécropole de Villa nova (Bologne, 1870). Zur Zeit nimmt Gozzadini die erste Epoche der Eisenzeit an. Über den Widerspruch, den seine Zuweisung der Funde an die Pelasgostrusker gefunden hat, ist hier zu reden nicht der Ort.

[5] Tacitus, Hist. IV. 22; Germania c. 7 und c. 45.

[6] Ausführlich handelt über die germanische Ornamentik der Stammeszeit die grundlegende Arbeit von K. Lamprecht (cap. 1). Initial-Ornamentik des VIII.—XIII. Jahrh. Leipzig 1882.

Es wurde schon angedeutet, dass sehr früh infolge des Handelsverkehrs einzelne fremde Elemente in die nationale Ornamentik eingedrungen waren, aber die erste energische Berührung derselben mit dem Formenschatz der Kulturvölker ging doch erst in der Zeit der Völkerwanderung vor sich. Die Vermittler jener Berührung waren die Gothen, der Ort, wo sie stattfand, war die von den Gothen besiedelte Gegend am Schwarzen Meer. Hier hatten sich Städte, wie Chersonesus, Pantikapaion, Phanagoria, Olbia, einen Rest von ihrer früheren Bedeutung als Vorposten griechischer Kultur und von ihrer hohen kunstgewerblichen Blüte noch immer gewahrt. Wohl besass die künstlerische Überlieferung nicht mehr die Kraft, den eigenen Geschmack den Barbaren ohne Zugeständnis aufzudrangen, aber gerade diese Nachgiebigkeit, verbunden mit der Meisterschaft in jener Technik, welche den Barbaren besonders willkommen war, — in der Goldschmiedetechnik, — hat die innige Verbindung zwischen den barbarischen und klassischen Stilelementen gefordert. Zu dieser Mischung trat dann noch ein drittes Element hinzu, — das orientalische, vermittelt durch Erzeugnisse orientalischer Kunstindustrie, wie gewebte Seidenstoffe, Gold- und Silberschüsseln, welche zur Zeit der Sassanidenherrschaft einen der wichtigsten kunstgewerblichen Ausfuhrartikel bildeten. Eine Fülle von Gold- und Silberarbeiten, welche im Auftrage gothischer Fürsten entstanden, hat jenen Mischstil, den die moderne Kunstgeschichte als Völkerwanderungsstil bezeichnet, bei den germanischen Stämmen verbreitet; und zwar hängt die Verbreitung desselben von Osten nach Westen mit der Wanderung des gothischen Stammes zusammen. Bei der durch die Berührung mit den anderen germanischen Stämmen erfolgten Mitteilung des Stils an diese musste natürlich eine Schwächung des fremden und eine Stärkung des nationalen Elementes in dem Masse erfolgen, als die Entfernung vom klassischen Kulturboden wuchs. Doch liess man nicht mehr gerne von einer Reihe von Tierformen, deren mythologische Bedeutung man wohl nie verstand, deren abenteuerliche Bildung jedoch auf die Phantasie einen tiefen Eindruck machte. So kam schon damals in den germanischen Formenschatz der Greif, der Löwe, geflügelte Steinböcke mit Adlerkrallen, Tiere mit Löwentatzen und Stierschädeln und andere Mischformen, gegen welche Karl in den Libri Carolini so energisch Einspruch erhob.[1]

Die zweite fremde Strömung, welche auf die nationale Ornamentik mächtigen Einfluss gewann, kam von aussersten Westen, nämlich von Irland (Scotia inferior). Ihre Träger waren die irischen Missionäre. Mit Columban dem Jüngeren hatte die Thätigkeit dieser Mönche im Frankenreiche begonnen, und wenn er um 610 aus dem Lande gewiesen worden war, so fanden doch Nachfolger von ihm wieder freundliche Aufnahme, und besonders Nordfrankreich wurde mit einem Netz von iroschottischen Klöstern überzogen.[2] Mit der Reform des Glaubens und der Sitten brachten die irischen Missionäre dem verwahrlosten fränkischen Klerus zugleich irische Bildung und irische Kunstübung. Hier kommt nur die ornamentale Ausstattung, welche sie den Handschriften gaben, in Frage. Über den Ursprung der iroschottischen Ornamentik ist viel gegrübelt worden: zuletzt suchte man ihre Grundelemente als eine Abwandlung und Fortbildung klassischer Motive zu erläutern. Hiermit wäre wenig gewonnen, denn der eigenartige Charakter jener Ornamentik beruht gerade in der Abwandlung und Weiterbildung, in der immer neuen Paraphrasirung jener als entlehnt bezeichneten Hauptmotive. Doch auch die Entlehnung selbst ist nicht nachzuweisen. Es wurde schon angedeutet, dass jene Techniken, in deren Gefolge sich die Spirale und das Flechtwerk entwickeln, bereits einer frühen Vorzeit angehören. Die Annahme liegt also viel näher, man habe es in ihnen mit einem Teil jenes aus der Urzeit herüber geretteten Formenbestandes zu thun (falls man die Ansicht, welche primitive Formen erzeugten sich immer und überall spontan im Gefolge der entsprechenden Techniken, zu wenig schematisch finden sollte), als mit aus fremden höheren Kulturen entlehnten Formen. Dagegen hängt es mit den irischen Boden hoch entwickelten Metalltechniken zusammen, wenn die Spirale in der irischen Ornamentik eine weit einflussreichere Rolle als in der germanischen spielte.[3] Sie wird nicht nur öfter angewendet, sondern die auf sie zurückgehenden Formen sind auch viel zahlreicher; ebenso sind die Windungen und Durchschlingungen der Flechtformen reicher und schwieriger als dort. Der ganze

[1] Vgl. bes. Lasteyrie, Histoire de l'orfévrerie, 2me éd. Paris 1877. De Linas, Les origines de l'orfévrerie cloisonné Paris, 1877, und dann J. Hampel, Der Goldfund von Nagy-Szent-Miklós, — sogen. Schatz des Attila. Budapest 1886.

[2] Vgl. Hauck, Kirchengeschichte Deutschlands, Bd. I. S. 240 ff., und J. H. A. Ebrard, Die iroschottische Missionskirche des sechsten, siebenten und achten Jahrhunderts (Gütersloh, 1873) bes. S. 304 ff. Doch ist es auch hier vor dem phantastischen Urteil Ebards über die Missionsthätigkeit Winfrieds in Deutschland gewarnt.

[3] Für die klassische Herkunft der Hauptmotive irischer Ornamentik trat F. Mauz, Études iconographiques et archéologiques — La Miniature Irlandaise et Anglo-Saxonne — ein (Paris, 1887); ich kann dieser Ansicht meines verehrten Freundes ebenso wenig beistimmen, wie die wunderlichen Hypothese von der klassischen Herkunft der germanischen Ornamentik, die der leider früh verstorbene Portheim in seiner fleissigen Studie: Über den decorativen Stil in der altchristlichen Kunst (Stuttgart, 1886) zur Erörterung gestellt hat. Die Ansicht, dass die Spirale und das Flechtwerk des irischen Ornaments aus der indogermanisch-keltischen Urzeit stammen, hat Unger vertreten in seiner Studie: La Miniature Irlandaise, von Origine et son développement (Revue Celtique, 1890). Conor's Ausführungen in seiner klassischen Abhandlung: Zur Geschichte der Anfänge griechischer Kunst (Sitzungsberichte der Wiener Akademie LXIV 1870, S. 505 ff. und LXXIII 1873, S. 221 ff.) können der Ansicht Ungers nur zu Gute kommen. Vgl. daneben Westwood, Kritische Ornamente in Owen Jones' Grammatik der Ornamente. Dann L. Müller, Tierornamentik im Norden. Aus dem Dänischen von J. Mestorf. Hamburg, Meissner 1881.

Reichtum der irischen, mehr abstrakt als sinnlich gearteten Phantasie tritt in diesen immer wieder durch neue Motive überraschenden Linienspielen zu Tage. Gebrochene Diagonalstreifen bilden wechselnde Systeme von Gitterwerk oder auch von Tafelwerk, die sich zu den verschiedensten geometrischen Figuren zusammensetzen. Die Knöpfchen, welche gewöhnlich die Randleisten solcher Felder besetzen, führen in ihrem Ursprung auf die Metalltechnik zurück. Von Tierfiguren erscheint in der ältesten Epoche irischer Ornamentik doch wohl nur der Drache, erst später, da die lineare Ornamentik schon einen hohen Entwicklungsstandpunkt erreicht hatte, wurden die Tierformen zahlreicher, doch mussten sie sich ganz dem Schema der linearen Ornamentik einfügen, sich also in die Formen des Randornaments auflösen lassen. Drei charakteristische Formen lassen sich dabei unterscheiden. Die erste ist die eines Vierfüßlers mit hundeähnlichem Kopf, langgestrecktem Leib, langen Beinen, die in eine oder zwei Zehen mit starken Klauen auslaufen und in Randgeschlinge übergehendens Schwanze und Zunge; die zweite Grundform zeigt einen Vogelkopf mit kräftigem, an der Spitze gekrümmten Schnabel versehen, in die Länge gezogenen Beinen, Schwanz und Nackenschopf, alles in mannigfacher Weise verschlungen, geflochten und gespalten; die dritte Grundform endlich ist schlangenartig. Der Pflanzenwelt entnommene Formen finden in der irischen Ornamentik keine Stelle; man wird diese Erscheinung wohl weniger aus dem Konservativismus erklären dürfen, mit welchem der irische Kunsttrieb an seinen ältesten ornamentalen Erinnerungen festhielt, als sie vielmehr der eigentümlichen Organisation der Phantasie dieser iro-schottischen Mönche zuschreiben müssen. Für den abstrakten, man möchte sagen mathematischen Zug derselben spricht am deutlichsten, dass man selbst die menschliche Gestalt den Gesetzen linearer Ornamentik unterwarf, als die irischen Maler einige biblische Motive zu gestalten versuchten. Die menschliche Gestalt wird in Vordersicht genommen; der Rumpf steckt in einem Geschlinge von Wülsten, die das Gewand bedeuten; Hände und Füsse, ganz linear gezeichnet, ragen daraus hervor; Mund, Nase, Augen sind durch graphische Schnörkel und Züge angegeben; Haar und Bart werden entweder nur durch einige Spiralen angedeutet, oder aber als mehrere streng symmetrisch verlaufende Zöpfe geformt.

Zwei mächtige Strömungen also hatten bereits der nationalen Ornamentik eine Fülle von Formen zugeführt, ganz zu schweigen von der Stärkung des klassischen Elementes da, wo germanische Stämme auf römischem Kulturboden selbst sich sesshaft gemacht hatten. Aber es fehlte eben, wie schon angedeutet wurde, die organische Verbindung des Eigenen mit dem Fremden und damit auch eine aus solcher Verbindung mit Notwendigkeit hervorgehende gesetzmäßige Fortentwickelung. Diese Aufgabe erfolgreich zu lösen, war der Zeit Karls d. Gr. vorbehalten. Die karolingische Ornamentik wurzelte zunächst in dem Besitstand der nationalen Ornamentik der Stammeszeit, aber mit jenen Formen verschmolz sie organisch das Fremde, das sie vorfand nach, das sich ihr weiter aufdrängte, das sie selbst aus Neigung einem fremden Formenschatz entnahm. Die Empfindung, die sie dabei für eine gesetzmäßige Verbindung und Entwicklung der Formen leitete, hatte sie sich ausschließlich im Studium der spätrömischen Ornamentik erworben. Aus dem linearen Formenschatz vermehrte sie ihre linearen Muster, schöpfte sie die Neigung zur umfassenderen Anwendung der Spirale; doch nur an Orten, wo der irische Einfluss besonders stark wirkte, hat sie die lineare Behandlung des Tierkörpers beibehalten, die ornamentale Behandlung des menschlichen Körpers aber auch dann grundsätzlich ausgeschlossen. In ein viel stärkeres Abhängigkeitsverhältnis stellte sie sich zur klassischen Ornamentik. Ihre Hauptquellen waren hier die Mosaikmalerei, die Sarkophagskulpturen und die künstlerisch ausgestatteten antiken Handschriften. Die wichtigste Bereicherung mit Formen, die sie von hier aus erfuhr, entstammte der Pflanzenwelt. Vereinzelte Motive gehörten ja schon der merowingischen Ornamentik an, aber jetzt erst wurden sie systematisch und in Anlehnung an die klassischen Vorbilder verwendet, so das Herzblatt, die Palmette, das Akanthusblatt, die Blütenrosette, die Ranke in reichen Abwandlungen. Von Gestalten der antiken Mythologie übernahm man die, welche in der antiken Ornamentik am häufigsten vorkommen; Bellerophon und Chimaera, Seerdrachen und Tritonen, dann sonst dem antiken Formenschatz angehörige reale Tiergestalten. Von anderen Formen treten hervor der Eierstab, verschiedene Abwandlungen des Mäanders und Zickzacks. Wichtiger aber als die Übernahme klassischer Motive war die verständnisvolle Übernahme der Gesetze klassischer Ornamentik. Auch die irische Ornamentik grenzte durch schmale Leisten die einzelnen zur Flächenfüllung benutzten Motive voneinander ab, aber ihr fehlte das feine Verständnis für das organische Leben der Formen und damit auch für die Art der Ablösung, für den Auslauf derselben und deren Verbindung untereinander. Man möchte vermuten, die Umrahmung wäre nur ein Gewaltmittel, um für ein neues Motiv Raum zu schaffen. Die karolingische Ornamentik dagegen lernte der klassischen ab, jedes Motiv ganz harmonisch auszugestalten und es als solches abzuschließen, so dass es auch ohne besondere Umrahmung als Ganzes wirke; sie weiteiferte dann der klassischen Ornamentik nach in der feinen Empfindung für die richtige Ablösung der einzelnen Motive und sie hat das sicherste Gefühl für die Unterscheidung von Endungs- und Füllungsformen. Der Einfluss der klassischen Ornamentik wurde im wesentlichen durch Werke weströmischer — antiker und christlicher — Herkunft vermittelt, doch mangelte auch nicht die Berührung mit der christlichen Kunst des Orients. Griechische und syrische Handschriften fehlten in den karolingischen Büchereien nicht; es bedarf gar nicht besonderer geschichtlicher Zeugnisse dafür,[1] schon die Text-

[1] Z. B. Brief Paul. I. an Pippin (ca. 760) bei Jaffé Monumenta Carolina S. 161.

kritik stellte sicher (s. bes. oben S. 61), dass die nachalcuininische Evangelienreform sich mit gesundem kritischen Sinn der Autorität griechischer Texte anschloss, wenngleich dabei das Bestreben massgebend war, sich im Ausdruck an schon vorhandene lateinische Textfassungen zu halten. Wie weit dabei auch syrische Handschriften eine Rolle spielten, wird textkritisch schon deshalb nicht nachzuweisen sein, weil sich die guten syrischen Übersetzungen, z. B. die Peschitho, von den griechischen in der Fassung nicht unterscheiden, und die Syrer selbst in der griechischen Textrecension eine bedeutende Rolle spielen. Hier muss also das zeitgenössische Zeugnis, wie es Thegan, Landbischof von Trier, giebt, ausreichen, der kunstgeschichtlichen Wahrnehmung die geschichtliche Unterlage zu geben. Das Zeugnis des Thegan bietet aber auch an sich nichts Neues.[1]

Wie sehr das Frankenreich schon in der merovingischen Zeit von syrischen Elementen durchsetzt war, besonders der Klerus und die Kaufmannschaft, ist unwiderleglich nachgewiesen worden,[2] und so sind auch noch vor jener aus der Reinigung der Texte hervorgehenden Stärkung orientalischen Einflusses die Spuren eines solchen künstlerisch nachweisbar, es sei hier nur an das Sakramentarium erinnert, das für den Gebrauch der Abtei Gellone geschrieben worden ist.[3] Die Stelle, an welcher der orientalische Einfluss am merkbarsten in der karolingischen Buchmalerei auftritt, ist das dekorative Schema der Kanonestafeln und dann der Nischenbogen überhaupt. Die Kanonestafeln haben die in Zahlen ausgedrückte Evangelienharmonie zu geben. Versuche, eine solche herzustellen, gehen schon auf Theophilus Antiochenus und auf Tatian zurück, doch diese sind verloren. Erhalten dagegen in der lateinischen Übersetzung des Victor von Capua ist der des Ammonius Saccas, der auf der Einteilung der Evangelien in kleine Kapitel (und zwar des Matthäus in 355, des Marcus in 233, des Lucas in 342 und des Johannes in 232) beruht. Auf diese Einteilung gehen die Eusebianischen Tafeln zurück. Eusebius ordnete sämtliche Kapitelziffern in zehn Tabellen, und zwar derart, dass die erste die allen vier Evangelisten gemeinsamen Stellen anzeigte, die zweite jene des Matthäus, Marcus, Lucas, die dritte des Matthäus, Lucas, Johannes, die vierte des Matthäus, Marcus, Johannes, die fünfte des Matthäus und Lucas, die sechste des Matthäus und Marcus, die siebente des Matthäus und Johannes, die achte des Lucas und Marcus, die neunte des Lucas und Johannes und die zehnte endlich, was jedem Evangelisten allein eigen ist. Diese Tabellen (κανόνες) gehörten bald zu den von der Dekoration bevorzugten Stellen. Man gab ihnen die Form von Arkaden, innerhalb welcher die entsprechenden Kapitelziffern ihre Stelle fanden; ein gemeinsamer grosser Halbbogen oder Giebel schloss die einzelnen Arkaden zu einem System zusammen; und besonders jener wurde bis zu den Ansatzpunkten herab eine Stelle dekorativer Pracht. Es kann kaum einem Zweifel unterliegen, dass dies Dekorationsschema dort entstand, wo das System, dem es diente, erfunden worden war. Die Bedeutung Syriens für die altchristliche Kunst des Orients tritt in immer hellerem Licht, sind doch alle wesentlichen Elemente des byzantinischen Baustils bereits in den religiösen und profanen Bauten im Hauran vorhanden, wie ja auch der Zusammenhang der zentralsyrischen Architektur mit der Baukunst der alten asiatischen Kulturvölker nachgewiesen ist.[4]

Ähnlich steht es mit der Malerei. Die charakteristische Eigenheit des byzantinischen Stils, die organische Verbindung hellenistischer und asiatischer Kunstelemente musste da am frühesten stattfinden, wo alter asiatischer Kulturboden war, über den sich dann nur eine dichte Schicht hellenistischer Kultur gelagert hatte. Kein Wunder aber auch deshalb, wenn es nicht selten unmöglich wird, eine einzelne Form auf ihre syrisch-christliche oder byzantinische Quelle hin genau zu bestimmen. Für die Ansicht, dass das dekorative Schema der Kanones auf orientalischem Boden entstanden, spricht es, dass die ältesten erhaltenen verzierten Kanontafeln sich in syrischen und griechischen Handschriften finden. So gehört dem 6. Jahrhundert das Evangeliar des Rabula an, Florenz, Laurenziana Plut. I cod. 56.

[1] Theganus in der von Walafried Strabo veröffentlichten Vita Hludovici: *Prologum decisi fuerunt, Dominus imperator nihil aliud corpis agere aut in aenigmatibus et elementis vacans et libros corrigeret. Et quattuor evangelia Christi quae praeditulantur nomine Matthei, Marci, Lucae et Johannis in ultimo ante obitum suo dies cum Graecis et Syris optime correxerat.* (Bl. G. SS. II. p. 592. Dann Abel-Simson: Jahrb. d. fr. Reichs unter Karl d. Gr. II. S. 570 n. 4.)

[2] P. Scheffer-Boichorst, Zur Gesch. d. Syrer im Abendlande, in den Mitteil. d. Instituts f. österreich. Geschichtsf. VI. S. 521 fgg.

[3] Das Sakramentar von Gellone (Paris, Nat. Bibl. 12048 lat.) gehört seiner Schrift nach seiner Schrift nach in der 2. Hälfte des VIII. Jahrh. an, wurzelt aber noch ganz im ornamentalen Geschmack der Merovingerzeit. Hier erscheinen die Evangelisten in ganzer Gestalt, also mit den Köpfen über Symbolen. In meiner Gesch. d. deutschen Malerei stellte ich die Frage, ob man in diesen Gestaltungen Enteignisse germanischer oder syrische Phantasie vor sich habe. Ich muss das nun zu Gunsten des Orients entscheiden. Ich hatte übersehen, dass die Inschriften im Sakramentartext selbst einen bestimmten Wink über ihre Herkunft geben, sie sind von einem griechischen Codex kopiert, Beweis dafür ist auf fol. 43 v. in lateinischen Lettern geschriebenen griechischen Worte des Symbols: *Pistevo his ena theon.* Dass aber hier die griechische Vorlage wieder von einer syrischen abhängig war, darüber kann bei der Bedeutung der syr. Kunst für die griechische Ikonographie kaum gezweifelt werden. Abbildungen aus dem Sakramentar bei Bastard, Peintures et Ornements des Manuscrit (Strassburger Exemplar, Bd. II.), ausserdem vgl. über die Handschrift Delisle, Le Cabinet a. O. III. p. 221 fgg. Ungelehrt erscheinen wieder lateinische Worte mit griechischen Lettern geschrieben in der Bibel, welche *„danc reposuit domno Hludovicus I'III"* angefertigt wurde, die im übrigen infolge ihrer bizarren Initialen und bewussten Noten nur paläographisch, nicht aber kunstgeschichtlich interessant ist. Vgl. Bastard a. O. fol. 111—114 und Delisle, Le Cabinet a. O. III. p. 247.

[4] Vgl. M. de Vogué: Syrie Centrale. Architecture civile et religieuse du premier au septième siècle, Paris 1865—77, und Choisy: L'Art de batir chez les Byzantins, Paris, 1884.

dessen Kanones von ganz besonderer Pracht der künstlerischen Ausstattung sind. Dem gleichen Jahrhundert entstammen die ganz ähnlich ausgestatteten Kanones in dem Fragment eines syrischen Evangeliars in der Pariser National-Bibliothek (No. 33).[1] Griechisch ist das Fragment der prächtigen Eusebianischen Kanones im British Museum (Ms. Add. 5111) gleichfalls aus dem 6. Jahrhundert,[2] und ganz besonders bezeichnend ist es, dass in dem einzigen lateinischen Codex aus dem 6. Jahrhundert, der eine künstlerisch ausgestattete Evangelienharmonie enthält, diese in griechischer Schrift gegeben wird (Wien, Hofbibliothek, cod. 847). In den occidentalen Evangeliaren auch des siebenten und der ersten Hälfte des achten Jahrhunderts fehlen die Kanones öfters noch ganz, oder wenn sie vorhanden, sind sie doch nur in einfachster Weise künstlerisch ausgestattet. Ein Beweis dafür ist der Codex Amiatinus der Laurenziana in Florenz, der am Anfang des 8. Jahrhunderts geschrieben ist und 716 vom Abt Ceolfried nach Rom gebracht werden sollte (Ceolfried starb auf der Reise zu Langres).[3] Wenn es nun wahrscheinlich ist, dass das dekorative Schema der Kanones im Orient, näher bezeichnet in Syrien, geschaffen wurde, so ist damit nicht auch behauptet, die Elemente dieses Schemas wären als neu in die Kunst der Zeit getreten. Es braucht nicht erst gesagt zu werden, dass die Ausstattung der Bogenzwickel mit Vögeln oder Blumen längst schon der antik-römischen wie altchristlich-römischen Dekoration eigen war; Pompeji, Rom und Ravenna bieten dafür Zeugnisse genug. Und mehr als dies: selbst die antike Handschriftendekoration verwandte schon jene Motive, wie einzelne Seiten im Terenz der Vaticana oder die Monatsbilder des Kalendariums des Filocalus beweisen.[4] Dagegen entspricht jene Häufung von Ziermotiven auf den Bogen, wie sie uns in der Kanonesdekoration des Rabula-Evangeliars, des syrischen Fragments in Paris, der Eusebianischen Tafeln im British Museum entgegentritt, so ganz dem orientalischen Prachtbedürfnis, dass man, — zumal wenn noch bestimmte dekorative oder textkritische Einzelheiten mitzeugen, — unbedingt auf unmittelbaren orientalischen Einfluss da wird schliessen dürfen, wo eine ähnliche Häufung von Ziermotiven in der karolingischen Kanonesdekoration uns begegnen sollte.

Die Zeichnung der karolingischen Künstler wird im wesentlichen nur dem ornamentalen Teil ganz gerecht; die Darstellung des Menschen gelingt deshalb wenig, weil die Nachbildung antiker und altchristlicher Vorbilder nicht durch das Verständnis des lebenden Organismus, also nicht durch das Studium der Natur gefördert wurde und weil selbst der künstlerischen Vorlage gegenüber, der noch schwerfälligen Hand für das Nachzeichnen in flüchtiger Umrisslinie der organischen Formen die Gelenkigkeit und Sicherheit mangelte. Trotzdem wurde eine Überarbeitung an den übernommenen Typen, vielleicht ganz instinktiv, im Sinne des nationalen Geschmackes vorgenommen und insbesondere in einer (der Metzer) Schule bis zu selbständiger ästhetischer Geltung entwickelt. In keinem Falle fehlen den Menschentypen der karolingischen Malerei die gemeinsamen Züge. Der breit ausladende Schädel formt sich nach unten zu einem kräftigen Oval. Die Augen sind rund und meist von unnatürlicher Grösse; die Brauen sind hoch hinaufgezogen, die Nase ist lang mit klobiger Kuppe; der Mund ist so geformt, dass der Spalt durch eine Linie angegeben. Ober- und Unterlippe aber — letztere von sehr kurzer voller Bildung — durch Andeutung des Schwunges beider bezeichnet sind. Gerade diese Bildung des Mundes zeigt deutlich, wie auch der karolingische Künstler sich gerne die Nachbildung der organischen Form durch Übertragung ins Ornamentale zu erleichtern suchte. Der Mangel richtiger Verhältnisse macht sich meist fühlbar; ein grosses Missverhältnis zwischen Ober- und Unterleib wird nicht bloss auf unverstandene Wiedergabe klassischer Gewandmotive zurückzuführen sein. Hände und Füsse sind gewöhnlich übergross gebildet; die Finger sind an den Spitzen ausgeschweift oder stark eingezogen. Bildnisähnlichkeit, die man in Widmungsbildern anstrebte, erstreckt sich auf blosse Äusserlichkeiten, wie Altersbezeichnung, Schnitt und Farbe der Haare und des Bartes, Gewandung. Die Darstellung Christi hielt sich zunächst an den jugendlichen Typus, den sogenannten Sarko-

---

[1] Nur der Teil mit den Kanones gehört dem 6. Jahrh. an, der andere beigebundene Teil entstammt dem 12. Jahrh. Vgl. Kondakoff, Histoire de l'Art Byzantin (Paris, Rennes 1887; I. S. 134 fig.

Die Miniaturen des Rabula-Evangeliars wurden wiederholt, freilich immer ungenügend, veröffentlicht. Vgl. Assmann, Bibl. Med. Laur. et Pal. cod. ms. Orient. catalogus. Florent. 1742; Biscioni, Bibl. Medic. Laurent. Catal. Flor. 1752; zuletzt Garrucci, Storia dell' Arte Christiana Tav. 128—140.

[2] Vgl. Shaw und Frd. Madden: Illuminated Ornaments selected from Manuscripts and Early Printers Books, London, 1833, Tafel I—IV.

[3] Über diese Handschrift s. S. 79. Die Bogen der Kanones entbehren hier jeder Verzierung. Die Schäfte ruhen auf abgetreppten Sockeln und von der gleichen abgetreppten Form sind die Capitelle. Die Schäfte sind golden in roten oder grünen Rahmen, die kleinen Bogen sind golden, die grossen Bögen golden in grünen Rahmen.

[4] Der Terenz der Vaticana (cod. vat. 3868) ist zwar erst im 9. oder gar 10. Jahrhundert geschrieben, doch geht auch die künstlerische Ausstattung auf ein klassisches Original zurück. Fest zu datieren ist das Kalendarium des Filocalus — 354. Hier kommt nun noch etwas besonders Interessantes hinzu. Die Kopien der Monatsbilder (vom Ende des 15. und Anfang des 17. Jahrhunderts), welche eine solche Umrahmung besitzen, gehen wieder auf zwei karolingische Kopien des Originals zurück. Dabei stellt sich im Zweifel ein: Sind auch die Einzelheiten der Ornamentation am Original getreu wiedergegeben worden? Der Herausgeber (Die Kalenderbilder des Chronographen vom Jahr 354 hgg. von J. Strzygowski. Mit 30 Tafeln. Berlin, Reimer 1888) hebt in der gediegenen Einleitung hervor, dass für das hier oft wiederkehrende System übereinander gestellter Herzformen keine ältere Analogie von ihm gefunden worden sei; nun aber ist gerade dieses Motiv in der Schreibstube des Metzer Klosters St. Martin, die, wie sich zeigen wird, zur Ada-Evangelien-Gruppe gehörte, ein sehr viel verwendetes. Hat der Kopist also hier zur Füllung freie Formen verwendet und gibt dies vielleicht einen Fingerzeig, wo die Kopie entstanden sei? Es könnte für diese Vermutung sogar ein schwaches Indiz gelten, dass, als die eine karolingische Kopie durch Peiresc ca. 1620 kopiert wurde, sie sich noch kurz vorher im Besitze des Luxemburgers Johannes Bernner befunden hatte, der sie dem Staatsrat d'Amonville zu Brüssel schenkte.

phagtypus, der bartige Typus trat erst in der karolingischen Spätzeit ein, doch blieb er auch dann noch vereinzelt. Die Evangelisten wurden, namentlich in frühkarolingischer Zeit, meist bartlos gebildet; dabei band man sich für den einzelnen Evangelisten an keinen bestimmten Typus — so z. B. ist im Evangeliar der Wiener Schatzkammer Johannes bärtig dargestellt, im Evangeliar von Soissons Matthäus, im Ada-Evangeliar dagegen sämtliche Evangelisten bartlos — oder aber Evangelisten, welche in Typus und Motiv einander völlig gleich sind, führen in verschiedenen Evangeliaren verschiedene Namen. Die Gewandbehandlung wiederholte zwar die antiken Motive, aber die Begründung derselben für die Einzelheiten mangelte, weil man den Organismus, dessen Echo ja die Gewandung ist, nicht verstand und auch der Struktur des Stoffes keine Rechnung trug. So wurden die grossen Linien des Körpers in der Gewandung zerteilt und durchschnitten durch eine Fältelung, welche zu wenig an die Natur und zu sehr an kalligraphische Handzüge erinnert. Ausnahmen, wo das antike Motiv auch im antiken Geist durchgeführt erscheint, werden sich als selten erweisen. Die malerische Technik war in den vom Hofe und von Höflingen patronisierten Schreibstuben durchaus Deckfarbentechnik. Man zeichnete zunächst die Umrisse in hellrötlicher, seltener schwarzer Farbe mit dem Pinsel vor und trug dann die Lokalfarbe in wenig modellierender Schicht auf; darauf wurden Schatten und Lichter aufgesetzt. Die höchsten Lichter wurden im Fleische immer mit Weiss angegeben — so erscheinen sie auf den Augenrücken, den Augenlidern, dem Nasenrücken, den Fingerrücken in Form grell weisser Punkte oder Striche; in der Gewandung wurden sie meist mit Gold eingestrichelt, eine Weise, die schon die spätantike Buchmalerei kannte.[1] Die tiefen Schatten im Fleische wurden zumeist in grünlichem, die in der Gewandung in schwarzem Ton angegeben. Die Farbenleiter war schon sehr reich; sie blieb kaum hinter der der entwickelten antiken Buchmalerei zurück und war jedenfalls der der christlichen Katakombenmalerei schon deshalb weit überlegen, weil diese schon infolge der ungünstigen Licht-bedingungen nur auf einige wenige Töne ausgesprochensten Charakters — Rot, Grün, Gelb, angewiesen war.[2] So kann man schon bei der Wiedergabe von Gewandung und Geräten bei der karolingischen Malerei folgende Töne nachweisen: Zinnober, Violett, helles Gelb (Ocker), Braun, Blau und Grün in verschiedenen Abstufungen.

Die Hintergründe sind schon in der frühkarolingischen Malerei Streifenhintergründe, mag auch die regelrechte Abtönung der Streifen erst in der spätkarolingischen und frühottonischen Malerei vor sich gehen. Es unterliegt keinem Zweifel, dass diese Streifenhintergründe auf die streifenförmig dargestellte Abtönung des Himmels, wie sie die spät-antike Buchmalerei zeigt, zurückgehen. Nur haben die karolingische und ottonische Buchmalerei die ursprüngliche Be-deutung jener fein getönten Farbenstreifen nicht mehr verstanden, und sie darum ohne sanfte Übergänge, öfters nur wie Farbenbänder in schroffer Weise aufeinander folgen lassen.[3]

[1] Das ist z. B. der Fall im Virgil der Vaticana cod. lat. 3225. Man vgl. da besonders die Bilder auf fol. XXII und fol. LXIII.

[2] Man hat eine gewisse Abhängigkeit (vgl. Frotheim aber den dekorativen Stil in der altchristlichen Kunst, Stuttgart 1886, S. 36) der merovingischen und karolingischen Farbenskala von der in den Katakomben zur Anwendung gekommenen nachweisen wollen. Völlig ausgeschlossen ist ein solches Abhängigkeitsverhältnis bei der karolingischen Malerei, aber auch die merovingische Buchmalerei ist durch kein Mittelglied in ein Abhängigkeitsverhältnis zur Katakombenmalerei zu setzen. Wenn sie, wie die Katakombenmalerei, Rot, Grün, Gelb am meisten verwendet, so beweist dies nur, dass dem Auge des Malers noch die nötige Empfindsamkeit für feinere Farbenreize mangelte. Es ist dafür sehr bezeichnend, dass wohl ähnlich wie in den Katakombenmalereien das Blau in der merovingischen Buchmalerei sehr selten ist, dass aber dafür ein dem Katakomben-maler mangelndes helles Violett um so öfter verwendet wird. Die gleiche Erscheinung begegnet in der ältesten irischen Buchmalerei.

[3] Man vgl. die landschaftlichen Gründe im Virgil der Vaticana (cod. Vat. lat. 3225) fol. V v., fol. VIII v., fol. XLII und fol. XLV v. Da, wo z. B. eine Scene auf dem Meer dargestellt ist, ist der Himmel durch zart getönte Streifen in Blau, Violett und kräftigem Rot dargestellt.

Die hervorragendsten Schulen karolingischer Buchmalerei.

evor noch die textkritische Untersuchung dazu gekommen war, die karolingischen Bibel- und Evangelienhandschriften in bestimmte Gruppen zu sondern, hat die nach Stilkriterien vorgehende Untersuchung der künstlerischen Ausstattung der Handschriften den Bestand in mehr oder minder scharf abgegrenzte Gruppen teilen können. In die Kunstterminologie übertragen, konnte man darnach von „Schulen" sprechen. Unter dem Begriff „Schule" pflegt man eine Gruppe von Künstlern und Kunstwerken zusammenzufassen, die infolge der Wirksamkeit hervorragender persönlicher und örtlicher Einflüsse, durch gemeinsame Züge in der Auffassung der Natur und gemeinsame Normen in der Arbeitsführung einen verwandten Charakter erhalten. Dabei steht als schulbildendes Element eine energische künstlerische Persönlichkeit im Vordergrund, und erst in zweiter Linie kommen die vom Boden aus wirkenden Einflüsse in Betracht. Wenn man aber von Malerschulen in der karolingischen Zeit gesprochen wird, so fehlt gerade jenes erste Element, welches die kräftigste Klammer für eine Gruppe von Künstlern oder Kunstwerken wird, und der gemeinsame Stilcharakter ist ausschliesslich das Ergebnis ausserlicher, an einem bestimmten Orte wirksamer Einflüsse. Das liegt nicht daran, dass die Anhaltspunkte mangeln, vorhandene Kunstdenkmäler mit bestimmten Namen in gesicherte Verbindung zu bringen; das Wesentliche ist, dass dem Künstler seine Thätigkeit nicht als persönliches Schaffen,

Evangeliar des Kantonsstift. Zürich. Bl. CLXV.

sondern als handliche Fertigkeit erschien. — Es wurden schon jene Stileinflusse, welche auf die karolingische Malerei wirkten, bei Besprechung der Quellen karolingischer Ornamentik angezeigt; die durch örtliche und geschichtliche Verhältnisse bedingte Kombination solcher Einflüsse macht den bestimmenden Schulcharakter aus. Es wird die Probe auf die Richtigkeit der Stilkriterien sein, dass die von der Kunstgeschichte „geschaffenen" Schulen mit den von der Textkritik der Handschriften gefundenen Gruppen in strengem Zusammenhalt stehen; und wie so der Kunsthistoriker mit Hülfe der Textkritik den führenden Faden fester spinnen konnte, so wird er andererseits wieder manche Vermutung der Textkritik fester begründen, ihr die geschichtliche Unterlage bieten können.

Wie schon angedeutet wurde, befanden sich die wichtigsten Schreibstuben in jenen Klöstern, welche unter dem besonderen Schutze der karolingischen Dynastie standen, von deren Günstlingen geleitet wurden. Ihre Stelle ist das nordöstliche Frankreich, wo das Staats- und Kulturleben in jener Periode am kräftigsten pulsierte; Tours, Metz, Rheims, Orleans, Saint Denis, Corbeil sind darum für die politische Geschichte nicht weniger wichtig, als für die Geschichte der Bildung und Kunst. Bevor jedoch der künstlerischen Leistungen aus den Schreibstuben dieser Klöster gedacht wird, sei eine kleine Gruppe von Handschriften erwähnt, die ich am liebsten mit der Schola Palatina selbst in der Zeit Karls d. Gr. in Beziehung setzen möchte. Ihre Herkunft und stilistische Gründe sprechen für solche Vermutung. Es sind dies das Evangeliar Karls d. Gr. der kaiserlichen Schatzkammer in Wien, ein Evangeliar in der königlichen Bibliothek in Brüssel (No. 18 723), das aus St. Victor in Xanten stammt, und ein Evangeliar im Domschatz zu Aachen. Für diese kleine Gruppe ist es bezeichnend, dass die klassische Formenüberlieferung in der Darstellung des Menschen und in der Architektur nirgends mehr wieder so ungetrübt in Erscheinung trat, wie es hier der Fall ist — und das ganz besonders im Evangeliar der Schatzkammer in Wien. Der Überlieferung nach ist dies den alten Reichskleinodien zugehörige Evangeliar dasselbe, welches Karl d. Gr. bei Öffnung der Grabkapelle auf seinen Knieen hielt. Unzweifelhaft ist, dass die Evangelistenbilder die edelste Schöpfung der Buchmalerei aus der Zeit Karls d. Gr. sind. Wohl haben sie durch Abblätterung des Farbenpigments sehr gelitten, doch auch im jetzigen Zustande machen sie noch den Eindruck von Leistungen, wie sie gleichwertig nur die römische Kunst der Kaiserzeit

geschaffen hat. Matthäus (s. Taf. 20) sitzt auf einer mit roten Kissen bedeckten sella curulis, vor ihm steht das Pult mit dem Buche, das er mit der linken Hand stützt, während er zugleich zwischen zwei Fingern derselben Hand das Tintengefäss hält; die rechte Hand führt den Stilus. Das energische Profil hat römischen Schnitt, die schwarzen Haare sind kurz geschoren; der Bart fehlt. Kräftig und doch edel sitzt der Kopf auf dem Hals auf. Der weisse Mantel, der vorn auf der Brust ein Stück der gleichfarbigen Tunika sehen lässt, ist wie der Mantel bei den antiken Rednerstatuen angeordnet, doch hier ist die Nachahmung keine äusserliche, in den Einzelheiten unverstandene, sondern das antike Motiv findet aus vollem Verständnis heraus eine Wiederholung, darum folgen die straff gezogenen Falten so ohne Härte den Konturen des Leibes und darum kommen die edlen Verhältnisse des Körpers so rein und richtig zur Erscheinung. Die Füsse, gleich den Händen von ganz richtigen Verhältnissen, sind mit Sandalen bekleidet. Die Farbe des Fleisches ist ein Rötlichbraun, im Lichte heller, im Schatten tiefer; die höchsten Lichter sind nicht mit Weiss, sondern mit einem kräftigen rötlichen Ton angegeben. Das Weiss des Gewandes erhält in den Schatten einen bläulich grauen Ton; das Gewebe des Wollstoffes ist merkwürdig körperhaft wiedergegeben. Der Nimbus hat die Form einer grossen flachen goldenen Scheibe. Den Hintergrund bildet braunes Gefelse und darüber blauer Himmel. Der Evangelist Markus erscheint jetzt gleichfalls bartlos (doch wohl nur infolge Abblätterung der Farbe), mit kurz anliegendem schwarzen Haupthaar. Er ist ganz in Vorderansicht genommen; in der Linken hält er eine Rolle, die Rechte streckt er gegen das Tintengefäss vor, das auf dem Pult vor ihm steht. In der Landschaft des Hintergrundes stehen Bäume von fiedrigem Astwerk. Lukas, wieder bartlos, sitzt in der Haltung des Matthäus auf einem Stuhle; das Pult, auf dem das Buch ruht, wird von einem auf dem Kopfe stehenden Delphin getragen. Der Evangelist Johannes ist in Vorderansicht genommen; sein Haupthaar fällt lang herab, sein Gesicht hat einen spitz zulaufenden Bart; im ganzen erinnert der Typus stark an den bärtigen Christustypus. In der linken Hand hält er das geschlossene Buch, in der rechten den Stilus. Hinter dem Thron erheben sich hohe Stauden mit roten Blüten; darüber wieder der blaue Himmel. Sämtliche Evangelisten sind ohne Symbole dargestellt. Auch dies weist auf eine sehr alte Vorlage hin. Geschmälert wird aber durch die Voraussetzung einer klassischen Vorlage der Ruhm des karolingischen Künstlers nicht, denn das feine Verständnis für die Geheimnisse der Form und den geistigen Ausdruck, die Sicherheit seiner Hand, mit welcher er den Absichten des Originals entsprach, lassen auch dann noch seine Leistung als von der ganzen Periode unübertroffen erscheinen. Der übrige Schmuck des Evangeliars ist sehr einfach; er besteht in der Verzierung der Kanonestafeln (fol. 7 bis 14) und einigen verhältnismässig einfach ausgestatteten Initialen. Die Kanones zeigen zwei Dekorationstypen; bei dem einen sind die äusseren Säulen von einem Flachbogen, bei dem anderen von einem flachen Giebel überspannt; nur bei der ersten Form haben auch die Zwischensäulen Bogen erhalten, bei der zweiten Form läuft ein Architrav über die Kapitelle hin. Die Basen der Säulen sind attisch, die Kapitelle ähneln den korinthischen und Kompositen-Kapitellen. Die Schäfte ahmen meist edle Steinarten nach (z. B. im Kanon I Serpentin), die Bogen haben entweder eine Blattfüllung oder es schlingen sich feine Guirlanden durch. Der äussere Schwung des Hauptbogens ist ausserdem mit einer Art Zackenmotiv oder einem s-förmigen Motiv verziert (s. Taf. 18 u. 19). Bei dem zweiten Dekorationstypus sind die Füsse der Säulen abgetreppt; Schäfte und Kapitelle sind entsprechend jenen im ersten Typus gebildet. Der Architrav hat die Form eines schmalen Streifs, der statt des Frieses eine Art breiter Kyma mit Eierstabmuster zeigt. Im Tympanon ist ein fächer- oder muschelförmiges Ornament angebracht. Jede weitere Verzierung der Bogen und Giebel, sowie der Zwickel fehlt — was als ein Hinweis gelten darf, dass die üppige Verzierung der Kanonesbogen ein Ergebnis späterer Anregungen gewesen ist. Jede weitere Verzierung der vier Evangelien sind verhältnismässig einfach — besonders gilt dies von dem L des Matthäus und dem I des Johannesevangeliums (s. Taf. 21). Etwas reicher ist das Quoniam des Lukas und das In des Markusevangeliums ausgestattet. Die Zeichnung der Buchstaben besteht in rot konturierten Goldzügen, die von feinen Silberlinien begleitet werden. Als Füllung dient Flechtwerk mit eingestreuten Kreuzen auf blauem Grund. Auch für die Endungen werden Flechtwerkmuster verwendet.[1]

Das Evangeliar in der k. Bibliothek in Brüssel (No. 18723) vereinigt sämtliche Evangelisten mit ihren Symbolen und dazu Christus auf einem Blatte (fol. 16). Im obersten Felde sitzt Christus auf der blauen Weltscheibe, die Rechte segnend erhoben, in der Linken das Buch haltend. Das bartlose Gesicht ist von jugendlicher Bildung, die Haare sind bräunlich; als Gewandung trägt er eine blaue Tunika und einen rosafarbenen Mantel, sein Nimbus ist blau. Auf dem zweiten Felde sind die Symbole der Evangelisten, auf dem dritten (untersten) die Evangelisten selbst dargestellt. Matthäus sitzt nach rechts hin geblickt lesend, Marcus nach links gewendet, hat die Haltung tiefsten Nachsinnens: der rechte Arm ist auf das rechte Knie gestützt, die Hand hält das Kinn; im linken Arm ruht das Buch; Lukas, der in Vorderansicht genommen ist, hält mit beiden Händen das aufgeschlagene Buch; Johannes zeigt eine ähnliche Haltung wie Marcus, nur hält er die Hand, statt an das Kinn, an den Mund, ein beliebtes, sehr altes Motiv, das besonders von den byzantinischen Malern wiederholt wurde, das aber nicht von der byzantinischen Malerei geschaffen

---

[1] Von den Evangelisten Matthäus und Johannes, dann den Initialen, finden sich farbige Abbildungen in der Abhandlung von J. v. Arneth: Über das Evangeliarium Karls d. Gr. in der k. k. Schatzkammer (Denkschriften d. k. Akademie der Wissenschaften. Phil. hist. Cl. XIII. S. 45—134).

Die Trierer Ada-Handschrift.   19

worden ist, wie schon der Lucas des lateinischen Evangeliars vom Ende des VI. Jahrhunderts im Corpus Christi College in Cambridge (No. 286) beweist. Die durchwegs bartlosen Köpfe entsprechen im Typus den Aposteldarstellungen altchristlicher Sarkophage. Das Haupthaar ist bräunlich, die Gewandung besteht durchgehends in hellblauer Tunika und rotem Mantel, an Verständnis des klassischen Motivs kann sich die Gewandbehandlung hier mit jener bei den Evangelisten im Wiener Evangeliar messen. Die drei Fehler sind durch die Farbe des Grundes von einander gesondert; das oberste Feld ist blau, das mittlere von lichterem, das unterste von tieferem Grün. Von den grossen Evangelistenbildern ist leider nur eines erhalten, das des Matthäus; aber dies allein genügt, den Zusammenhang mit dem Wiener Evangeliar zu sichern. Der Typus und die Haltung der Evangelisten, die Gewandbehandlung, selbst die Farbe der Gewandung entspricht völlig dem Bilde des Matthäus im Wiener Evangeliar. Die Kanonestafeln zeigen durchaus Bogenarchitektur; sie entsprechen im wesentlichen dem ersten Typus im Wiener Evangeliar. Initialen fehlen.

Zeitlich muss das Wiener Evangeliar dem Brüsseler vorausgesetzt werden.[1] Auch im Evangeliar des Domschatzes zu Aachen sind die vier Evangelisten auf einem Bilde vereint, aber die Anordnung ist eine andere und der Christus fehlt ganz (s. Taf. 22). Dennoch steht der Zusammenhang mit den beiden früher genannten Evangeliaren ausser Zweifel. So zeigt wiederum der Matthäus völlige Übereinstimmung in der Haltung und in der Anordnung der Gewandung mit dem Matthäus des Wiener Evangeliars; die übrigen drei Evangelisten lehnen sich stärker an die im Brüsseler Evangeliar, doch sind die Köpfe hier eingehender als dort charakterisiert, die Figürchen überhaupt in den Einzelheiten sorgsamer ausgeführt. Den Hintergrund bildet Gefelse wie im Matthäusbilde des Wiener Evangeliars. Gleich deutlich wie in der Gestaltenbildung der Evangelisten äussert sich der antike Geist auch in der Architektur der Kanones. Hier hat man — wie es scheint — nicht die gemalte Architektur antiker Handschriften, sondern Werke der Architektur selbst zum Muster genommen und sich in der Nachahmung, soweit es der andere Zweck zuliess, streng an das Vorbild gehalten. Basen und Kapitelle der Säulen sind richtig jonisch, die gedrungenen Schäfte ahmen Steinmaterial nach und erscheinen fähig, Träger des gleichfalls richtig gegliederten Steingebälks zu sein (s. Tafel 23). Initialen fehlen hier wie im Brüsseler Evangeliar.[2]

In keiner Gruppe wieder wird eine solche Lauterkeit antiker Formempfindung anzutreffen sein, wie in der jetzt beschriebenen, auch in keiner mehr jenes reife Verständnis für die menschliche Gestalt wie hier. Wenn irgend welchen Werken karolingischer Malerei gegenüber das Wort von einer Renaissance antiker Kunst angewendet werden darf, so ist das hier der Fall. Darum liegt es auch nahe, ihren Ursprung in dem Mittelpunkt der Renaissancebestrebungen des Hofes, in die Schola Palatina selbst zu verlegen. Letztere hatte, wie erwähnt, in der späteren Regierungszeit Karls d. Gr. mit dem Hofe zugleich ihren dauernden Sitz in Aachen; daraus stimmt es nun, dass sämtliche drei Evangeliare auf den Niederrhein, das in Aachen und das in Wien unmittelbar auf Aachen selbst als Ursprungsort zurückweisen.

Von den Klosterschulen nimmt Tours die erste Stelle ein. Der Gründer derselben ist Alcuin, doch ihre Blüte in künstlerischer Beziehung hat sie erst nach einer kurzen Periode des Verfalls unter der kräftigen Abtregierung Adelards (von 834 an) erlebt. Es fehlen die Belelfe, eine jener Bibeln, welche die Überlieferung Alcuinbibeln nennt, als unter der persönlichen Obsorge Alcuins entstanden mit Sicherheit zu bezeichnen. Immerhin ist die künstlerische Ausstattung der Handschriftenfamilie, welche auf den Alcuinschen Archtypus zurückgeführt werden muss, der Art, dass die Stilkritik zu Ergebnissen kommt, welche denen der Textkritik völlig entsprechen. Alcuin hat sich ausschliesslich an lateinische Vorlagen gehalten, hauptsächlich an solche, die in Italien, in Rom des sechsten Jahrhunderts ihren Ursprung hatten; doch gewiss auch an solche, welche in der angelsächsischen Heimat im sorgsamen Anschluss an jene römischen autoritativen Texte entstanden waren. Kein Wunder, dass gerade in den älteren Alcuinbibeln auch die Ornamentik der angelsächsischen Handschriften, die von der irischen abhängig war, einen Widerschein gefunden hat, der allerdings im Fortschritte der Entwicklung gerade in dieser Schule stark verblasste, um ganz der nationalen und römischen Überlieferung zu weichen. Die Bibel in der Kantonsbibliothek in Zürich (cod. 1), welche dem Alcuinschen Urtypus am nächsten steht, beweist dies. Die künstlerische Ausstattung derselben ist keine reiche; geschichtliche Darstellungen, selbst die Evangelistenbilder fehlen; nur die Kanones und Initialen sind Gegenstand künstlerischen Schmuckes geworden. Und hier herrschen irische Stilelemente vor. Flecht- und Bandwerk in rechtwinkliger Brechung, Überführung der Endungen des Bandwerkes in langschnäbelige Vogelköpfe treten bei der

---

[1] Die Bilder des Brüsseler Evangeliars haben sehr gelitten. Auf dem ersten Bilde besonders das Gesicht Christi und das Symbol des Matthäus, sehr schlimm steht es auch mit dem Einzelbild des Matthäus. Einen Umrisstisch des ersten Bildes giebt M. Marchal in seiner Notice sur l'école de la langue grecque dans l'empire des Carlovingiens et sur la miniature Grecque d'un evangelaire latin etc. (Bulletin de l'Académie de Bruxelles II. 1. 1844. p. 330 fgg.). Ebenfalls abgebildet unter auf Taf. II. bei K. Goetz: Über den Zustand der Malerei im nördlichen Europa von Karl d. Gr. bis zum Beginn der romanischen Epoche. Moskau 1873 (russisch). Der Evangelist Matthäus in Faksimile bei Du Sommerard, Les Arts du Moyen Âge II Miniatures des Manuscrits Pl, A.

[2] Vgl. Stephan Beissel, Das Karolingische Evangelienbuch des Aachener Münsters (Zeitschrift f. christl. Kunst, hgg. von A. Schnütgen, I. 1888. S. 53 ff.). Die Abhandlung wendet sich hauptsächlich der Untersuchung des Comes der Handschrift zu. Ob die Ergebnisse derselben nicht doch eine Handhabe für die genauere Datierung des Evangeliars bieten könnten, vermag ich augenblicklich nicht festzustellen.

Initialbildung in den Vordergrund. Dazu gesellen sich antikisierende Elemente, wie die Palmette, der Akanthus, das Herzblatt. Die künstlerische Ausstattung der Kanones ist sehr bescheiden. Die sehr schlanken Schäfte der Säulen ruhen auf Füssen, welche denen in der römisch-korinthischen Ordnung ähneln, die Capitelle sind von korbartiger oder würfelförmiger Gestalt, vorn mit einer Rosette verziert, wie man sie auf ravennatischen Sarkophagen antrifft, oder aber es hängen Akanthus- oder Kleeblätter zu beiden Seiten des Korbes herab. Die Hauptbogen sind nach aussen entweder mit einem Zackenmotiv oder mit aneinander gereihten Blattprofilen besetzt. Dem Scheitel kronen drei Lilienstengel, seitwärts vorn finden sich auf zwei Tafeln ausschreitende Storche, auf zweien hohe Pflanzenstengel.[1]

In der künstlerischen Ausstattung ganz nahe verwandt der Züricher Bibel ist die sogenannte Alcuinbibel der Vallicelliana in Rom (Ms. B. 6), höchstens, dass die künstlerische Technik noch einfacher ist, als dort. Auch sie enthält nur Initialen und sehr einfach ausgestattete Kanones. Die Initialen sind meist blos in Federzeichnung durchgeführt, nur einige Male trat farbige Ausführung hinzu. Die Formenelemente sind ganz dieselben wie in der Züricher Alcuinbibel; Band- und Flechtwerk als Füllung der Flächen und Tierköpfe oder auch reich aufgewickelte Spiralen für die Endungen der Initiale. Die Kanonestafeln (fol. 265'—267) sind noch einfacher in der Ausstattung als die in der Züricher Bibel; jeder Schmuck des Bogens fehlt. In der Mehrzahl der Fälle sind die Bogen unten hufeisenförmig eingezogen.[2]

Einen erheblichen Fortschritt zeigt die Ausstattung der Alcuinbibel in der Bamberger Bibliothek (A I 5). Der angelsächsisch-irische Einfluss tritt zu Gunsten des antiken sehr stark zurück. Dem Band- und Flechtwerk treten vegetabile Motive wie das Akanthusblatt und die Guirlande in reineren Formen zur Seite. Und mehr als dies, auch die rythmischen Gesetze antiker Ornamentik kommen hier zur Anwendung. In der Umrahmung der Blätter werden die Randleisten in kleinere Füllungsflächen aufgelöst. Die Auflösung geschieht durch Bandwerk, wodurch das Getrennte doch wieder fest verbunden erscheint; die Füllungen, — aus Guirlanden bestehend, — werden in einen doppelten Rahmen eingesetzt. Charakteristisch ist hier besonders das Blatt mit der Darstellung des Lammes. Ferner beschränkt sich auch die künstlerische Ausstattung nicht auf Ornamentik allein, es treten geschichtliche Darstellungen hinzu und zwar solche aus der Genesis und eine Verherrlichung des Lammes. Die Darstellungen aus der Genesis (s. Taf. 24) sind die einzigen erzählenden, welche aus der frühkarolingischen Zeit erhalten blieben. Und selbst wenn sie erst nach dem Tode Alcuins entstanden sein sollten, so darf man doch in ihnen die Copie jener Genesisdarstellungen vermuten, welchen ein Titulus Alcuins gegolten hat. Es ist dafür nicht ohne Belang, dass die Darstellung der Namengebung der Tiere, welche den späteren turonischen biblischen Bildercyklen mangelt, hier und in dem Titulus vorhanden ist, ebenso ward hier und dort der Mord Abels in den Bilderkreis aufgenommen. Die Kompositionsweise geht wohl auf altchristliche biblische Bilderchroniken zurück, die wieder von antiken Bilderchroniken in der Art der Tabula Iliaca abhängig waren. In vier Felder ist das Blatt der Bamberger Bibel geteilt: im ersten ist die Erschaffung Adams, die Namengebung der Tiere (Gen. II, 19); im zweiten die Erschaffung der Eva, ihre Verbindung mit Adam, die Versuchung und die Scham der ersten Elternpaares, im dritten die Verantwortung und die Vertreibung aus dem Paradiese, im vierten endlich die Folgen der Sünde, Adam den Boden bebauend, der Brudermord und Eva den Seth säugend, dargestellt.[3] Die Figürchen sind von ungleicher Höhe (im oberen Feld mm 26, im zweiten mm 29, im dritten

---

[1] Hervorragende Initialen: F (fol. 1), V (fol. 130), E (fol. 268').

[2] Initialen: V (fol. 107), N (fol. 164), P (fol. 190), E (fol. 249), L (fol. 269), J (fol. 278'), Q (fol. 285), In (fol. 295'), P (fol. 303).

[3] Die Verse des Titulus Alcuini lauten:

> Hic deus omnipotens Adam de pulvere plasmat.
> Arcebo hic factus paradisi praecubat Adam.
> Nomina pone, pater, cunctis animalibus Adam.
> Ossa tibi matrona pausante probabit Adam.
> Hos seducta fuit mulier, seductus et Adam.
> Hos, cherubum, portas flammeis defende bootes.
> Proge foras Adam, et felicis regna relinquar.
> Terra tibi tribulos pro crimine germinet Adam.
> Ui er odas fratris hic postum persolvit Abel.

In der Bibel, für welche Alcuin die Unterschriften abfasste, folgten aber dann noch weitere Darstellungen aus der Genesis:

> Hic Noe dilectus domino tibi fabricat arcam.
> Ens intrat in liquidas mundi cum rectibus arca.
> Iure redundat per puras tibi portat olivam.
> Alba redamba redit corvo pereunte nigello.
> Proge foras, edue et cunctis animabus totum
> Est pater hic Abram patronus similiter justus.
> Hic Sacra luctosus casulas post rabia end.

(ed. c. Dummler, I, p. 346).

Darstellungen auch dieser Stoffe kannte schon die altchristliche Denkmalerei. In der Wiener Genesis ist die Sintflut, der Auszug aus der Arche, Noas Opfer und der Bund Gottes mit Noa dargestellt. Und sämtliche im Titulus genannten Motive führt dann der Bild-kreis des Ashburnham Pentateuch vor. Vgl. The Miniatures of the Ashburnham Pentateuch edited by Oscar von Gebhardt. London, Asher. 1883 Taf. V—VI.

und vierten um 331. Ihre Herkunft von einer guten Vorlage des fünften oder sechsten Jahrh. zeigt sich deutlich; die Anordnung des Stoffes, das Ausdrucksvolle der Bewegung sind weit vorgeschrittener als die Zeichnung der Körper. Wie der geschaffene Adam die Hände seinem Schöpfer entgegenstreckt, in wie ausdrucksvoller Bewegung Adam und Eva die Schuld von sich abzuleiten suchen, darin zeigt sich ebenso der Widerschein einer schon hoch entwickelten Kunst wie in den trefflichen Genrefiguren des ackernden Adam und der stillenden Eva. Sehr tüchtig ist die Tierschilderung: trotz der winzigen Form sind doch der Eber, der Hirsch, das Kamel, der Storch, der Kranich, der Elefant, der Panther deutlich gekennzeichnet. Die Bäume sind ohne Rücksicht auf die Natur charakterisiert; sie zeigen drei Formen von Blättern und zwar eine lanzettförmige, eine rosettenartige und eine weinblattartige. Die Zeichnung ist rot, die Füllung des Contours golden oder silbern, so dass die Wirkung der der sogenannten Foaßi d'oro, — von welchen möglicherweise der karolingische Künstler auch manche Anregung erhielt, — sehr nahe steht. Bemerkt sei, dass der ackernde Adam, nicht wie auf späteren karolingischen Darstellungen mit einem Fell bekleidet ist, sondern dass er die fränkische Tracht und die stillende Eva die matronale Tracht trägt.

Eine zweite blattgrosse Darstellung (fol. 339') zeigt in der Mitte einer Raute das Opferlamm mit der Lanze, dem Essigschwamm und dem Kelch, umgeben von den Evangelistensymbolen und (in den Blattzwickeln) den Medaillonbrustbildern der vier grossen Propheten Jesaias, Ezechiel, Jeremias und Daniel.[1] Auch hier hat eine noch ungeübte Hand Vorbilder aus einer viel höher entwickelten Kunstepoche nachzubilden gesucht. „Numine afflati", — begeistert auf eine offenbarende Stimme hinlauschend, vorgestreckten nach oben gekehrten Hauptes, — so sind die vier Propheten aufgefasst. Die Durchführung freilich giebt nur stammelnd dies Motiv wieder, besonders gilt dies von den Brustbildern des Jesaias und Jeremias, während Ezechiel und Daniel den Versuch strengen Nachschaffens vermuten lassen. Die Technik ist die gleiche wie bei den Genesisbildern. Das Lamm und die Evangelistensymbole sind golden mit rotem Contour, die Brustbilder der Propheten silbern mit rotem Contour. Die Fleischteile jedoch, — also Gesicht, Hände, Füsse, — sind bei den Propheten und dem Engel (Symbol des Matthäus) aus dem Pergament ausgespart.[2] Die Kanonestafeln (fol. 333'—337) sind zwar vornehmer in der Ausstattung als in den früher beschriebenen Alcuinbibeln, doch immer noch sehr einfach gehalten. Auf mehrfach abgestuften Basen stehen die sehr schlanken Säulen mit Blattwerk-(Akanthus-)Capitellen, welche an die Composition-Capitelle erinnern. Zwischen den kleinen Bogen steigen Blumenkelche empor; die Hauptbogen haben Blattfüllungen erhalten, sie sind ausserdem von den Ansatzpunkten aus mit Blattprofilen und am Scheitel mit einem akanthusblattartigen Akroterion geschmückt. In den Zwickeln, welche der Bogen mit der Blattumrahmung bildet, sind zwei Mal je ein Vogel, ein Mal je eine Blume und ein Mal je ein Seepferdchen angebracht. Der schönste Initial, welcher nationale und antikisierende Elemente zu köstlicher Harmonie verbindet, ist das P (fol. 399).[3]

Die künstlerische Ausstattung der bisher besprochenen Bibeln vertritt den Kunstgeschmack und das Kunstvermögen der ersten Periode der turonischen Schreibstube; die nächste zu besprechende Gruppe von Handschriften führt die glänzende Entwicklung des Kunstgeistes seit Adelards Abtsregierung vor. Ein ganzer Strom klassischer ornamentaler Motive fand damals seinen Weg in die Schreibstube, doch vergeblich blieb es bisher nach dem zu forschen, der unmittelbar das Bett dafür gegraben hat.

An der Spitze der jüngeren Gruppe steht die sogenannte Alcuinbibel in London (British Museum Add. 10546). Wenn die Textkritik keine grössere Zeitspanne zwischen dem Entstehen jener Bibel und der Züricher Alcuinbibel zu erkennen vermag, so kann die Kunstgeschichte doch nicht anders als sie durch einen Zeitraum von zwei bis drei Jahrzehnten von einander trennen; in der Abschrift des Textes hält man sich eben genau an eine ältere (Alcuinsche) Vorlage, während die künstlerische Ausstattung dem Fortschritt in vollem Maasse Rechnung trägt. Schon die geschichtlichen Darstellungen gehen in der Zahl der gestalteten Motive, in der Durchführung und Technik weit über das in der Bamberger Bibel Gebotene hinaus. Die Genesisbilder finden sich wie in der Bamberger Bibel auf einem in vier Felder geteilten Blatt, aber die Figürchen sind hier von doppelter Höhe, nur die Komposition breitet sich infolge

---

[1] Dass A. Springer, Die Genesisbilder in der Kunst des frühen Mittelalters (Abhandl. d. phil. hist. Cl. d. k. sächs. Gesellsch. d. Wissensch. Bd. IX. S. 665 fg.). Aus der karolingischen Zeit ist uns ein Denkmal, das die Gestaltung dieser Stoffe enthielt, nicht erhalten. Selbst die Bibel von St. Paul, mit der umfangreichsten bildlichen Erläuterung des alten Testaments, springt von den Darstellungen der Geschichten des ersten Elternpaares gleich zu den Geschichten Mosis über.

[1] Als Vorsatzbild für das neue Testament war eine solche Darstellung nicht schön, doch trat gewöhnlich an Stelle des Symbols (des Lammes) die geschichtliche Persönlichkeit Christi, während das Lamm, entsprechend dem apokalyptischen Motiv, gewöhnlich von den vierundzwanzig Ältesten umgeben dargestellt wurde. Vgl. Alcuin Carm. LXX (ed. cit. I. p. 293).

[2] Auch sonst wann in die Randleisten noch öfters Medaillons eingelassen; die meisten sind herausgeschnitten; von den wenigen noch vorhandenen sei das mit der erinnernden Darstellung Alcuins angeführt (fol. 399). Auf fol. 160' ist in dem Reif eines O die Personifikation der „Sophia sancta" (der Initial eröffnet das Buch Ecclesiasticus) dargestellt.

[3] Andere hervorragende Initiale: F (fol. 2) und D (fol. 6).

Ausscheidung einzelner Motive freier aus. Es blieben weg die Namengebung der Tiere, die Scham des Elternpaares, und der Tod Abels, so dass also in jedem Felde nur zwei Scenen vorgeführt wurden und zwar im I. Erschaffung Adams und Evas, im II. Eva wird dem Adam zugeführt und Verbot der Frucht, im III. Sündenfall und Urteilsfällung; im IV. Vertreibung aus dem Paradies und Adam das Feld bebauend, Eva den Seth stillend. Die Darstellungen sind farbig, schon dies drängte auf grössere Rücksicht der Natur gegenüber. Die Umrisse sind schwarz gezeichnet, die Fleischteile sind von bräunlichem Rot, Gold wird für die höchsten Lichter in der Gewandung, aber auch für die Bezeichnung der Blattrippchen verwendet. Die Gedrungenheit der Gestalten in den Genesisbildern, der Typus Christi weisen auf altchristliche Sarkophagdarstellungen als Muster hin.[1] Diese Vermutung wird erhärtet durch die beiden Darstellungen zum Buche Exodus (fol. 25ᵇ): Moses erhält die Gesetzestafeln auf dem Sinai und seine Verkündigung des Gesetzes an das israelitische Volk. Der Sinai steigt als steiler Fels empor, Flammen schlagen an verschiedenen Stellen desselben heraus. Moses steht nicht auf der Höhe des Berges, sondern auf dem ersten Absatz desselben und erhält die Tafeln von der aus einer Lichtglorie hervorragenden Hand Gottes. Hinter dem Berge ist die Landschaft durch je einen an jeder Seite emporsteigenden Baum angedeutet. Ganz am Fusse des Berges steht Josua mit dem Stab (Exod. 24, 13). Die Verkündigung des Gesetzes — auf dem Felde darunter — findet in einer Halle statt; und zwar ist hier das Innere der Halle mit auffallendem perspektivischem Geschick charakterisiert, sodass man noch den Ansatz der kassetierten Decke sieht. Die Säulen sind kaneliert, die Zwickel der flachen Bogen gleichen einem kämpferartigen Gliede, das sich zwischen die Deckplatten der Blattcapitelle und die Bogenansätze einschiebt. Vorhänge trennen die Halle von Seitenräumen. Die Figuren sind von gedrungenen Verhältnissen, die Köpfe gross, die Gesichter meist bartlos und durchaus von antikem Typus. Die Darstellungen zum neuen Testament werden eröffnet mit einer Majestas domini (fol. 35²). Innerhalb einer Mandorla sitzt Christus auf der Weltscheibe, bekleidet mit schieferblauer Tunika und gelbem Mantel; die linke Hand hält das offene Buch, die rechte ist segnend erhoben. Das bartlose Gesicht ist von jugendlicher Bildung. Wie auf dem entsprechenden Bilde der Bamberger Bibel sind dann die Evangelistensymbole in den Ecken der Raute, welche die Mandorla umgiebt, abgebildet, während in den Zwickeln die vier Propheten, diesmal aber sitzend, in ganzer Gestalt, mit Schriftrollen in der Hand, dargestellt sind. Den Schluss der geschichtlichen Bilder machen zwei Darstellungen, deren Motive der Apokalypse entnommen sind (c. 4, 5, 6), doch so, dass mit deren Anordnung ganz frei verfahren wird. Im oberen Felde sieht man das Buch mit den Siegeln auf einem mit violettem Tuche überdeckten Altartische, zu dessen Seiten der Löwe und das Lamm stehen; in den Ecken des Feldes sind die Evangelistensymbole angebracht. Auf dem unteren Felde ist die Herrlichkeit Gottes des Vaters dargestellt, umgeben von den „vier Tieren". Der Regenbogen ist als eine geschwungene Draperie charakterisiert, die von dem Thronenden gehalten und deren Enden von dem Löwen und Ochsen mit den Zähnen gefasst wird, während der Adler zu Häupten des Vaters steht und der Mensch (Engel) ein Horn an den Mund setzt.[2] Die

---

[1] Verse in den Rändern, welche die einzelnen Felder umgeben, erläutern den Inhalt der Darstellung. Zu den Genesisdarstellungen:

> Os⸗ . Adam Primus ab fingitur ꝑ̄ . Costa
> Costa necro corpitur Eva. ꝑ̄ Evam docet
> Adam. quam vocat vivagine (m). Ast edunt
> ne poma vite pħ) obolet opus conditor.
> Nudat super creatur. Anguis dole poellas.
> Post hec amena lustrans. Adam vocat
> resculptur. Uterque ab nudris pellitur sade
> neris. Et pue labari cura reduns habite.

Es seien noch gleich die Verse für die übrigen Darstellungen angeführt. Zu den Mosaisbildern:

> Suscepit legelans Mogses cornua
> Regis e dextrus superi sed infra.
> Jehus docet ꝑ̄ p⸗pulum) replentus
> Nectare sancto.

Zur Majestas domini:

> Rex sinost Aethereus condigne sibi Prophetae
> His Evangelvos quattuor angeli tubae.

Zu den apokalyptischen Bildern:

> Septem Sigillis signat innocens mundi
> Signate moris jura dicerat pater̄s.
> Leges e veteris num metallro
> Abuis perborelalvis liquaenthujc Ecce.
> Quae breelaij populos dolere multi.

[2] Folgende Stellen kommen für die zweite Darstellung in Betracht: Und siehe ein Stuhl ward gesetzt im Himmel, und auf dem Stuhl sass einer. Und der da sass, war gleich anzusehen, wie der Stein Jaspis und Sardis; und ein Regenbogen war um den Stuhl, gleich anzusehen, wie ein smaragd" (4, 2, 3). „Und mitten im Stuhl und um den Stuhl vier Tiere . . . . und das erste Tier war gleich einem Löwen, und das andere Tier war gleich einem Kalbe, und das dritte hatte ein Antlitz wie ein Mensch, und das vierte gleich einem fliegenden Adler"

Farbenstimmung ist bei diesen, wie bei den früher genannten Gemälden, ziemlich tief; für Angabe der höchsten Lichter in Stoffen wird Gold, für die im Fleische Weiss gebraucht. Die Streifenhintergründe lassen auf das Blau ein dunkles und dann ein helles Violett folgen; dann ein Braun für die Farbe der Erde. Die Ausstattung der Kanones ist ziemlich einfach. Die Säulen haben Blattcapitelle, die Schäfte ahmen farbige Steinsorten nach; Pflanzenstengel steigen zu beiden Seiten der Hauptbogen und zwischen den kleinen Bogen empor. Jedes Buch der Bibel beginnt mit einem prächtigen Initial; die Zeichnung ist in Gold oder Silber ausgeführt, die Füllungen sind farbig und zwar wird dabei mit Vorliebe Rot, Grün, Blau, Violett verwendet. Vegetabile Formen sind vor Band- und Flechtwerkformen bevorzugt. Neben diesen rein ornamentalen Elementen treten dann aber noch figürliche im engeren Sinne auf. Es werden nämlich nicht selten in der Architektur des Initials selbst, oder in den von dieser umschlossenen Raum menschliche oder Tiergestalten eingesetzt. So z. B. ist in dem Beatus vir) des Psalters David den Löwen zerreissend dargestellt (fol. 234), in dem D des Ecclesiasticus (fol. 262) eine weibliche Figur mit einem Buche in der rechten und einem Stabe in der linken Hand, die gewiss wie in dem entsprechenden Initial der Bamberger Bibel die Sophia sancta versinnbildet[1] Daneben erscheinen Köpfe von Heiligen mit Nimbus, oder Köpfe von Kriegern, die Tierwelt ist durch einheimische und fremde Gestalten vertreten, Vögel trinken einzeln oder paarweise (das alte antike Motiv) aus Gefässen; Vasen, Dreifusse, heilige Monogramme werden gleichfalls als Zierformen verwertet.

Den gleichen decorativen Geschmack bekundet eine im übrigen einfacher ausgestattete Bibel, welche wahrscheinlich Graf Roriko von Maine, ein wilder Eidam Karls d. Gr. (Roriko lebte in freier Liebe mit Karls Tochter Rotrud), dem Kloster Glanfeuil schenkte, von wo sie noch im Laufe des neunten Jahrhunderts nach Saint-Maur-des-Fossés kam (jetzt Paris, Nat.-Bibl. No. 3). Die Ausstattung beschränkt sich auf die Kanonestafeln (fol. 309ᵛ—311) und auf die Initialen; es ist der gleiche Motivenschatz, der gleiche künstlerische Geschmack, der uns dann in der höchsten Entwicklung im Lothar-Evangeliar und in der Bibel Karls des Kahlen entgegentritt.[2]

Das Lothar-Evangeliar (Paris, Nat.-Bibl. No. 266) entstand kurz vor der Bibel Karls des Kahlen, und so steht es auch nicht bloss textlich, sondern ebenso künstlerisch der letzteren unmittelbar nahe. Kaiser Lothar war der Auftraggeber, Sigislaus überwachte die Durchführung.[3] Es übertrifft an Pracht der künstlerischen Ausstattung alles, was die Schule von Tours bisher geleistet hatte. An selbständigen Bildern bringt das Evangeliar: das Widmungsbild Lothars (fol. 1), dann eine Majestas Domini und die Bilder der vier Evangelisten. Das Widmungsbild ist sehr einfach. Auf einem Throne, dessen Gliederung aus Gold und Silber besteht, sitzt Lothar in blauem Untergewand und violettem Mantel, die Krone auf dem Haupt; auf jeder Seite des Thrones steht ein Waffenträger, und zwar hält der eine Schild und Speer, der andere das Schwert. Lothar stützt mit der Rechten auf den Knopf seines Scepters, die Linke scheint ein gesprochenes Wort zu verdeutlichen. Das bartlose Gesicht ist mehr viereckig als oval, das Kinn ist kräftig, der Nasenrücken etwas gekrümmt, die Augen blicken lebhaft. Dem Faltenwurf des Mantels fehlt die freie stoffgemässe Anordnung; das Motiv ist mit beinahe kalligraphischen Zügen eingezeichnet. Die höchsten Lichter im Gewande sind mit Gold eingestrichelt, im Fleische sind sie mit Weiss angegeben. Die Anordnung solcher Fürstenbildnisse konnte schon aus vorkarolingischen Darstellungen genommen werden und diese gingen wieder auf spätrömische Dedicationsbilder zurück; wahrscheinlich hat die karolingische Kunst unmittelbar an solche sich angelehnt.[4] Über die Bildähnlichkeit lässt sich nur schwer urteilen, immerhin lässt der Vergleich mit anderen Lothardarstellungen schliessen, dass die allgemeine Form des Kopfes, die Bildung des Kinnes und der Nase, die Haartracht der Natur entsprachen. Die Darstellung der Majestas zeigt Christus innerhalb einer Mandorla auf der Erdscheibe sitzend; in der Linken hält er das

---

[4. 6. 3.] In jener Darstellung „eine Art Tetramorph im Sinne der Vision Ezechiels" zu sehen, wie Frimmel will (Die Apokalypse in den Bilderhandschriften des Mittelalters. Wien, 1885, S. 52 fg.), ist unmöglich. Frimmel meint, das Fehlen des Nimbus lasse es nicht zu, an Gott Vater zu denken, — aber die Apokalypse sagt auch nur „auf dem Stuhl saz Einer", und dann wird dessen Herrlichkeit beschrieben, ohne einen Nimbus zu gedenken; so sind denn auch in der malerischen Darstellung nicht beansagt, über die Angaben der Schriftstelle hinauszugehen.

[1] Die Darstellung der Sophia sancta, der göttlichen Weisheit, gehört zuerst sicherlich dem byzantinischen Bilderkreis an; doch die Darstellung dort blieb strenger an dem Gedanken haften, dass der ἁγία Σοφία wurde dort in Christus oder den heiligen Geist personificiert (davon abhängig auch viele Darstellungen im occidentalen Mittelalter), die karolingische Kunst dagegen hat den Begriff allegorisch, also dem Geschlechte des Wortes entsprechend, weiblich dargestellt.

[2] Bastard, a. a. O. pl. 102.

[3] Man vermutete früher dessen Herstellung in St. Martin in Metz; erst Delisle hat die unwiderlegbaren Beweise gebracht, dass ein Ursprungsort St. Martin in Tours sei. Der Schild nämlich gehört der Schreibstube von Tours an, und Sigislaus, der auf königlichen Befehl das Evangeliar herstellen liess, war Insasse des Klosters St. Martin in Tours. Vgl. Delisle, Memoire sur l'école calligraphique de Tours au IX. siècle (Mémoires de l'Académie des inscriptions et Belles-Lettres Tom. XXX. 1885). Über das textliche Verhältnis zur Bibel Karls d. Kahlen, vgl. S. 58. Die Zeit der Herstellung ist annähernd bestimmt durch die Jahre 840—843. In dieser Zeit nämlich hielt sich Lothar in den westlichen Teile des karolingischen Reiches auf, wogegen ihn der Vertrag von Verdun (843) auf Italien und Lothringen beschränkte. Der Zusammenhang der Bibel Karls d. K. mit dem Lothar-Evangeliar wurde nie verkannt, — man musste deshalb, so lange man das Lothar-Evangeliar als in Metz geschrieben ansah, auf eine Abhängigkeit der Schule von Tours von der von Metz schliessen, während man jetzt eher das Umgekehrte vermuten darf.

[4] Sehr belehrend ist es, das Bildnis des Constantin II. Aug. in dem Kalendarium des Philocalus (a. O. Taf. XXXIV), wo Haltung und Anordnung die auffallendste Verwandtschaft mit den karolingischen Fürstenbildern zeigen.

geschlossene Buch, in der Rechten zwischen Daumen und Goldfinger die goldene Hostie. Er ist nicht mehr, wie in der Londoner Bibel bartlos gebildet, sondern entspricht dem bärtigen Typus, welcher als der kallistinische bezeichnet wird. Christus trägt eine blaue Tunica und einen gelben Mantel. Der Nimbus ist mit dem Kreuz gezeichnet. Dieser Christus ist die früheste Darstellung des bärtigen Typus in der karolingischen Malerei, soweit aus vorhandenen Denkmälern geschlossen werden kann. Er ist aber nicht etwa auf ein byzantinisches Vorbild zurückzuführen. Wie bemerkt, nähert er sich dem sog. kallistinischen Typus und noch näher verwandt ist er dem Christuskopf aus S. Gaudioso (aus dem sechsten Jahr.). Er leitet also jedenfalls auf den im Westen geschaffenen bärtigen Typus zurück, der, im Gegensatze zu dem byzantinischen, Christus zwar in reifem männlichen Alter, aber doch im Besitze kräftiger gesunder Schönheit darstellt. In den Zwickeln des Blattes sind die Evangelistensymbole abgebildet. Von den Evangelisten schaut Marcus (bärtig) begeistert zu seinem Symbol auf, während er den goldenen Griffel zum Schreiben ansetzt; Lucas, das Haupt zum Buch herabgebeugt, schreibt emsig; nachdenklich die Feder zum Schreiben ansetzend, ist auch Johannes dargestellt, während Matthäus der Erleuchtung zulauscht. In Formen und Verhältnissen sind die Evangelisten hier geschmeidiger, als in den Darstellungen der später zu behandelnden Metzer Schule, wahrscheinlich infolge strengeren Anschlusses an die altchristlichen Vorbilder.

Ausserordentlich prächtig ist die Ausstattung der Kanones und der Initialen. Bei der Verzierung der Kanones kommt öfters eine Abänderung des gewöhnlichen Dekorationsschemas insofern vor, als die kleinen Bogen, mitunter auch die Hauptbogen wegbleiben und nur ein reich verzierter Rahmen das Zahlenschema umgibt. So fehlen die Zwischenbogen gleich beim Kanon primus. Der Hauptbogen ist hier von einem rechteckigen Rahmen umgeben, dessen oberer und unterer Querstab in Tierköpfe auslaufen, welche wieder in vegetabile Formen überführt werden. Auf dem oberen Querstab stehen zu beiden Seiten des Akroterion je ein Löwe; als Füllung für die Stäbe aber ist mit Vorliebe weisses Flechtwerk verwendet. Die Säulen, welche die Bogen tragen, sind hier golden mit rotem Contour, die Capitelle silbern mit goldenem Blattwerk; die Basen und die über einander geschichteten Deckplatten sind schwarz mit rotem Contour und besetzt mit goldenen Knöpfchen. Der Bogen wird von zwei rot conturierten Silberstreifen eingefasst, die als Füllung goldenes, rot umrissenes Blattgewinde einschliessen. Wenn auch der Hauptbogen fehlt, so werden die Säulen mit einem flachen Balken überdeckt. Zwickel, Bogen und Querbalken sind stets mit reichem Schmuck bedeckt, und zwar besteht dieser nicht bloss aus Formen, welche schon von der altchristlichen Kunst verwendet wurden, sondern nicht selten liegt eine unmittelbare Entlehnung aus der klassischen Mythologie und Symbolik, näher bezeichnet aus dem Formenvorrat der antiken Kunst vor. Da jagt ein Kentaur den Damhirsch, der den tötlichen Pfeil schon im Rücken, noch zu entfliehen sucht; da sieht man Seedrachen, geflügelte Greife, den Bellerophon, die Chimaira, den Einhorn; der Elephant dagegen spiegelt den mächtigen Eindruck wieder, welchen das Geschenk des Harun al Raschid an Karl d. Gr. in Literatur und Kunst hinterlassen hatte. Nicht gerade antiken Denkmälern, sondern auch noch dem Gebrauch der Zeit ist es vielleicht entnommen, wenn von den Scheiteln der Bogen Lampen, Krüge, Vasen, Kronen herabhängen.[2] Bei der Ausführung spielt Gold und Silber, wie schon angedeutet wurde, eine grosse Rolle; wo Farbe auftritt, wetteifert mit der Zartheit der Zeichnung die Zartheit des Tons, die von einem hochentwickelten Farbensinn Zeugnis ablegt. In der Kanones-Verzierungen, den Randleisten und der Umrahmung der Capitulatio vereinigt sich der Hauptreichtum des künstlerischen Schmucks, die Ausstattung der Initialen tritt dagegen zurück. Reicher verzierte Initialen bringt nur der Anfang jedes Evangeliums. Die Zeichnung ist in Gold und Rot auf dem Pergamentgrund ausgeführt; die Füllungsflächen sind farbig; so z. B. hebt sich grünes Bandwerk vom schwarzen Grunde ab; schwarze Ranken laufen auf weissem Grund hin; manchmal beleben das Rankengewinde Vögel oder Vierfüssler, ganz klein, in Gold. Als Abschlüsse werden gern Tierköpfe verwendet, die aber wieder in vegetabile Formen überführt werden.[3]

---

[1] Man vgl. den Christuskopf aus S. Gaudioso bei Salazaro, Studj sopra i Monumenti dell' Italia merid. tom. IV. oder bei Garrucci, Storia dell' Arte Christiana tav. 105.

[2] Seedrachen am Denkmal von Saint Remy, auf antiken Sarkophagen (z. B. bei Clarac II. T. 206, 208) auf altchristlichen Sarkophagen (z. B. Garrucci, a. O. Tav. 356 n. 19). Geflügelte Greife waren schon in der Zeit der Völkerwanderung aus der Antike in den germanischen Formenvorrat gekommen. Vgl. Hampel, a. O. S. 9. Der hier abgebildete Krug zeigt den geflügelten Greif in genau entsprechender Form. Für Bellerophon und Chimaira vgl. Conze, Archäologische Vorlegeblätter, ser. VIII. Taf. 9 n. 3. Auch das Einhorn war der antiken Gesamtwelt bekannt; der Einhorn Pferd bei Aristoteles, der Einhorn-Ochse bei Plinius. Der Literatur-Nachweis darüber bei Stephani: Compte Rendu de la Commiss. Archéologique de St. Petersbourg 1876/77.

Den Eindruck, welchen der von Harun al Raschid geschenkte Elephant — Nomen Abul Abbas — im ganzen Frankenreiche machte (er kam am 1. Juli 802 in Aachen an), verraten alle Annalenwerke der Zeit; vgl. auch Einhards Vita Caroli cap. 14. Der Poeta Saxo drückt die Ansicht der Zeit aus: „solita spectanda regni Francorum" lib. IV. v. 79 fgg. Schaugefässe, Lampen, Kronen etc. herabhängend kommen auch auf antiken Denkmälern vor. Vgl. z. B. Ansichten di Ercolano Puntata IV. p. 309 und Compana, Opere in Plastica, Tav. XCV und XCVII.

[3] Abbildungen aus dem Lothar-Evangeliar, Bastard, a. O. V. pl. 140 — 152.

Auf gleicher Höhe des künstlerischen Geschmacks und der Pracht der Ausstattung steht die Bibel, welche Graf Vivian, als Vorstand der Abtei von St. Martin in Tours, Karl dem Kahlen überreichte. Die Zeit der Abtregierung Vivians, 844 bis 850, bestimmt die Zeit der Herstellung der künstlerischen Ausstattung; und es erscheint ganz wahrscheinlich, dass der Künstler oder die Künstler des Lothar-Evangeliars auch die künstlerische Ausschmückung der Bibel übernommen hatten; andererseits liegt in den geschichtlichen Darstellungen der Zusammenhang mit der Londoner Alcuinbibel offen am Tage.

Eröffnet wird der Cyklus mit der Geschichte der Bibelübersetzung (fol. 3[r]):

Exit Hieronimus Roma condiscere verba
Hierusalem hebraeae legis honorificae

erläutern die beigeschriebenen Verse. Seitwärts die von getürmten Mauern umgebene Stadt, aus deren Thor Hieronymus herausgeschritten ist. — unter einem anderen Thor steht die Stadtgöttin, in rotem Untergewand und weissem Mantel mit Schild und Speer bewaffnet. Eine zweite Szene desselben Bildes zeigt die Fahrt über das Meer, eine dritte führt Hieronymus vor, wie er dem Lehrer des Hebräischen eine Goldmünze überreicht. Es kommt dann das zweite Feld, auf dem die That der Übersetzung und die Erläuterung derselben durch Hieronymus in Gegenwart heiliger Frauen vorgeführt wird:

Enixeshiae nennon Paulae divina salutis
Iura dat, alisthrono fultus ubique Deo.

Auf dem dritten (untersten) Felde reicht der sitzende Hieronymus Abschriften der Übersetzung Priestern und Mönchen, die eilig die Last davontragen.

Hieronimus translato sui quae transtulit almus
Alis hic tribuit quis ea composuit.

Die Hintergründe sind blau und rot gestreift, der Boden ist von brauner Farbe, die Wasserfläche des Meeres stahlblau. Es folgen (fol. 10[r]) die Genesisdarstellungen. Sie decken sich in den Motiven und zum grossen Teil in der Ausführung mit jenen in der Londoner Bibel; die Verse, welche die Bilder erläutern, sind hier und dort dieselben. Nur die Anordnung des Stoffes erlitt eine Änderung, das Blatt ist nämlich nicht in vier, sondern in nur drei Felder geteilt, aus welchem Grunde im oberen und untersten Felde je drei statt, — wie in der Londoner Bibel, — zwei Bilder vorgeführt werden.[1] Vor dem Buche Exodus (fol. 27[r]) sind wie in der Londoner Bibel und auch mit den gleichen erläuternden Versen die Empfangnahme der Gesetzestafeln und die Verkündigung des Gesetzes dargestellt. Nur ganz geringfügige Änderungen wurden an der Komposition vorgenommen; so fehlen in dem ersten Bilde die beiden Bäume zu den Seiten des Berges und Josuah streckt nicht staunend die linke Hand aus, sondern legt nachdenklich den Zeigefinger der linken Hand an die Wange. Auch in dem unteren Bilde sind einige Einzelheiten anders als in der Londoner Bibel dargestellt, aber gerade diese Änderungen beweisen deutlich die frühere Entstehung der Londoner Bilder. Die Architektur entspricht in der Vivian-Bibel weniger streng dem antiken Vorbild. Die Cannelüren fehlen den Säulenschäften, die Blattcapitelle sind weniger streng, — dann aber, — was die Hauptsache, an Stelle des richtig dargestellten Inneren der Halle im Bilde der Londoner Bibel, wird hier, was in flinker Kopie leichter zu bewältigen war, die ganze Halle, von aussen gesehen, vorgeführt, und die Personen stehen damit nun vor der Halle oder in den Intercolumnien. Die Form der Halle ähnelt der Darstellung des Theodorich Palastes auf dem Mosaik von S. Apollinare Nuovo; die Schmalseiten sind mit Giebeln versehen, die Intercolumnien haben verschiebbare Vorhänge (Vela) erhalten. Die Anordnung der Figuren ist dagegen die gleiche hier und dort, nur die Bewegung der Hände stimmt nicht ganz überein. Am wenigsten glücklich ist die Änderung des Motivs bei Josuah. In der Londoner Bibel hält Josuah noch den Vorhang, den er zurückschlug, um die Halle einzutreten, um den Arm geschlungen, in der Vivianbibel steht Josuah mit dem Stab gleichmütig hinter Moses. Eine Darstellung, die der Londoner Bibel mangelt, ist David mit seinen Chören:

Psalmifitus David resplendet et ordo peritus
Ejus opus couere musica ab arte bene.

In blauer Mandorla ist David, die Harfe schlagend, im Tanzschritt dargestellt, ihn umgeben Asaph, Eman, Ethan und Jedithun „die Sänger mit ehernen Cymbeln helle zu klingen" (Chronika, 1, 16, 17); dann zwei Waffenträger als Vertreter der Crethi (Cerethi) und Plethi (Phelethi); in den Zwickeln endlich erscheinen vier Frauengestalten im Brustbilde, jede ohne besonderes Abzeichen, nur mit einem Palmenstengel in der Hand; die Unterschrift bezeichnet sie als Prudentia, Justitia, Fortitudo und Temperantia. Die frühchristliche weströmische Kunst kannte die Darstellung Davids inmitten seiner Chöre nicht; das Motiv dürfte im Orient, und zwar auf dem Boden von Niederägypten, das überhaupt

---

[1] Oberes Feld: Schöpfung des Adam, der Eva, Verführung der Eva. Mittleres Feld: Sündenfall, Scham der Eltern. Unteres Feld: Vertreibung aus dem Paradiese, Adam das Feld bebauend, Eva den Seth stillend.

in der bildlichen Erläuterung des alten Testaments eine hervorragende Rolle gespielt zu haben scheint, seine erste Gestaltung erhalten haben. Das geschah wohl erst im 6. Jahrhundert, doch wurde diese Darstellung dann schnell auch im Occident beliebt.[1] Die neutestamentlichen Bilder werden mit einer Majestas domini eröffnet; die begleitenden Verse sind hier zwar dieselben wie in der Londoner Bibel, doch die Komposition ist reicher. Zu Christus und den Evangelistensymbolen und den vier grossen Propheten (hier als Brustbilder in Medaillonform) treten nämlich noch (in den Zwickeln) die sitzenden Evangelisten in ganzer Gestalt, und zwar Marcus und Matthäus bartlos, Johannes als bärtiger Greis und Lucas bärtig, aber in kräftigem Mannesalter. Dem Briefe an die Römer geht ein Blatt mit Darstellungen aus dem Leben des heiligen Paulus voraus (fol. 386'); sie führen seine Bekehrung vor, die Heilung von seiner Erblindung durch Ananias und seine Predigt der Lehre Jesu zu Damaskus (Apostelgesch. 9, 1—31).[2] Die zwei letzten der neutestamentlichen Bilder (fol. 415') stimmen genau mit jenen des gleichen Gegenstandes in der Londoner Bibel überein: oben das Buch des Lebens mit dem Löwen und Lamm und den vier symbolischen Tieren, unten die Herrlichkeit des Vaters.[3] Auf einem Schlussblatt endlich findet sich ein grosses Zeremonialbild, welches die feierliche Übergabe der Bibel durch Vivian an Karl den Kahlen vorführt. Der ganze Konvent ist Zeuge dieses festlichen Ereignisses. Der silberne mit goldenen Zierleisten geschmückte Thron, auf welchem der Kaiser sitzt, schwebt infolge mangelhafter Perspektive gleichsam in der Luft. Der Kaiser trägt einen auf der Schulter mit einer Fibula zusammengehaltenen gelben Mantel, darunter eine rote Tunika und Strümpfe von gleicher Farbe. Sein Haupt ziert eine Krone mit helmartigem Schmuck. Zwei fränkische Grosse und zwei Waffenträger stehen ihm zur Seite. Oben wird die Hand Gottes sichtbar und in den Zwickeln reichen zwei im Brustbild sichtbare Frauengestalten mit Palmzweigen in den Händen je eine Krone herab, wahrscheinlich als Personifikationen der Francia und der Gotia (Aquitania?). Dann kommen die Mönche in einem Halbkreis geordnet. Drei, die dem Kaiser zunächst stehen, überreichen die mit goldenen Schliessen versehene rot gebundene Bibel; ihnen gegenüber, in der Gewandung der Grossen, Vivian, der weltliche Abt des Klosters, eindringlich das Wesen der Gabe erläuternd, zwischen diesen dann noch acht Mönche in lebhafter Bewegung, der Mehrzahl nach dem Beschauer, statt dem Mittelpunkt der Handlung zugewendet. Bei Wiedergabe der Mönche und Grossen wird man kaum Bildnistreue suchen dürfen; bei ersteren ist ein abgestumpftes Oval typisch, das von jenen in altchristlichen Mosaiken wenig abweicht. Eher dürfte der Maler den Versuch gemacht haben, das Charakteristische im Typus des Kaisers festzuhalten, doch fehlen uns die Bedenken betreff des Gelingens solcher Absicht: der Typus hat im ganzen eine schlagende Ähnlichkeit mit dem Lothars, nur der Nase fehlt hier die Krümmung, das Kinn ist weniger kräftig gebildet und ein kleiner Schnurrbart tritt als unterscheidendes Merkmal hinzu. Da Karl der Kahle zur Zeit der Entstehung des Widmungsbildes höchstens 26—27 Jahre gezählt haben kann (geb. 823), so ist auch das Alter kaum annähernd zutreffend charakterisiert. Die Gebärdensprache erschöpft sich im wesentlichen in der Bewegung der Hände, die für das ganze Mittelalter das vornehmlichste künstlerische Ausdrucksmittel des Malers und Bildhauers blieb.[4] Das künstlerisch Wertvollste ist aber auch bei dieser Bibel wieder die Dekoration im engeren Sinn: die Verzierung des Kanones, die Randeinfassung einer Reihe von Blättern und die Initialen. Noch reicher als im Lothar-Evangeliar erscheint hier der Motivenschatz, über den der Künstler verfügte, noch prachtfreudiger ist die Ausführung. In dieser Ornamentik sind alle Formenelemente, wie sie durch den Gang der Politik und Kultur auf fränkischem Boden abgelagert worden waren, zu ihrem Recht ge-

---

[1] Vgl. Kondakoff, Histoire de l'Art Byzantin (Paris, Rouam 1886) I. p. 140 fg. und Springer, Die Psalter-Illustration im frühen Mittelalter (Abhandl. d. phil.-hist. Cl. d. k. Sächs. Gesellsch. der Wissensch. VIII (1880) S. 189 fg).

[2] Hoc Sauleum Dominus caecat, hinc fundit in imum / Terram, post tradidit caecus ut ire queat / Allegnitur Sabooth Ananunias quaterere Saulum. / Reddit et ea illi lumen adempta illi. / Quam bene sancte, doces tradis dogmatis, Paule / Ex urbe prius caelitus atque nota.

[3] Ohne an der Komposition im geringsten zu ändern, sind hier nur einige Einzelheiten hinzugetreten: Oben hinter dem Tische mit dem Buch der Reihe mit dem Bogen (Ap. 6, 1), unten zwei vignettenartige Darstellungen und zwar auf der einen Seite Johannes, von Häupt in Trauer verhüllt, und neben ihm einer der Ältesten (Ap. 5, 4—5), auf der anderen Seite Johannes, das vom Engel gereichte Buch verschlingend (Ap. 10, 9—10).

[4] Das Widmungsbild findet sich, wie schon angegeben wurde, erst am Schluss der Bibel (fol. 423), doch folgen ihm die Verse des Notarius trata zu diplomatisr (III. 133 u. 134 u.) zu erst, wenn vor die Bibel noch unter Alcuin hergestellt lassen und möcnig, das Widmungsbild mit den Widmungsversen sei eben erst jetzt hinzugefügt worden, als man sich entschlossen hatte, die Bibel dem Kaiser als Geschenk zu überreichen. Die Textkritik verknüpft die Vivian-Bibel ebenso enge mit dem Lothar-Evangeliar, wo die Kritik des künstlerischen Stils und beide ergeben einen späten Forschort der Entwickelung, dass eine frühere Zeit für die Entstehung nicht angenommen werden kann, als die welche angeführ durch das Datum der Übergabe angedeutet ist. Immerhin ist es möglich, dass schon das Beginn der Herstellung der Bibel nicht gerade Karl den Kahlen vor Augen hatte (schon das Schwanken der Wege der Glauben und Erfolgs an den Kämpfen der einzelnen Glieder der Dynastie könnte dies erklären), sondern dass man erst in letzter Stunde an Karl den Kahlen als Empfänger dachte. Und möglich ist es auch nicht so gar ausgeschlossen, dass man mit Absicht die grösste Darstellung den religiösen folgen liess; wäre es denn so schwierig gewesen, das Widmungsblatt auch bei noch tragischer Ausführung dem Buche voranzustellen.

kommen, aber sie werden ganz im Sinne einer durch die Gesetze antiker Ornamentik geläuterten künstlerischen Anschauung und Empfindung verwertet, wie denn auch in der Wahl der Motive die antike Ornamentik im Vordergrund steht. Gleich in der Verzierung der Kanones zeigt sich dies (fol. 326—327). Das herkömmliche Schema ist im ganzen beibehalten, nur wechseln die kleinen Bogen manchmal mit sehr spitzen Giebeln ab. Die Säulenfüsse entsprechen gewöhnlich der römisch-korinthischen Ordnung, doch wird ausnahmsweise auch der Tierkörper als Fuss benutzt, so einmal zwei Vögel, ein anderes Mal je ein sitzender Löwe und wieder einmal ein kauernder und ein ausschreitender Ochs. Die schwächlich gebildeten Schäfte sind meist golden oder silbern, in anderen Fällen ahmen sie die Struktur farbiger Steine nach und sind dann gewöhnlich mit Goldranken umwunden. Die Capitelle sind fast immer Blattcapitelle, schliessen sich aber nur wenig an die klassischen Ordnungen an, näher stehen sie den altchristlichen Formen in Ravenna und Südfrankreich; um den würfelförmigen Kern scheint ganz lose Blattwerk, das vielfach dem Akanthus ähnelt, gelegt zu sein. Die Bänder der Bogen zeigen entweder Flechtwerkmuster oder Blattguirlanden in Gold auf farbigem Grunde. Von den Scheiteln der Bogen hängen Gefässe, Kronen, Lampen herab. Für die Zwickelfiguren zu den Seiten des Hauptbogens ward hier der antike Formenschatz besonders ausgiebig in Anspruch genommen: neben Seedrachen, Greifen und anderen aus dem Lothar-Evangeliar bekannten Motiven begegnet man hier auch Eroten, welche einen Schild halten, auf dem ein Pfau abgebildet ist.[1] Von ausländischen Tieren nimmt wiederum der Elefant eine bevorzugte Stellung ein. Auf dem oberen Querbalken der Blattumrahmung sind kleine vignettenartige Darstellungen von teils profanem, teils religiösem Inhalt angebracht. So einmal ein hier fortstreuende Frau doch kaum wie in späteren mittelalterlichen Darstellungen, z. B. an der Thür des Augsburger Doms symbolisch — die Kirche — gemeint, eine Schar trinkender Vögel, eine Henne mit ihren Küchlein, ein Hirte, der auf kämpfende Ziegen losschlägt u. s. w., von religiösen Darstellungen das Kreuz zwischen A und Ω, die Taube zwischen zwei Engeln mit Kreuzstäben.[2] Ausserdem sind in die Stäbe der Umrahmung öfters Köpfe in roter Zeichnung eingelassen. Von Blattformen bei den Ranken, die sich um Stäbe und Schäfte winden, erkennt man das Akanthus- und Weinblatt und ein rosettenförmiges Blatt. Die Kapitelübersichten für die einzelnen Bücher haben die gleiche Ausstattung wie die Kanones; auch hier fehlen bereits bekannte Gestalten nicht, so Bellerophon, Chimaira u. a.

Auf dem Höhepunkt der künstlerischen Reife der Zeit in Bezug auf Geschmack und Technik steht die Initialornamentik. Neben Gold und Silber gewinnt nun die Farbe ihre volle Geltung: Blau, Purpur, Violett, helles Grün, dazu Weiss und Schwarz bezeichnen die Lieblingstöne, die Zusammenstellung derselben erzielt den Eindruck heiterer, doch festlicher Pracht. Von Formenelementen nimmt Bandwerk und Geriemsel noch immer eine hervorragende Stelle ein, Geriemsel für Abschlüsse. Flechtwerk für Füllungen, dazu dann in mindestens gleicher Stärke Pflanzenwerk mit mannigfaltigen Blattformen in eingehender Zeichnung. Aus der Tierornamentik sind noch Vögel und Vierfüssler-köpfe für Endungsabschlüsse beliebt, doch in der Abwandlung der germanischen, nicht der irischen Ornamentik. Hier werden nun auch, wohl sicher nach dem Vorgang der Metzer Schule, die Bilderinitiale, das heisst Initiale, deren Öffnung kleine vignettenartige Bildchen als Füllung erhalten haben, häufiger, als dies bisher in turonischen Handschriften der Fall gewesen; diese Bildchen sind religiösen oder profanen Inhalts, sie sind der klassischen Mythologie oder den Vorstellungskreisen der Zeit entnommen. So zeigt ein D (fol. 8) den ganzen Zodiacus und zwar in der Art, dass die zehn Tierzeichen den Umriss des Buchstaben füllen, Sol und Luna aber in die Öffnung gesetzt sind.[3] Auf den Pfosten eines I erscheint Ruth und Boas, während Noemi sitzend, mit einem Wickelkind auf dem Schoss, in der Füllung des Pfostens ihren Platz gefunden hat. Christus als Salvator ist als Medaillon in ein I eingelassen, in der Öffnung eines V erscheint die Christusbüste zwischen zwei Seraphim. In einem H ist in zwei durch den Querbalken getrennten Scenen die Findung des Moses und seine Wartung dargestellt; als Gesetzverkünder erscheint er auf dem Pfosten eines L. Neben solchen Stoffen werden auch Scenen aus dem Tierleben, z. B. Gänse, die aus einer Schüssel trinken, dann Gerät, Kronen, Krüge, in den Öffnungen angebracht.[4] Es ist kein Zweifel, dass in der Ausstattung des Lothar-Evangeliars und der von Vivian Karl dem Kahlen überreichten Bibel das dekorative Geschick und der dekorative Geschmack der karolingischen Epoche seine vollendetsten Werke hinterlassen hat, und diese sind nicht bloss vollendet in Bezug auf die Zeit, in der sie entstanden sind, sie halten auch Stand dem absoluten Urteil. Die Ornamentik der Schrift hat keine Leistungen mehr aufzuweisen, welche mit solcher Strenge die Form der Buchstaben

[1] Kronen kommen ebenso oft auf spätantiken Säulenbögen vor, wie zu altchristlichen; sie halten gewöhnlich die Inschrifttafel. Man vergl. Corpi, Musee de sculpture II. Thl. 191 und Garrucci a. O. Tav. 334³, 346¹⁰, 385³ u. a. O.

[2] Der Stab als Merkzeichen der Engel ist am trohesten in den Mosaiken Ravennas nachgewiesen, so in dem Mosaik von St. Agata gegen 430—431, dann im Rabula-Evangeliar (586). Das Abzeichen blieb im Orient beliebter und verbreiteter als im Occident.

[3] Wahrscheinlich geht der Zodiacus hier auf ein römisches Mithrasrelief zurück, von dessen zehn sind dann wohl auch für Wintergitter entlehnt, die gleichfalls in der Bibel verwendet werden, und zwar genau in der Auffassung, in der sie auf Mithrasreliefs angetroffen werden. Auch die Zeichen des Tierkreises selbst mit Luna und Sol hat man vereinzelt verwertet. Vgl. u. a. Stark, Zwei Mithräen der gross. Altertumssammlung in Karlsruhe. Festprogramm der zweiten Philologenversammlung. Heidelberg 1865.

[4] Abbildungen zum Teil bei Bastard, a. O. T. V. pl. 153—176, dazu dann die Sonderwerke: Pröntnet, Ornements, Ecritures et Lettres Initiales de la Bible de Charles le Chauve conservée à Paris, publiées par Comte Auguste de Bastard Paris, Imprimerie Nationale 1883.

wahrte und dabei doch einen solchen Reichtum der Phantasie, einen so geläuterten Formensinn in der Ausschmückung derselben bekundete, wie dies hier der Fall ist. Hier sprudelt ein reicher Quell, der anregen und befruchten wird, wenn man an die Kalligraphie wieder ernsthaft die Forderung nach wahrhaft künstlerischen Leistungen stellen sollte[1]

In die gleiche Zeit (gegen 845) gehört das Sakramentarium, welches Raginold, Abt von St. Martin zu Mauresmünster in Tours schreiben liess; es wird jetzt in der Seminarbibliothek von Autun aufbewahrt. Die Grundsätze der Dekoration sind die gleichen, wie in den beiden zuletzt beschriebenen Prachthandschriften. Auf dem ersten Blatt sind die hohen und niederen Weihen (ordines) dargestellt, oben ein Bischof zwischen einem Priester und Diakonus, unten fünf Kleriker, bezeichnet als Ostiarius, Lector, Exorcista, Acholitus und Subdiakonus. Dann (fol. 5) wird der heilige Gregor sitzend mit dem Buch in der Hand vorgeführt, auf einem späteren Blatt (fol. 8) bringen drei Medaillons die gemmenartigen Bildchen (goldene Zeichnung auf blauem Grund) der Geburt und Taufe Christi und des Abendmahls. In gleichem Stil und gleicher Technik ist das Medaillon (fol. 173) ausgeführt, auf welchem Abt Raginold selbst erscheint, das Volk segnend: *Hic benedicat Populum Raganaldus abba*; umgeben wird dies Medaillon von vier kleineren in den Ecken des Blattes mit den vier Kardinaltugenden; hier aber sind dieselben eingehender charakterisiert als in der Bibel Karls des Kahlen: die Klugheit trägt das Buch und Kreuzesstab, die Mässigkeit Krug und Füllhorn, die Starke Speer und Schild, die Gerechtigkeit die Waage. Die Randeinfassungen der Blätter stimmen in Bezug auf verwendete Motive und Technik völlig mit der im Lotharevangeliar und in der Vivianbibel vorhandenen Dekorationsweise überein. Bemerkt sei höchstens, dass die Windgötter hier vollzählig erscheinen und mit Namen bezeichnet sind. Auch die Gestalten des Tierkreises fehlen nicht, daneben sieht man die Büsten von Propheten, Aposteln, Evangelisten, wie jene vorgenannten Motive in Form spätrömischer Gold- oder Silbermünzen oder Gemmen gedacht und in die Randleisten eingelassen. Auch die Ausführung ist eine so feine wie dort, und man wird kaum fehlgehen, auf die gleichen Künstlerhände in allen drei Prachthandschriften zu schliessen.[2]

Gewiss sind auch aus der Schreibstube von St. Martin in Tours Abschriften der Werke heidnischer Autoren hervorgegangen. Mag die Verehrung derselben bei den streng Kirchlichen in Verruf gewesen sein, die freieren der Schönheit zugewandten Geister fehlten auch in den Klöstern nie und so kann es nicht Wunder nehmen, dass der Diakon der Kirche von St. Martin eine Abschrift des Virgil, — vielleicht von ihm selbst angefertigt, — darbrachte, die in der Schreibstube des Klosters jedenfalls ihren Ursprung hatte. Die kostbare Handschrift befindet sich jetzt in Bern (Bibl. No. 165): Initialen, wie das T der Ekloge Tityre tu patulae zeigen, dass man in glanzvoller Ausstattung die antiken Autoren den kirchlichen gegenüber nicht verkürzte.

Die Blüte der Schule dauerte über die Mitte des Jahrhunderts hinaus, doch gewann eine etwas andere Geschmacksrichtung in der Dekoration Einfluss. Bezeichnend für diese ist die körperhafte Behandlung des Blattwerks, ohne dass von eingehender Nachahmung der Naturformen die Rede sein konnte. Gewöhnlich sind die Blätter fächerförmig, in runden Bogen gefaltet; die rote oder schwarze Umrisslinie wird von einem gelben Contour begleitet; die Lichter sind mit Gelb in das Grün eingezeichnet. Ganze Randleisten werden mit solchem fächerförmig aufgerollten Laubwerk gefüllt; es erscheint an Capitellen und ab und zu auch an Initialen. Es wird später auf jene Gruppe von Handschriften hinzuweisen sein (der Kürze wegen sei sie schon hier bezeichnet), von welcher dieser Einfluss ausgegangen zu sein scheint. Bei der Vermittelung desselben an Tours dürfte das E v a n g e l i a r der Kathedrale von Mans eine Rolle gespielt haben (Paris, Nat.-Bibl. 261). Bei diesem Evangeliar nämlich, das die Schrift nach Tours weist, während die Textkritik es sicherstellt, dass bei dem Niederschreiben eine Vorlage benutzt wurde, die jener Gruppe von Handschriften zugehörte, welche hier hypothetisch als in Corbie entstanden bezeichnet wird, zeigt die künstlerische Ausstattung in der That zuerst die Mischung der Dekorationsweise von Tours mit der später näher zu charakterisierenden von Corbie.[3] Gleich das Titelbild gehört dem touronischen Kompositionenkreis an. Christus erscheint

[1] Nur anmerkungsweise sei hier auf eine Bibelgruppe hingewiesen, die mit der Alcuin'schen parallel ging, das ist die der Theodulphbibeln. Sie entstanden am Anfang des 9. Jahrhunderts entweder zu Orleans, wo Theodulph seinen Bischofssitz hatte, oder in seinem Kloster Saint Benoit sur Loire. Zwei Exemplare dieser Gruppe, das eine im Schatz der Kathedrale von Puy, das andere in der Pariser Nat.-Bibliothek (No. 9380 fol.) haben auch eine allerdings einfache, immerhin aber erwähnenswerte künstlerische Ausstattung erhalten; diese besteht in der Kanonesverzierung, in den entsprechend eingefassten Indices und in Medaillons zu den Explicit. Vollständig tritt hier das Zurücktreten der Handwerks; dagegen treten hervor das Lappenmuster, ein Scheibenmuster, verschiedene Abwandlungen des Mäandermusters, doch in pomp-kritisch korrebater Behandlung. Vgl. Delisle, Les Bibles de Theodulf (Bibl. de l'ecole des Chartes XL 1879), Dann über die textliche Bedeutung L. Berger, De l'histoire de la Vulgate en France (Paris, Fischbach, 1882. liv. p. 7). Proben der künstlerischen Ausstattung Rostand, a. O. pl. 100—III. Über die Persönlichkeit Theodulphs zuletzt Kovholzi in einer Breslauer Dissertation (1894), doch ist dann höchstens bemerkenswert, dass der Verf. wiederum für die italienische (westgothische) Abkunft Theodulphs statt für die spanische Beweise beizubringen sucht.

[2] Vgl. die genaue Beschreibung der künstlerischen Ausstattung des Sakramentars bei Delisle, Le Sacramentaire d'Autun (mit vier Licht-druckstafeln) in der Gazette Archéol. 1884. Dann desselben Verfassers grundlegende und auch für die Gesch. der karoling. Malerei wegweisende Abhandlung Memoire sur d'ancien Sacramentaire in den Memoires de l'Institut Nationale de l'Instr. Toux. XXXII (1886) p. 57 ff. Dann des gleichen Verfassers: Memoire sur l'Ec de Calligraphie de Tours p. 10 p. 13 u. 14.

[3] Das Evangeliar gehört textlich zur dritten Abteilung der Gruppe (A [S. 38], paläographisch aber zur Gruppe von Tours (vgl. Delisle, L'Ecole Calligraphique de Tours, p. 14).

in gleicher Haltung und gleicher Gewandung, wie in dem Majestasbilde des Lothar-Evangeliars, nur im bartlosen Typus entspricht er der Darstellung in der Londoner Alcuinbibel. Selbst das Motiv der Gewandung ist auf das Genaueste kopiert. Ebenso stimmen die Evangelisten in Typus und Haltung mit den Evangelistenbildern im Lothar-Evangeliar und in der Vivianbibel überein, dagegen ist die Anordnung der fremden Vorlage entnommen; der Evangelist ist durch einen diagonal laufenden Purpurstreif in Form eines Kreissegments von seinem Symbol getrennt, und auf diesem Streif ist in Goldlettern die auf den Evangelisten bezügliche Devise angebracht.[1] Auch die Kanonesverzierung lehnt sich noch ziemlich streng an die Muster, welche das Lothar-Evangeliar bot, doch sind einzelne Capitelle mit farbigem Laubwerk in der früher angedeuteten Form verziert. Von den Bogen hängen auch hier Kronen, Gefässe, Lampen herab, die Zwickel füllen Pfauen, Spechte und andere Vogelgestalten, meist in roter, goldgefüllter Zeichnung. Dagegen fehlen die der klassischen Mythologie entlehnten Motive, und bei der Verzierung der Initialen und Randleisten tritt das feine Ranken- und Flechtwerk zu Gunsten jenes körperhaft behandelten fächerförmig gefalteten Blattwerks stark zurück. Die Farbe des Blattwerks ist entweder violett oder grün. Dieser Spätzeit der Schule von Tours gehört auch das Evangeliar du Fay (Paris. Nat.-Bibl. 9385) an. Wie im Lotharevangeliar bringt das erste Blatt in gleicher Anordnung und Haltung, — selbst die Farbe des Gewandes stimmt. — Christus zwischen den Evangelistensymbolen, nur dass Christus, hier wie im Evangeliar von Le Mans, bartlos gebildet ist. Die Evangelistenbilder zeigen die gleiche Komposition wie im früher genannten Evangeliar, aber ihr künstlerischer Wert ist grösser, ja, sie gehen darin selbst den Evangelistenbildern im Lothar-Evangeliar und in der Vivianbibel voraus: die Verhältnisse sind richtiger, der Wurf der Gewandung natürlicher. Technisch ist ein Unterschied insofern vorhanden, als auch in der Gewandung die höchsten Lichter mit Weiss angegeben sind. Die Hintergründe sind in herkömmlicher Weise Streifenhintergründe. Die Verzierung der Kanones ist minder prächtig als im Evangeliar von Le Mans. Gold und Silber treten zu Gunsten farbiger Ausführung zurück. Die Schäfte der Säulen sind farbig, in Nachahmung bunter Steinsorten; an den Capitellen macht sich ein Glied bemerkbar, das zuerst ganz entwickelt in der Korikobibel vorkommt; unter der Deckplatte schieben sich zwei Keile an der Spitze zusammen. Andererseits fehlen auch die Analogien zum Lothar-Evangeliar nicht; Krüge, Hörner, Lampen, Kronen hängen von den Bogenscheiteln nieder, wie dort; auch sind für die Füllung der Zwickel Purpurscheiben mit in Gold gezeichneten Vögeln oder auch symbolischen Buchstaben, z. B. α, ω beliebt. Das fächerförmig gefaltete, krautartige Blattwerk kommt auch hier als Füllung der Bogenbänder und zur Umhüllung der Capitelle vor; selbst in der Initialornamentik mischt es sich mit magerem goldenen Rankenwerk und Flechtmotiven.[2]

Ein Profanwerk dieser Periode ist die Abschrift des Boetius De Arithmetica in der k. Bibliothek in Bamberg (Cod. H. j. IV. 12). Der Schrift fehlt nicht die charakteristische Halbunciale der turonischen Kalligraphenschule, und die Dekoration verweist auf den Formen- und Motivenschatz der Zeit der Bibel Karls des Kahlen und des Lothar-Evangeliars: die aus der Schule von Corbie stammende stilistisch und technisch eigenartige Behandlung des Blattwerkes und die Freude an der Nachahmung ganz bestimmter bunter Steinsorten. Bl. 2° bringt das Widmungsbild: Boetius neben Symmachus sitzend übergiebt diesem das Buch; auf Bl. 9° sind die Musica, die Arithmetica, die Geometria und die Astrologia dargestellt. In Typik und Technik weisen diese Bilder unmittelbar auf die Bibel Karls des Kahlen; ja Symmachus trägt im wesentlichen die Züge, welche die Dedikationsbilder Karl dem Kahlen geliehen haben. Die vier Vertreterinnen der sieben freien Künste sind mit ihren Symbolen dargestellt: die Musica mit der Lyra, die Arithmetica mit der Zahlschnur, die Geometria mit dem Cirkel, die Astrologia mit zwei Füllhörnern, von welchen das eine weisses, das andere rotes Feuer enthält — was ein Hinweis auf Sonne und Mond ist. Die Capitulatio und die Capitelanfänge zeigen eine Verzierung ganz ähnlich der Kanones in den Evangelienhandschriften, mit Motiven, welche denen im Lothar-Evangeliar und der Bibel Karls d. K. entsprechen; ausserdem giebt es prächtige Initialen (der prächtigste ein S Bl. 66°, in welchem sich animale, vegetabile und lineare Ornamente zu köstlicher Harmonie verbinden, die Zeichnung ist golden mit rotem Contur, dann — abgesehen von einigen den Text erläuternden Figuren — verstreut in der Handschrift Medaillons mit Köpfen (Bl. 28 zwei in Silber mit schwarzer Zeichnung, zwei in Gold mit roter Zeichnung), Seepferde, Löwen, Widder, Einhorn, Hirsch, Hund — sei es einzeln, sei es zu scenischen Darstellungen vereinigt.[3]

<hr/>

[1] Die Devisen der Evangelisten sind gleich denen im Lothar-Evangeliar:

    Hos Matthaeus agens hominem generaliter implet

    Marcus ut alta fremens vox per deserta leonum

    Jura sacerdotii Lucas tenet ore juvenci

    More volans aquilae verbo petit astra Johannes.

Die Verse sind dem Carmen Paschale des Sedulius entnommen (cap. I. v. 355 ff.). Die für die Devisen der Evangelisten gewählten Verse wechseln sehr, auch in karolingischen Handschriften. Man vgl. darüber jedoch unvollständig die Anführung Cahiers, Nouveaux Mélanges (Ivoire, Miniatures) p. 85 ff.

[2] Proben aus dem Evangeliar Le Mans bei Bastard, n. 61. pl. 2100–112, aus dem Evangeliar Du Fay ebenda pl. 205–107.

[3] Zur Geschichte der Handschrift vgl. Fr. Fofli, Leitschuh, Die Bilderkreis der karolingischen Malerei I Bamberg, 1889, S. 82 ff.

Die Schule von Tours ist durch palaeographische Thatsachen und geschichtliche Nachrichten auf sicheren Boden gestellt; für die Zuweisung jener jetzt zu schildernden Gruppe von Denkmälern, die in textkritischer und künstlerischer Beziehung eine geschlossene Einheit darstellt, an Metz, als ihren Ursprungsort, müssen textkritische und stilistische Beweise allein genügen. Der älteste textliche Vertreter der Gruppe nämlich, ein in goldenen Capitalen auf Purpur geschriebenes Evangeliar, ist für den Gebrauch der Kirche von Metz hergerichtet worden, ein zweites Evangeliar, das textlich an der Spitze der ganzen Gruppe steht, stammt aus St. Martin aux Champs bei Metz (Paris, Arsenalbibl. No. 599), und ein drittes Werk, das gleichfalls zweifellos in Metz entstand, das Sakramentarium des Drogo, lässt sich stilistisch nicht von der hier zu behandelnden Gruppe trennen.

Metz war eine der Hauptstätten karolingischen Kulturlebens; Karl d. Gr. hatte dort eine seiner Sängerschulen eingerichtet, der kühne Baumeister des Münsters zu Aachen war nach glaubhafter Überlieferung Odo von Metz. Die siebenundzwanzigjährige Sedisvakanz des bischöflichen Stuhls von Metz, die nach dem Tode des frommen und kunstfreundlichen Erzbischofs Angilram († 26. Oktober 791) erfolgte, bedeutete keinen Stillstand geistiger und künstlerischer Thätigkeit, die im Kloster Saint Martin-aux-Champs (oder devant Metz), einer merovingischen Gründung, ihren Hauptsitz hatte.[1] Der Hauptbestand künstlerisch ausgestatteter Handschriften, welche der Schreibstube von St. Martin bei Metz zugewiesen werden, besteht, abgesehen von jenem früher genannten Sakramentar des Drogo, in Evangeliaren, und zwar gehört hierher: ein Evangeliar der Arsenalbibliothek in Paris (No. 599), ein Evangeliar im British Museum (Cod. Harl. 2788), ein Evangeliar der Stadt Bibliothek von Abbeville (No. 1), das sogenannte Evangeliar von Soissons (Paris, Nat.-Bibl. 8850), dann das Ada-Evangeliar der Stadt-Bibliothek in Trier. Doch bevor eine Charakteristik der künstlerischen Ausstattung dieser Gruppe gegeben wird, sei eines einsam stehenden Denkmals gedacht, das, wenn auch nicht seiner Textfassung nach, so doch paläographisch in die Nähe der ältesten Vertreter der Metzer Gruppe gehört. Es ist dies jenes Evangelistar, das der Mönch Gottschalk (Godescalc) von 781 auf 783 für Karl d. Gr. schrieb und ausschmückte (Paris, Nat.-Bibl. 1993). Die Herkunft des Mönches Gottschalk ist unbekannt; seine germanische Abstammung bezeugt sein Name; dass er mit Karl d. Gr. die Alpen überstieg und Rom sah, meldet er selbst.

Ultimus hoc famulus studuit complere Godescalc
Tempore vernali transeensis alpibus ipte
Urbem roundeam voluit quo viscere consul
Et Petrum sedemque Petri rex censeret atque
Plurima celsithrono deferret munera Christo.

Der künstlerische Schmuck besteht in sechs Vollbildern, dann Randeinfassungen und Initialen. Kanonestafeln fehlen, weil die Handschrift nicht die vollständigen Evangelien, sondern nur die evangelischen Lesestücke für das Kirchenjahr enthält. Die Vollbilder führen Christus, die vier Evangelisten und den Lebensbrunnen vor. Christus sitzt auf gepolstertem lehnenlosen Stuhl; sein Gesicht ist jugendlich und bartlos, in der linken Hand hält er das geschlossene Buch, die rechte ist segnend erhoben; er trägt eine grüne Tunika, darüber einen violetten Mantel. Die Evangelisten sind durchaus bärtig, und zwar Matthaeus und Johannes als Greise, Marcus und Lucas in männlichem Alter dargestellt. Sie sitzen schlecht in verkrümmter Haltung auf den mit Rollen gepolsterten Stühlen. Die Gewandung ist mit kalligraphisch gezogenen Falten ohne Klarlegung des Motivs überladen. Dagegen ist das Streben nach lebendigem Ausdruck nicht zu verkennen (vgl. Taf. 23). Im Ganzen kann höchstens der jugendliche Christus zur Vermutung führen, dass Gottschalk bei seiner Anwesenheit in Rom die altchristlichen Kunstdenkmäler mit verständnisvollem Interesse beobachtet habe. Der Lebensbrunnen, welcher hier zum ersten Male in der nordischen Kunst auftritt, war sicher seinem Ursprung nach eine Schöpfung der symbolisierenden Phantasie des Orientalen (die entsprechenden Schriftstellen Jeremias 2, 13, Joh. Evang. 4, 13, 14, Apok. 21, 6): ebenso sicher aber ist er sehr früh in der abendländischen Kunst heimisch geworden. Im Gottschalk-Evangeliar tragen acht Säulen das mit einem griechischen Kreuz gekrönte aufgekrämpte Kuppeldach, unter welchem der lebendige Wasserquell sich befindet. Blumen spriessen am Fusse und auf dem Dach der Kuppel empor, zu welchen Vögel allerlei Art herantreten, während unten ein Hirsch dem Wasser zueilt (Ps. 42, 1). Eigentümlich ist Gottschalks Stellung zur Ornamentik: ein ungewöhnlicher Reichtum allerorts zusammengerafter Motive, aber Unfertigkeit mit diesem Reichtum zu schalten. Die nationale Ornamentik hat dazu ebenso beigesteuert, wie die iroschottische, und eine Reihe geometrischer Linienspiele sind wohl sein persönliches Eigengut; immerhin aber bleibt noch ein grosser Vorrat von Motiven, der der klassischen und altchristlichen Kunst entnommen ist. Rankenmotive kehren in den verschiedensten Abwandlungen wieder; von anderen Mustern sei eines hervorgehoben, das der orientalischen Ornamentik anzugehören scheint und das fernerhin von der karolingischen Malerei mit besonderer Vorliebe angewendet

[1] Das Evangeliar No. 9383 ist nur prächtig in der kalligraphischen Ausstattung; selbst die Evangelistenbilder fehlen. Delisle weist die Schrift dem Ende des 8. Jahrh. zu. Vgl. Delisle, Le Cabinet des Manuscrits 2. Ô. III. p. 199.

[2] Vgl. Lepage, L'abbaye de St. Martin-devant Metz Mem. de la Soc. d'archéol. Lorraine 1875. ser. VI. 1909 f.l. Die Litteratur über das Kloster zusammengestellt bei E. X. Kraus, Kunst und Altertum in Elsass-Lothringen III. 2d c. Metz. Ich danke dem Verf. die Einsicht in die Korrekturbogen.

wird: die oval beschnittenen Langseiten eines Stückes Stoff (Blech?) werden eingebogen, die gleichfalls gerundeten Schmalseiten ausgebogen.[1] Doch wie gesagt, Gottschalk zeigt sich in der Verwertung der Fülle zuströmender Motive noch sehr ratlos. Er lässt die einzelnen Motive ohne Übergang wechseln, höchstens dass er dabei das Gesetz paralleler oder diagonaler Korrespondenz beachtet. So spricht weder die Einzelform deutlich, noch erzielt das Ganze eine harmonische Gesamtwirkung, selbst die irische Buchmalerei hatte in der Gliederung der Füllungsmotive einen feineren künstlerischen Sinn als Gottschalk grossenhaft. Auch in der Initialverzierung vermisst man bei aller Bewunderung der Zartheit des Details den kräftigen Gesamteindruck. Die Technik wirkt vielfach noch mit sehr diskreten Mitteln: die Zeichnung der Initiale ist in Silber und Gold auf dem Purpurgrund aufgetragen, etwas derb gehalten sind die farbigen Randleisten.[?]

In der gleichen einfachen aber doch prächtig wirkenden Technik, in welcher Gottschalk die Initialen ausführte, sind auch die Initialen in dem aus St. Martin-aux-Champs stammenden Evangeliar der Arsenalbibliothek (No. 599) das, wie erwähnt, textlich an der Spitze der Metzer Gruppe steht, ausgeführt. Wie im Gottschalk-Evangeliar (No. 599) treten, was Formenelemente betrifft, die linearen Muster, die in den späteren Gliedern der Metzer Gruppe spärlicher werden, hier noch in den Vordergrund. Die Kanonestafeln sind in gleicher Technik wie die Initialen durchgeführt. Ihre Ornamentik steht schon im Zusammenhang mit den übrigen Gliedern der Gruppe; die Kanonesverzierung im Ada-Evangeliar wird ganz entsprechende Vergitterungsmuster an den Bogenbändern und Pilastern zeigen; die mehrfach vorkommenden abgetreppten Säulenfüsse sind der ganzen Gruppe gemeinsam. Ohne Analogie bleiben nur die Capitellformen, welche als längliche Würfel mit einwärts geschweiften Seiten gebildet sind. Die nächsten Glieder der Gruppe, welche sich an dies Evangeliar anschliessen, zeigen entsprechend der zunehmenden Güte und Reinheit des Textes auch einen stetigen Fortschritt in dem Reichtum und der Güte künstlerischer Ausstattung. Dabei bietet allerdings der Reichtum der Ausstattung für die zeitliche Bestimmung keinen wesentlichen Fingerzeig, da die Forderung des Bestellers hier massgebend war. Stilistische Kriterien und die Winke, welche die Textkritik giebt, werden am sichersten die zeitliche Aufeinanderfolge feststellen lassen. Verhältnismässig einfach ausgestattet ist das Ada-Evangeliar, darnach folgt das Evangeliar im British Museum (Cod. Harl. 2788) und das Evangeliar der Stadtbibliothek von Abbeville; die höchste Stufe der Pracht vertritt das Evangeliar von Soissons (Paris, Nat.-Bibl. 8850). Nach den Ergebnissen der Textkritik, welche durch die Stilkritik Bestätigung finden werden, muss das Ada-Evangeliar zeitlich an die Spitze der Gruppe gestellt werden, daran reiht sich dann das Evangeliar von Abbeville. Vom Ada-Evangeliar schliesst sich der ältere Theil zwar textlich auf das Innigste an das Harley-Evangeliar, doch wird die künstlerische Ausstattung, und von dieser ganz gewiss die Evangelistenbilder der Zeit, da der jüngere Theil entstand, zugewiesen werden müssen.

Die Entstehungszeit des Harley-Evangeliars lässt sich annähernd feststellen; da nämlich paläographische Kriterien den älteren Theil des Ada-Handschrift und das Evangeliar von St. Martin-aux-Champs in unmittelbare Nähe des Gottschalk-Evangeliars rücken, so ist auch die Entstehung des Londoner Harley-Evangeliars noch in das Ende des achten Jahrhunderts zu setzen.[?] Der Schmuck besteht in der Verzierung der Kanonestafeln, in Initialen, Randbordüren und in den Bildern der Evangelisten. So hoch das Decorative steht, dennoch sind hier die Evangelistenbilder als der wichtigste Theil der künstlerischen Leistung zu betrachten. In diesen nämlich erscheint zum ersten Mal jener Evangelisten-Typus, der als selbständige Gestaltung der karolingischen Periode in die Geschichte der Kunst tritt. Wohl ist auch diese Bildung von der altchristlichen Kunst inspirirt, aber eine neue rauhe, ungefüge, doch jugendliche Kraft hat die Inspiration gestaltet. Sämmtliche Evangelisten sind bartlos, von jugendlichem Aussehen, das gewellte Haar legt sich etwas perrückenhaft an den Kopf. Das Gesicht ist ein kräftiges Oval, aus dem die grossen Augen mit hochgezogenen Brauen sinnend oder forschend herausschauen. Die Nase ist lang, etwas spitz an der übrigens kräftigen Kappe, der Mund ist regelmässig, die Oberlippe ziemlich voll, die Unterlippe kleiner und etwas vorstehend, das Kinn energisch, ein wenig vorgewölbt; die Ohren stehen unverhältnismässig hoch. Die Evangelisten sitzen auf hochgepolsterten Stühlen, in halbkreisförmigen oder rechteckigen Nischen. Die Gewandstücke, der Wurf der Gewandung, die Fussbekleidung aus Sandalen mit Riemenwerk bestehend, schliessen sich an die Vorbilder frühchristlicher Handschriften an, wofür ein Hinweis auf das Evangeliar des Corpus Christi College in Cambridge genügt. Die Gewandung besteht darnach aus Tunica und Mantel: der Mantel ist über die linke Schulter geschlagen, unterhalb des rechten Armes durchgezogen, und über den Schoss gelegt, wo er gewöhnlich einen starken Bausch bildet und

---

[1] Mit dem Lappenmotiv der altchristlich römischen Kunst stimmt dies Motiv nur wenig überein; bisher konnte ich es nur in orientalischen Handschriften finden, so im cod. gr. Reg. 84 der Vaticana.

[2] Eine ausführliche Beschreibung der Handschrift ruacilten bei Ferd. Piper; Karls d. Gr. Kalendarium und Ostertafel (Berlin, 1858). Dort auch die ältere Litteratur über die Handschrift. Dann Delisle, Le Cabinet a. O. III, p. 133 fg. Farbige Abbildungen bei Bastard, a. O. pl. 81—88.

[3] Die Herkunft der Handschrift ist unbekannt; sie wurde von Harley 1720 bei dem Buchhändler J. J. Charron in Haag erstanden. Vgl. Thompson, Ancient Latin Manuscripts pg. 22 ff. und pl. 39—41.

dann meist über den linken Arm herabfällt. Die Füsse ruhen auf einem Suhsellium. Über die Richtigkeit der Körperverhältnisse zu urteilen ist schwer, wo der Mantel sorgfältig geordnet ist, erscheinen die Körperverhältnisse annähernd entsprechend, meistens aber verschwinden Brust und Leib ganz unter Falten und Bauschen. Die Schenkel dagegen treten unter der Gewandung kräftig hervor. Hände und Füsse ermangeln eingehender Gliederung. Jeder der Evangelisten hält ein geöffnetes Buch in der Hand, und zwar Marcus und Johannes in der linken, während die Rechte den Schreibgriffel in das Tintenfass taucht, das auf dem Pult neben ihnen steht; Matthäus hält das Buch mit der Linken und weist mit der Rechten auf das in demselben Geschriebene, Lucas fasst mit beiden Händen das offene Buch. Matthäus trägt einen violetten Mantel über blauer Tunica, Marcus einen roten Mantel über roter, goldübersponnener Tunica, Lucas einen dunkelroten Mantel über lichtgrüner Tunica und Johannes einen purpurfarbenen Mantel über roter, goldübersponnener Tunica. Die Stirnsäulen der Nischen haben bunte steinfarbene Schäfte und Blatteapitele, die Bogen zeigen schon hier Gemmen als Verzierungsmotiv. In den Zwickeln zu Seiten der Bogennische sind Vögel, und einmal Pfauen, welche aus einer Schale nippen, angebracht (vgl. Taf. 26).

Von den Kanonestafeln sind die sechs ersten von besonders reicher Verzierung. Die Basen der Säulen sind von abgetreppter Form mit Tiergestalten (Panther) oder Blumenstengeln als Füllung. Die Schäfte sind pilasterförmig behandelt; ein Rahmen umschliesst, ähnlich wie bei den Randleisten, eine in Gold und Rot ausgeführte Flechtwerkfüllung. Die Capitele werden aus drei bis vier auf einandergestülpten Voluten gebildet. Die Bogenbänder sind ähnlich verziert wie die Säulenschäfte. In den Lünetten der Bogen sind die Evangelistensymbole angebracht, und zwar immer in derjenigen Combination, welche der auf der betreffenden Tafel vorgeführten Evangelienharmonie entspricht. Auch die Zwickel sind verziert mit Vögeln, die z. B. auf Bäumen sitzen, welche von der Deckplatte des Capitells aus neben den Ansätzen des Hauptbogens emporsteigen. Die letzten Kanonestafeln haben einen einfacheren Schmuck erhalten: die Basen sind wohl wieder abgestuft, aber die Füllung mangelt. die Schäfte ahmen Steinarten nach, die Capitele sind mit Blattwerk verziert; doch tritt hier bereits jene bizarre Form der Säule auf, wo der obere Theil des Schaftes aus einem Blatteapitell des unteren Theils des Schaftes emporwächst. Um den blauen Schaft schlingen sich dann weisse Guirlanden, in welchen Figürchen, die Trauben zu lesen scheinen, auf und niederklettern.

Auch die Randleisten sind nicht durchgängig gleich reich verziert; bis fol. 64 wetteifert Feinheit der Technik mit sorgfältiger Zeichnung der in reicher Abwechslung vorgeführten Motive: Flecht- und Bandwerkmuster herrschen vor, doch auch die Guirlande, das Lappenmuster, der Mäander, der Eierstab werden als Füllung verwertet. Gold und Rot sind dabei die herrschenden Töne. Von fol. 64 an hört diese feine Rahmenmalerei auf. meist begnügt man sich mit einfachen farbigen Streifen. Die Anfangsworte jedes Evangeliums mit dem Initial nehmen eine ganze Seite ein. Bei der Verzierung des Initials herrschen Flechtwerk und Spirale vor; Blattwerk tritt noch ganz schlichtern auf. Der Kopf des Liber generationis) zeigt zwischen dem Riemenwerk zwei goldene Löwen auf blauen Grund. In das I des Incipit (evangelium secundum Marcum) ist das Medaillon mit dem Brustbild des heiligen Marcus eingelassen. Der erste eigentliche Bildinitial jedoch, und damit der Vorläufer der Ausstattungsweise des klassischen Werkes dieser Richtung, des Drogo-Sacramentars, ist das Quoniam) am Beginn des Evangeliums Lucae. Hier sind zunächst in den Rahmen der Öffnung des Q Medaillons mit den Brustbildern von Maria und Elisabeth eingelassen, während in der Öffnung selbst die Verkündigung des Gabriel an Zacharias dargestellt ist (der Hergang findet vor einem hohen mit flacher Kuppel überdecktem Randbau statt). Das I des Initium des Johannes-Evangeliums zeigt in Medaillons das Lamm Gottes, das Brustbild des Evangelisten, dann zwischen zwei Medaillons mit den Büsten zweier Jünger (duo discipuli) den Adler (vgl. Taf. 27 und 28). Das rein Ornamentale der Initiale ist von hoher Vollendung; in den Randleisten sind, trotz alles Fortschrittes Gottschalk gegenüber, die Muster zu eng aneinandergeschlossen, die Harmonisierung der wechselnden Motive ist nicht immer beachtet, bei den Initialen dagegen überrascht gerade der feine Geschmack in der Gliederung, dem Wechsel und in der Verteilung der Füllungsmotive. Die Zeichnung der Motive hebt sich meist in Gold und Rot von farbigem Grunde ab. Germanische Hände waren es zweifellos, welche den künstlerischen Schmuck des Harley-Evangeliars ausgeführt haben; an Anregungen hat es nicht gemangelt, aber mit seltener Freiheit wurden diese in den Evangelistenbildern verarbeitet; wer diese geschaffen hat, gewann das Anrecht, zu den Künstlern der karolingischen Periode gezählt zu werden.

An Güte des Textes voraus, künstlerisch aber dem Harley-Evangeliar ganz nahestehend ist das Evangeliar der Stadtbibliothek von Abbeville.¹ Das Evangeliar entstammt dem Kloster von Saint Riequier (Centula); die Überlieferung bezeichnet es als ein Geschenk Karls d. Gr. an seinen Günstling Angilbert, der seit 790

---

¹ Vgl. M. Lédieu, Notice sur l'Evangéliaire de Charlemagne (Revue de l'Art Chrétien, N. Sér. t. IV. 1886. pg. 37 ff.). Auch in ihrer äusseren Einrichtung stimmen die beiden Handschriften überein. Ihre Grösse ist ca. 330 M 250 Millimeter. Die Seite enthält hier und dort 32 Zeilen. Wahrscheinlich war auch die Zahl der Blätter hier und dort dieselbe. Das Harley-Evangeliar enthält 205, das Evangeliar von Abbeville 195, doch fehlen am Schluss einige Blätter.

das Kloster regierte. In keinem Falle liegt ein erhebliches Hindernis vor, das Evangeliar als eines jener kostbaren Evangelienbücher zu betrachten, die Angilbert neben anderen kirchlichen Geräten und zweihundert Büchern dem unter ihm neu aufblühenden Kloster schenkte, da schon die klösterliche Überlieferung jene nicht aus der Erinnerung kommen liess.[1] Die Schrift des Evangeliars ist Gold auf Purpur, die künstlerische Ausstattung beschränkt sich auf die Bilder der Evangelisten, die Verzierung der Kanones und auf fünf Initialen. Die Evangelisten sitzen in halbrund geschlossenen Nischen; Motive und Formengebung stimmen völlig mit den Evangelistenbildern im Harley-Evangeliar überein. Der Lucas hier ist die genaue Copie des Matthäus im Harleianus, der Marcus dort entspricht bis auf wenige Äusserlichkeiten dem Marcus hier,[2] der Matthäus hier gleicht dem Johannes im Harleianus und der Johannes hier dem Lucas dort (vgl. Taf. 29). Man sieht hieraus zugleich, dass es für die einzelnen Evangelisten keine besonders ausgearbeiteten Typen gab, sondern nur das beigefügte Symbol die Benennung bestimmte. Matthäus trägt einen purpurfarbigen Mantel über blauer Tunica, Marcus einen dunkelblauen Mantel über azurblauer Tunica; über die ursprüngliche Farbe der Gewandung des Lucas und Johannes lässt sich wegen vollständiger Übermalung ein Urteil nicht mehr fällen. Die Verzierung der Kanones ist einfacher, als die der ersten Hälfte der Kanonestafeln im Harley-Evangeliar; mehr nähert sie sich der zweiten Hälfte derselben. Die Säulenfüsse haben die Form einer abgestutzten Pyramide, worauf dann der Polster liegt. Die Schäfte sind zum Theile in der Art bunter Steine bemalt, zum Theil sind sie pilasterförmig und dann mit Flechtwerkmustern, die in Rot und Gold ausgeführt sind, gefüllt. Die Capitellformen entsprechen denen im Harleianus; zwei bis drei Blattreihen, an den Seiten volutenförmig sich umbiegend, steigen übereinander auf; darauf ruht dann die Deckplatte. Die Bogen sind mit wechselnden Mustern gefüllt; die Lunetten und Zwickeln entbehren des Schmuckes. Auch die Initialen bieten im Vergleich zum Harleianus keine neuen Muster. Das P(hres) des Prologs bringt in den oberen Rundung zwischen Band- und Blattwerk einen goldenen Löwen; die Füllung des Buchstabenkörpers besteht zumeist in Flechtwerk, das seitwärts in der Rundung in einen Vogelkopf (Adler?) ausläuft; die Zeichnung ist Rot-Blau auf goldenem Grund. Das L(iber) des Matthäus-Evangeliums wiederholt in der Hauptsache das L des Harleianus, nur ersetzt den Löwen dort, hier ein Pfauenpaar; dann sind als Füllung in das L drei Medaillons eingelassen mit den Brustbildern des jugendlichen Christus und zweier Heiligen.[3] Ebenso entspricht das Initium am Beginn des Marcus-Evangeliums in der Anlage dem an gleicher Stelle stehenden Initial im Harley-Evangeliar; doch treten zu den mittleren Medaillon (Marcus) noch zwei andere mit den Brustbildern des jugendlichen Christus und eines Propheten. Das Quoniam am Anfang des Lucas-Evangeliums ist wie im Harley-Evangeliar von einer Arcade eingefasst; die beiden Medaillons in dem Rahmen führen wieder den jugendlichen Christus und den bärtigen Evangelistenkopf vor; nur die Füllung des Rundes ist nicht eine biblische Scene, sondern Geriemsel, das die Goldbuchstaben (Quoniam verziert. Die Abhängigkeit erstreckt sich hier bis auf die Blattfüllung des Bogens, auf die Basen und Capitelle der Säulen und die in gleicher Bewegung dargestellten Vögel in den Zwickeln (vgl. Taf. 30). Das In) hsus-Evangeliums ist der von allen einfachste Initial; hervorgehoben sei nur, dass für die Füllung der Stäbe neben anderen Motiven auch das Labyrinthmuster verwendet wird, ein Muster, das in der karolingischen Ornamentik nicht häufig vorkommt, aber auch im Harley-Evangeliar als Füllungsmuster für Randleisten des Blattes mit dem Beginn des Matthäus-Evangeliars erscheint.[4]

So hat sich nach allen Richtungen hin der innigste künstlerische Zusammenhang zwischen den beiden letztgenannten Evangeliaren herausgestellt; an diese beiden schliesst sich nun das Ada-Evangeliar an. Doch bei aller intimen stilistischen Verwandtschaft ist der künstlerische Fortschritt klar ersichtlich. Das gilt besonders von den Evangelistenbildern, die, wie schon angedeutet ward, sicher erst von der zweiten Hand eingeheftet wurden. Die Motive blieben hier die gleichen, wie in den früheren Evangeliaren, aber die Freiheit der Behandlung ist gewachsen.

[1] Vgl. Angilberti Abbatis de Ecclesia Centulensi libellus (ed. G. Waitz, M. G. SS. XV. 1. pg. 174 ff.): De libris Evangelium auro scriptum cum tabula argentea aurea et lapidibus preciosis mirifice paratum, 1. Aliud evangelium plenarium, 1. De aliis libris volumina 200.

Von Karl d. Gr. als Spender eines Evangeliars findet sich dort keine Nachricht. Es wird nur im allgemeinen gesagt, dass der Schatz der Kirche durch die Freigebigkeit Karls und der Familie desselben bedeutend vergrössert worden sei (a. O. pg. 177). Im Inventar der Schatzkammer, das Harulph 831 aufnahm, heisst es: Evangelium auro scriptum unum cum tapia argentea gemmata et lapidibus fabricata (D'Achery Spicilegium ed. alt. II. pg. 306 fgg.). — Spätere Erwähnungen bei Ledieu, a. O. Über Angilbert zusammenfassend Damoletz, Carmina etc. I. 355 ff.

[2] Der rechte Arm des Marcus ist im Evangeliar von Abbeville gerade, freier in der Haltung als im Harley-Evangeliar. Wie dort taucht Marcus den Griffel in das Tintenfass; die linke Hand, welche das Buch hält, ist etwas mehr gegen die Ecke desselben vorgeschoben. Der gebogene Löwe hält hier statt der Rolle ein Buch.

[3] Ledieu hat die in den Medaillons der 1 dargestellten Heiligen unrichtig benannt; nicht Christus, Maria und Gott Vater (?) sind hier dargestellt, sondern der jugendliche Christus, dann Marcus und einer der grossen Propheten. Marcus ist hier, wie der Matthäus im 1 Initial alt und bärtig dargestellt; die Verschiedenheit des Typus von jenem in den grossen Evangelistenbildern bedeutet nichts; man hielt sich hier ohne weitere Bedenken an eine andere Vorlage.

[4] Über Labyrinthdarstellungen, vgl. Wilh. Meyer in den Sitzungsberichten der phil. hist. Klasse d. k. bayr. Akad. d. Wiss. 1882, Bd. II. S. 267 f. Am nächsten steht No. 1 auf der Tafel bei Meyer dem Muster im Harleianus (s. Taf. 39 bei Thompson, 2. O.). Im Evangeliar von Abbeville stimmt das Muster genau mit dem im Harleianus.

Der Matthäus (vgl. Taf. 10) hat im wesentlichen die gleiche Haltung wie im Harley-Evangeliar, in einer kleinen Änderung jedoch zeigt sich der künstlerische Fortschritt: der Evangelist hält das Buch nicht mehr frei in der Hand, sondern dasselbe liegt auf dem Pult vor ihm, und er lässt die Linke nur zum Halt auf dem Buche ruhen; damit wurde die Haltung ungezwungener; das linke Bein ist über das rechte geschlagen, der Kopf wendet sich nach rechts, um der Inspiration zu lauschen. Auch diese Wendung des Kopfes ist jetzt schärfer, entschiedener angegeben, und der Ausdruck lebendiger (forschend) geworden. Ebenso behält die Gewandbehandlung zwar das gleiche Motiv bei, doch der Faltenwurf wird vereinfacht; das Bestreben, die Formen unter der Gewandung vortreten zu lassen, zeigt sich dabei deutlich, aber freilich auch hier noch ohne günstigen Erfolg. Ebenso giebt sich in Einzelheiten eine verfeinerte Formenempfindung kund. Die Stirn ist ein wenig höher geworden, die Augenbrauen sind weniger hochstehend, und die Ohren sitzen tiefer. Die Haarbehandlung ist hier und dort völlig gleich. Das Symbol (der Engel) zeigt dieselbe Neigung des Kopfes nach rechts wie im Harley-Evangeliar und hält wie dort eine auseinandergewickelte Rolle.

Einen noch deutlicheren Fortschritt in Bezug auf Verfeinerung der Empfindung für Form und Bewegung zeigt das Marcusbild (vgl. Taf. 15). Es wurde hervorgehoben, wie steif die Bewegung des Armes, wie unmöglich die Biegung der Hand in der entsprechenden Evangelistendarstellung des Harley-Evangeliars ist; im Abbeville-Evangeliar war ein Fortschritt schon insofern merkbar, als der Arm des Evangelisten eine minder gestreckte Haltung erhalten hatte. Nun wurde der letzte Schritt zu natürlicher Bewegung gemacht, der Maler des Bildes im Ada-Evangeliar gab einfach dem Pult eine geringere Höhe, jetzt konnte die Hand in ganz freier natürlicher Bewegung hinablangen, der Arm eine ganz ungezwungene Biegung erhalten. Dazu ist, — das lässt sich nicht läugnen, — ein Zug von Lieblichkeit der ganzen Gestalt eigen. Auch die Architektur und die Verzierung der Nische entspricht dem verwandten Bilde im Harley- und Abbeville-Evangeliar, hier wie dort die marmorierten Schäfte der Säulen, die muschelförmigen aneinandergereihten Blätter der Capitelle, die nachgeahmten geschnittenen Steine am Bogen.

Der Lucas im Ada-Evangeliar (vgl. Taf. 16) schliesst sich bis auf einige geringfügige Änderungen an den Lucas des Harley-Evangeliar und noch näher an den Johannes des Abbeville-Evangeliar an. Im Vergleich mit letzterem ist nur die Rechte, welche die Feder hält, etwas mehr erhoben und nach rechts gewandt und die Linke hält das auf dem Schoss ruhende Buch an der Seite statt unten.

Der Johannes (vgl. Taf. 17), die grossartigste Gestalt, welche diese Schule geschaffen, ändert wenig das Motiv des Lucas. Das Buch wird hier von der linken Hand emporgehoben, die Rechte, welche die Feder hält, ist stärker in die Höhe gestreckt, das Gesicht hat eine leichte Wendung nach rechts erhalten. Die Gewandbehandlung zeigt hier ein ungewöhnliches Verständnis für das ursprüngliche Motiv, das hier doch einmal ohne viel Einbusse seiner Einfachheit und Grösse in die Erscheinung tritt.

Auch in der Verzierung der Kanones (vgl. Taf. 4 ff.) ist der Einfluss des Harley-Evangeliars merklich, wenngleich die Pracht dort grösserer Einfachheit gewichen ist. Die abgetreppten Säulenfüsse mit Blumenstengeln als Füllung kommen auch hier vor, und ebenso jene Form des Capitells, das aus drei bis vier Lagen von Blättern, welche in Voluten auslaufen, besteht, desgleichen auch hier die pilasterförmige Behandlung der Säulenschäfte, mit ornamentaler Füllung, nur dass hier Pflanzenformen (Ranke, aneinandergereihte Palmetten oder Herzblätter) vor linearen Mustern den Vorrang haben. Von Initialen ist nur das J (liber) am Anfang des Matthäus-Evangeliums künstlerisch ausgestattet worden (vgl. Taf. 11). Im Ganzen fällt die starke Ähnlichkeit mit dem J des Harley-Evangeliars auf, doch auch hier ist der Fortschritt deutlich ersichtlich. Der Wechsel des Motivs ist mit feinerem Geschmack vorgenommen. Im Harleianus füllen ausschliesslich Bandwerkmuster die Felder der Füllung aus, hier verbindet sich im mittleren Felde das Bandwerk mit fein ausgeführtem Blattwerk in ganz organischer Weise. Dazu tritt dann die zarte Harmonie der Töne. Den Rahmen der Füllungsfelder bildet Silber und Gold; der Grund derselben ist schwarz, auf diesem sind dann in Rot und Grün die Muster eingezeichnet. Sorgsam ausgeführte Randbordüren haben nur die Blätter 11ᵇ bis 14 und 16 bis 23 erhalten. Auch hier wechseln Blattwerkmotive mit Flechtmustern und Vergitterungen, von welch letzteren einzelne Formen an die Bronzegitter des Münsters in Aachen erinnern.

So zeigt das Ada-Evangeliar trotz seiner verhältnismässig bescheidenen Ausstattung im Vergleich zu dem Harley-Evangeliar und dem Evangeliar von Abbeville einen erheblichen Fortschritt, der sich ebenso in grösserer Sicherheit und Freiheit der Formenbehandlung des menschlichen Körpers, wie in der Läuterung des ornamentalen Geschmacks kundgiebt.[1]

Auf dem Höhepunkt der Entwicklung der Schule steht das Evangeliar von Soissons (Paris, Nat.-Bibl. 8850). Das Evangeliar stammt aus der Abtei von Saint Médard in Soissons, wo es bis zur Aufhebung des Convents

---

[1] Eine ausführliche Beschreibung des künstlerischen Schmuckes des Ada-Evangeliars soll am Schlusse gegeben werden. Vgl. auch oben S. 11 f. Die Trierer Ada-Handschrift.

also bis August 1790. aufbewahrt wurde. Die Klosterüberlieferung hat es stets als dasjenige bezeichnet, das nach Odilo's Erzählung Ludwig d. Fr., als er 827 mit seiner Gemahlin Judith zur Feier des Osterfestes nach Soissons kam, als Geschenk der Kirche überbrachte.[1] Die prunkvolle Ausstattung des Evangeliars lässt schon an sich auf einen mächtigen Geber schliessen, und ebenso lässt sich gegen das Jahr 827 als ungefähren Termin der Vollendung weder vom paläographischen noch kunstgeschichtlichen Standpunkt ein Einwand erheben. Gegenüber dem Bilderkreis der bisher besprochenen Handschriften ist die Zahl der geschichtlichen Darstellungen eine grössere, zu den Evangelistenbildern tritt das Bild des Lebensbrunnens und ein symbolisches Bild der Kirche. Das letztere (angeregt durch Apok. 7 letztes Kap.) kommt in keiner anderen karolingischen Handschrift mehr vor. Vier Säulen, die vor die Fassade eines reich gegliederten Baues treten, tragen einen Fries, der mit den Evangelistensymbolen (in blauen Medaillons) geziert ist. Darüber steigt dann ein gleichfalls geradlinig abschliessender Aufsatz empor, auf welchem die Anbetung des Lammes durch die vier-undzwanzig Ältesten (die aber hier von jugendlicher Bildung sind) dargestellt ist. Einzelne von ihnen haben musikalische Instrumente, andere Kelche in der Hand. Darunter liest man: *Sanctus, Sanctus, Sanctus Dominus Deus Omni-potens*, und weiter unten: *Qui erat et qui est et qui futurus est.* Eine rote Draperie schlingt sich, oberhalb des mittleren Intercolumniums durch einen Stierkopf gehalten, um die beiden äussersten Säulen. Die Schäfte der beiden inneren Säulen ahmen Jaspis nach. Die Architektur ist von bläulichem Ton, mit weisser Zeichnung der Gesimse, Fensteröffnungen u. s. w. Der Aufbau des Lebensbrunnens entspricht genau dem Bilde im Gottschalk-Evangeliar, doch ist er in eine halbrunde Nische gestellt, auf deren Gesimse Vögel sitzen, von welchen der Pfau, die Ente, der Storch, der Reiher, die Taube kenntlich gezeichnet sind, in der Mitte des Baues steht das Becken mit dem springenden Wasser. Hirsche und Rehe, welche zum Brunnen eilen, sind wieder recht gut charakterisiert. In Bezug auf Perspektive ist der Maler dem Gottschalk sehr weit voraus.

Es folgen die Evangelisten. Drei derselben gehören völlig dem uns bereits bekannten Gestaltenkreise an. In dem Marcus ist auf das genaueste der Matthäus der Ada-Handschrift kopiert, sogar die Zusammenstellung der Gewandfarben ist hier und dort dieselbe (vgl. die Taf. 32 und 10). In gleichem Verhältnis steht der Lucas hier zum Marcus der Ada-Handschrift, nur hat er das Haupt nicht nach links, statt nach rechts geneigt (vgl. die Taf. 33 und 15). Die Zusammenstellung der Gewandfarben ist wenig geändert, der Mantel und die Draperie der Thronbank sind von gleicher Farbe wie dort, nur die Tunika blau statt violett. Der Johannes entspricht in der Haltung völlig dem Johannes im Harley-Evangeliar, die Farben der Gewandung die gleichen wie beim Matthäus ebendort, blaue Tunika, violetter Mantel. Ausserhalb des bisherigen Gestaltenkreises der Schule steht nur der Matthäus, der hier alt und bärtig dargestellt ist, im übrigen aber entsprechen die Formen in ihrer Mächtigkeit und Ungefügigkeit dem typischen Ideal, das für die den anderen Evangelisten massgebend war. Dass aber hier das Motiv nicht für die jugendliche Kunstentwicklung in Anspruch genommen werden kann, ist gewiss, es ist zu ausgereift, man möchte sagen zu geistreich, wie es bei der Erläuterung so subtiler Dinge zu geschehen pflegt, hat der Evangelist die linke Hand emporgestreckt und drückt Zeigefinger und Daumen aufein-ander, wobei der Mittelfinger und kleine Finger gespreizt in die Höhe stehen, als ob er sich selbst etwas erst deutlich machen wollte, bevor er das in der Schreiben fortführen lässt. Der Engel hält ihm das Buch herab. In den Zwickeln, welche der Bogen der Nische mit der Randeinfassung bildet, sind biblische Scenen in vignettenartiger Form angebracht, ebenso erscheinen solche Vignetten auch in den Zwickeln der Kanonestafeln. Nach doppelter Richtung hin sind diese Darstellungen von Interesse. Sie sind zunächst das künstlerische Echo der unter Ludwig d. Fr. zum Durchbruch gekommenen milderen Praxis in der Streitfrage der Bilderverehrung, ferner weisen einzelne von ihnen auf Anregungen, welche die karolingische Malerei in dieser Zeit vom Orient durch das Mittel griechischer und syrischer Bilderhandschriften erhielt. Schon in der Einleitung wurde darauf hingewiesen, dass orientalische Bilderhandschriften ihren Einfluss auf die karolingische Malerei übten, wie nun in textkritischer Beziehung gerade die Gruppe von Metz es ist, welche mit Hilfe griechischer Handschriften zu grösserer Reinheit des Textes emporschreitet, so weist das Evangeliar von Soissons darauf hin, dass hier auch künstlerische Anregungen aus solchen Vorlagen aufgenommen wurden. Man wird niemals jenes Rabula-Evangeliar in der Laurenziana, oder jenes syrische Evangelienfragment in der Pariser Nationalbibliothek neben das Evangeliar von Soissons legen können, ohne schlagenden Analogien in der künstlerischen Ausstattung zu begegnen. Zu den wichtigsten gehören eben die in vignettenartiger Zeichnung zu Seiten des Bogens der Nischen hingestreuten biblischen Scenen, und dann die in überwuchernde Pracht ausartende Dekoration der Bogen mit Pflanzenstengeln, Bäumen, Blumen, Gefässen, Scenen aus dem Tierleben. Das einfache Akroterion, die Füllung der Zwickel mit einem Pflanzenstengel, Blattprofil oder Vogel, wie sie der Bogen, in welcher Verwendung immer, in der Kunst des Abendlandes zeigen, ist einem überwältigenden Reichtum von Ziermotiven

---

[1] „*Textum deinceps sacratum evangelicum aureis caracteribus executum lamina-que metalli ejusdem obtque adnectione coopeque materie in clusos . . .*" In Odilonis Translatione 8. Sebi M. G. SS. XV. 1 pg. 388.

gewichen. Auf den Kanonestafeln (vgl. Taf. 51) hat auch die Lunette des Hauptbogens bilderreichen Schmuck erhalten; wie im Harley-Evangeliar erscheinen die Evangelistensymbole in wechselnder Anordnung; einmal sieht man Christus mit Buch und Kreuzesstab in blauer Mandorla, von zwei Engeln emporgetragen. Das charakteristische Kennzeichen der orientalischen Phantasie, der Mangel an Mass, giebt sich hier in entschiedener Weise kund. Einzelheiten bedeuten dem gegenüber nur wenig, so wenn Zacharias im Tempel (Luc. 1, 9 ff.) syrische Priestergewandung trägt, also noch unmittelbar auf die Herabnahme aus einer syrischen Vorlage hinweist, oder wenn die Verkundigung Mariae mit der abbreviierten Darstellung Bethlehems genau mit der Darstellung im Rabula-Evangeliar oder der im Kosmas Indikopleustes übereinstimmt. Von biblischen Scenen, die ausserdem im Soissons-Evangeliar in der angedeuteten Weise Darstellung fanden, seien noch erwähnt: Christus und das Weib von Samaria, Christus mit den Zöllnern, die Taufe Christi und Christus von Engeln bedient, sowie das Gastmahl zu Emaus. Die glückliche Komposition dieser Scenen, die kecke, meist treffliche Zeichnung der kleinen Figürchen, lässt gleichfalls auf Vorlagen, die einer gereifteren Kunst entstammten, schliessen. Fasst man die dekorative Einzelheiten ins Auge, so zeigt sich darin ebenso der Zusammenhang mit der ganzen Gruppe, der das Evangeliar angehört, wie der Fortschritt der Entwicklung. So haben die Saulenfüsse nicht mehr die unorganische abgetreppte Form, die Schäfte werden nicht als flache Stäbe mit eingelegten Füllungen, sondern rund und in der Farbe halbedler Steinsorten charakterisiert. Die Capitäle stehen der antiken Bildung wieder näher, sie sind meist Blattcapitelle, doch fehlen auch jene nicht welche als Vorläufer romanischer Capitällbildung genommen werden dürfen; menschliche Figuren, Tierköpfe werden als Träger der Deckplatten verwendet. In den Bändern der Bögen giebt sich ein grosser Reichtum an Mustern kund, doch treten Bandwerkmuster ganz hinter vegetabile und solche, welche der Mosaiktechnik entnommen sind, zurück. Sehr oft werden auch Gemmen zur Verzierung benutzt, einzelne von ihnen mit biblischen (z. B. Verkündigung Mariä) und symbolischen (z. B. Fischen) Darstellungen. Die Randbordüren zeigen schon mehr Band- und Flechtwerk-Motive, um so öfter das Mäander-Motiv in verschiedenen Abwandlungen, den Eierstab, Blattranken und zahlreiche Linienspiele, auch das Labyrinthmuster fehlt nicht. Gerade die Bandbordüren beweisen, wie die karolingische Dekoration in der Schöpfung immer neuer Motive unermüdlich war.

Die Initialornamentik ist nicht minder prachtig. Das L(iber) am Beginn des Matthaeusevangeliums ganz in Gold auf Purpurgrund entspricht dem Initial im Harley-Evangeliar. Die Füllung des L besteht in Bandwerk, das Geriemsel der Endungen läuft in einen Vogelkopf und einen Hundekopf aus, das mit dem L verbundene Fhat Gitterwerk als Füllung erhalten, die Endung läuft in eine Spirale aus. Auch für das Qu(oniam) des Lucasevangeliums (vgl. Taf. 51) hat zweifellos der entsprechende Initial im Harley-Evangeliar die Anregung gegeben, nur ist die Ausschmückung eine noch reichere. Wie dort ist der Initial in eine Arkade gestellt, deren Saulen in Schaft- und Capitällbildung mit jener im Harley-Evangeliar übereinstimmen. In den Körper des Q sind zwei Ovale mit den Darstellungen des hl. Johannes d. T. und eines zweiten Heiligen (Lucas?) in ganzer Figur eingelassen; die Öffnung ist mit dem Bilde des thronenden jugendlichen Christus gefüllt. In der Rundung des O ist die Heimsuchung dargestellt, während, wie schon angedeutet wurde, in den Zwickeln ausserhalb der Bogennische die Verkündigung vorgeführt wird. Das gleiche Verhältnis herrscht zwischen dem Initial des Marcus-Evangeliums hier und dort. Der Pfosten endet nach oben in einer Raute mit dem Brustbild des Evangelisten, der auch hier bärtig ist und denselben gleichen Typus wie dort zeigt, nach unten schliesst er mit dem herzförmig umrahmten Brustbild eines jugendlichen Heiligen ab, in die Mitte ist das Medaillon mit dem Brustbild eines dritten Heiligen eingelassen. Die Zwischenfelder sind wie dort mit Flechtwerk in gelber, roter, gruner und violetter Farbe gefüllt.

Die Evangelistentypen der Metzer Schule treten auch noch in anderen Handschriften auf, so in einem Evangeliar der Vaticana (cod. Pal. lat. 50), das auch textlich zu dieser Gruppe gehört, mit den Bildern des Lucas und Johannes, dann in den Evangelistenbildern eines Evangeliars in Köln (Kapitelbibl. XIII), das zum Teil von einem Bruder Hildfredus geschrieben wurde, der künstlerischen Ausführung nach aber allerdings schon einen verwahrlosten Ausläufer der Schule bedeutet.

Wenige Jahre später als das Evangeliar von Soissons entstand, vielleicht wieder im Auftrag Ludwigs d. Fr., der Psalter, welcher nach dem Widmungsbilde als Lothar-Psalter bezeichnet werden kann (im Besitze von Ellis und White in London). Lothar sitzt im Widmungsbilde auf goldenem Stuhle. Er trägt einen goldenen, aber der rechten Schulter mit einer Spange gehaltenen Mantel, der über und über mit grünen, roten, blauen Edelsteinen und Perlen besetzt ist. Unter dem Mantel schauen die roten Strümpfe hervor, die Füsse sind mit goldenen Schuhen bekleidet. Sein Gesicht ist von jugendlicherem Aussehen als im Lothar-Evangeliar. Ausser dem Widmungsbild enthält der Psalter noch die Bilder Davids und des Hieronymus. David ist sitzend dargestellt, mit einer Art Laute in der Hand. Er ist mit einem roten Mantel und einer grünen Tunika bekleidet. Er allein genügte, um die Zugehörigkeit des Psalters zur Metzer Schule zu beweisen. In Formen und Typus, selbst in der Haltung des Kopfes entspricht er völlig dem Marcus im Harley-Evangeliar. Auch die Technik und malerische Behandlung ist die gleiche wie dort. Nichts anderes lässt sich über das Bild des sitzenden Hieronymus sagen. Im Vergleiche zu den früher

besprochenen Leistungen der Metzer Schule zeichnet die des Psalters eine grössere Strenge und Sicherheit der Zeichnung und eine richtigere Gewandbehandlung aus.[1]

Noch vor Beginn der zweiten Hälfte des 9. Jahrhunderts wurde auch die reichste Leistung der karolingischen Dekoration in Angriff genommen, das Sakramentar, das zur Zeit des Bischofs Drogo von Metz (826—855) für den Gebrauch der Kirche von Metz hergestellt wurde. Der künstlerische Schmuck des Sakramentars besteht nur in Initialen, aber solche besitzt die Handschrift auch in wahrhaft erstaunlicher Fülle und Pracht. Im Vergleiche zu den älteren Leistungen der Metzer Schule macht sich hier der entschiedene Sieg der vegetabilen Formen über die linearen geltend. Hat hierauf die Schule von Tours eingewirkt?[2]

Der Körper der Initiale ist gewöhnlich innerhalb goldener Umrisse in Purpur, oder in einem ins Violette schillernden Blau oder in sanftem Grün gezeichnet; um denselben schlingt sich Rankenwerk, dessen Blätter bald dem Weinblatt, bald dem Kleeblatt, bald einer Rosette gleichen. Das Rankenwerk ist stets golden mit rotem Umriss, nur in vereinzelten Fällen ist es farbig, so z. B. das Eckblattgewinde eines O. Bei den kleinen Initialen wird solches Ranken- und Laubwerk meist auch zur Füllung der Öffnungen verwendet. Die für den Bau der Initiale verwendeten Stäbe oder Kurven laufen manchmal in Vögel- oder Vierfusslerköpfe aus; dagegen tritt Bandwerk ganz zurück. Besonderes Interesse haben die grossen Initialen am Beginn der Festoffizien. In noch weit ausgedehnterem Maasse als im Soissons-Evangeliar werden hier die heilige Schrift, die Heiligenlegende und Liturgie in den Kreis künstlerischer Darstellung gezogen, und zwar bildet der Bau des Buchstabs den festen Rahmen für die vignettenartige Komposition. Ein T erscheint als Kreuz, das ganz von Weinranken umwunden ist: in der Kreuzung der Balken steht der opfernde Melchisedek, an den Enden des Querbalkens ist das Opfer Abels und Abrahams dargestellt. In dem Rankengeschlinge eines D wandeln die Hirten zur Krippe, ein P führt die Verweisung des Joachim aus dem Tempel vor; in einem D sitzt Maria mit dem Kinde, in den Pfosten des Buchstabens erscheinen zwei dienende Frauen, in der Schweifung hat Joseph Platz gefunden; ein anderes D bringt die Anbetung der Könige, ein O Mariens Opfergang, wieder ein D den Kindermord. Und so sieht man die Taufe Christi und die Bergpredigt, den Einzug in Jerusalem und das Abendmahl, den Judaskuss und Christi Gefangennahme, den Kreuzestod und die Marien am Grabe, Christi Erscheinung vor den Jüngern, seine Himmelfahrt und die Herabkunft des heiligen Geistes, kurz die ganze Lebens- und Leidensgeschichte hier zum ersten Male von der karolingischen Kunst vollständig gestaltet. Von Legenden werden die des heil. Stephanus, des heil. Johannes d. T., des heil. Petrus und Paulus, des Andreas und Laurentius, dann als beste Legitimation der selbständig schaffenden Kraft des Künstlers die Legende des heil. Arnulph, des ersten Bischofs von Metz und Ahnherrn des karolingischen Hauses vorgeführt. Auf den Inhalt des Sakramentars nimmt auch die Darstellung der Weihen (Ordines) Bezug. Die Hauptlinien der Komposition von einigen der biblischen Bildchen sind dem altchristlichen Kunstvorrat entlehnt; die Geburt Christi, die Anbetung der Könige, die Opferung im Tempel, die Kreuzigung, die Marien am Grabe sind ganz das ganze Mittelalter hindurch nicht anders als hier dargestellt worden. Dem syrischen Kunstvorrat entnommen ist der Tetramorph (Ezechiel, c. 1, 5 f.), doch mit feinem künstlerischen Takt so gestaltet, dass die Tierköpfe und Extremitäten gleichsam nur als ornamentales Beiwerk auftreten, die menschliche Bildung aber die Gestaltung beherrscht. Der Raum, über welchen die Maler des Sakramentars zu verfügen hatten, zwang öfters dazu, die Komposition zu spalten, aber gerade solchen Schwierigkeiten gegenüber tritt die geistreiche Findigkeit des Künstlers in helles Licht; man sehe, wie er z. B. in der Geburt Christi und im Kindermord aus der Not eine Tugend zu machen versteht. In den legendarischen Szenen waltet der Künstler ganz frei, hier zeigt die Natürlichkeit und Lebendigkeit der Bewegung, dass seine Hand schon durch ein gutes Auge für Natur und Leben unterstützt ward.[3]

---

[1] Der Psalter stammt aus dem Kloster St. Hubert in den Ardennen, in der Nähe von Lüttich. Seine Verbindung mit Lothar ist gesichert:

Inclyta Caesareum diffundit fama triumphum

Hlotharii celebrat gens maxima ambitus orbis.

Nach der Künstlerüberlieferung wäre er als Geschenk Ludwigs d. Fr. ca. 825 in den Besitz des Klosters gekommen. Die Widmungsverse lassen eine etwas spätere Entstehung annehmen, da sie auf die byzantinische Gesandtschaft (833) anspielen. Vgl. Voyage Littéraire de deux Religieux Benedictins (Martene et Durand) II, p. 135; dann Bond und Thompson in der Palaeographical Society zu pl. 70 (David) und pl. 93 (Lothar).

[2] Die Beweise, dass das Sakramentar unter Drogo und für die Kirche von Metz ausgeführt wurde, bei Delisle, Anciens Sacramentaires, a. O. p. 100 ff. Abbildungen bei Bastard, a. O. pl. 131—138, dann bei Cahier, Nouveaux Melanges (Peintrs, Miniatures, Emaux) p. 114 ff. A. Springer meint, das Drogo-Sakramentar sei der einzige karolingische Codex, welcher die Initialen in byzantinischer Weise behandelt (Bilder aus der neueren Kunstgesch. 2 A. I. 112 A. 7). Zunächst scheint mir hier ein grundsätzlicher Unterschied zwischen der byzantinischen und karolingischen Initialbildung stattzufinden. In der grossen Mehrzahl der Fälle verwendet die byzantinische Initialornamentik die tierische und menschliche Gestalt für den Initialbau, im Drogo-Sakramentar dagegen werden die heiligen Szenen nur zur Füllung des Initialkörpers verwendet. Der Architektur des Buchstabens giebt den Rahmen der Komposition ab und wird niemals preisgegeben. Dann tritt ja das Harley-Evangliar, das Evangliar von Abbeville und das Evangliar von Soissons die ersten selbständigen Anfänge und das Fortschritt der Entwickelung der karolingischen Bilder Initials. Viel schlagendere Ähnlichkeiten mit den byzantinischen Initialen bieten solche merowingische Handschriften, ohne dass ich doch eine Abhängigkeit annehmen müsste. Man vergl. z. B. die Proben bei Montfaucon, Palaeographia Graeca (p. 254) und bei Denis, a. O. (bes. p. 60 fg. u. p. 88).

Von ganz demselben Charakter wie die Initialen des Sakramentars, wahrscheinlich von einer Hand, die dort mitgearbeitet, sind die vier prächtigen Bilderinitialen des sogenannten Evangeliars Ludwigs d. Fr. (Paris, National-Bibliothek No. 9388). Der Engel des Matthäus in knieender Haltung, bildet das L des Liber (generationis); der geflügelte aufrecht stehende Löwe des Marcus das I des Initium, der geflügelte Ochse mit ausgestreckten Beinen die Schweifung des Quoniam, während das Rund durch Goldkontur mit grüner Füllung ergänzt ist, der aufrecht stehende Adler endlich mit einer Schlange in den Ranken das I des Anfangs des Johannes-Evangeliums. Der Engel, der Löwe und der Adler lehnen sich an goldenes, rot umrissenes Rankenwerk. Die Ausführung ist von grosser Feinheit und Sorgfalt.

Über die Mitte des 9. Jahrhunderts hinaus lassen sich hervorragende Leistungen der Schule von Metz nicht mehr nachweisen. Es waren Klöster im äussersten Nordwesten Frankreichs, in welchen die Blüte der karolingischen Buchmalerei bis tief in die zweite Hälfte des Jahrhunderts hinein fortdauerte. Textlich und künstlerisch festgeschlossene Gruppen treten uns hier entgegen, doch die örtliche Herkunft derselben lässt sich nur mit hypothetischer Wahrscheinlichkeit feststellen. An der Spitze dieser Gruppen steht die, welche sich auf Rheims als Ursprungsort zurückführen lässt. Der textliche und künstlerische Typus dieser Gruppe ist nämlich das Evangeliar der Stadtbibliothek von Epernay, welches Ebo zur Zeit da er Bischof von Rheims war (816—835) durch den Abt Petrus von Hautvillers bei Rheims schreiben liess.[1] Der künstlerische Schmuck besteht in den Evangelistenbildern, in der reichen Verzierung der Kanones und in Initialen. Schon die Evangelistenbilder (vgl. Tafel 36) zeigen ein anderes Motiv und eine andere Formenanschauung, als sie in den bisher vorgeführten Leistungen anderer Schulen angetroffen wurde. Die Evangelisten sind im Moment der Erleuchtung aufgefasst, die sie Alle wie ein elektrischer Stoss durchzuckt. Sie erscheinen stärker erregt, als in den Darstellungen der Metzer Schule, doch aber noch nicht von jener nervösen Bewegtheit, die in hässlicher Gebärdensprache ihren Ausdruck findet, wie dies bei einer noch später zu charakterisierenden Evangelistenfamilie der Fall ist. Die Evangelisten sitzen auf rotem Kissen, das bei Lucas und Marcus auf einem Stuhl von der Form des Dagobertstuhls ruht, bei Matthäus und Johannes auf Sesseln der gewöhnlichen Gestalt. Der Kopf ist von mässiger Grösse, der Schädel stark entwickelt, der Hals kräftig. Die gerade Nase, der gut gebildete Mund, das energische Kinn des Matthäus und Marcus erinnern an Portraitköpfe spätrömischer Kunst, doch spiegeln sie den Typus nicht in der Reinheit wieder, wie es die Leistungen der Aachener Schule gethan hatten. Lucas ist dunkelbärtig, Johannes als Greis dargestellt. Hände und Füsse sind ohne Eingehen auf die Natur fast kalligraphisch schnörkelhaft mit überlang ausgezogenen Fingern und Zehen gezeichnet. Die Fleischfarbe ist von dunklem Braunrot, mit weissen Lichtern; im Haar sind die Lichter mit Gold angegeben. Die Gewandung besteht aus Tunica und Mantel, bei Allen von gleicher Farbe (ein lichtes Blaugrau). Ganz eigentümlich ist der Faltenwurf. Der Stoff ist in kleine Fältchen ganz aufgelöst, deren Erhebungen mit Gold eingestrichelt sind, während die Einbüge mit einem tieferen Blaugrau, das sich bis zum Schwarz steigert, charakterisiert sind. Dabei legt sich das Gewand so eng an den Körper, dass dessen Formen besser als in den Darstellungen der Metzer Schule zur Erscheinung kommen. Es kann kein Zweifel aufkommen, dass diese Art von Gewandbehandlung auf angelsächsische Vorbilder zurückführt, wo sie im Federzeichnungsstil ihren Ursprung hatte. Zu Füssen des Evangelisten spriessen Pflanzen mit goldenen Blättern hervor, auch der Hintergrund ist als Landschaft durch Gefels und durch Pflanzenstengel angedeutet. Von gleicher Bedeutung ist die Verzierung der Kanones (vgl. Taf. 35). Zwei Säulen, von einem Giebel geschlossen, bilden das Gerüst, innerhalb welches das Schema für die Kapitelziffern mit Goldlinien hineingezogen ist. Der innige Anschluss an die Verzierung spätrömischer Handschriften, wie sie z. B. die Terenzhandschrift der Vaticana für die Titelblätter der einzelnen Komödien (Cod. Vat. 3868) zeigt, ist hier klar ersichtlich; solche Vorbilder konnte man wohl ebenso gut in Rheims, wo eine starke Schicht römischer Civilisation vorhanden war, finden, Anregungen dafür aber auch durch angelsächsische Handschriften erhalten, welche, von der Ornamentik abgesehen, in starker Fühlung mit römischen Vor-

mit einzelnen Initialen aus dem Kanones des Rachio oder dem Sakramentar von Gellone bei Bastard a. O. pl. 48 und pl. 55. Selbst die Initialen im Evangeliar Ludwigs d. Fr. lassen eine byzantinische Abengung nicht vermuten. Am ehesten ist wahrscheinlich hatte wie einen spezifischen Einfluss der byzantinischen Initialornamentik auf die ottonische Periode.

[1] Über Ebo, B. Rückert: De Ebonis archiep. Rem. vita. Das Widmungsgedicht, welches die Angaben über das Evangeliar enthält, bei Dümmler, Carmina 3. O. I. 623 figg. Da in dem Gedicht sich eine Anspielung auf die Missionsthätigkeit Ebos nicht findet, darf man vielmehr die Entstehung des Evangeliars noch vor Beginn derselben, also vor Spätsommer 823, setzen. Die Annahme, das Evangeliar sei vor dem Sturz Ebos nicht vollendet gewesen, weshalb es ins Kloster Hautvillers (Monasterium Altisvillare) verblieb (von wo es durch die Revolution nach Epernay kam), erscheint mir durch das Vorhandensein des Widmungsverses widerlegt. Vgl. Ed. Aubert, Manuscrit de l'Abbaye d'Hautvillers: de l'Évangeliar d'Ebon in den Mémoires de la société nat. des Antiquaires de France t. X. (1879) p. 111 ff. mit Abbildungen, dann Bastard a. O. pl. 119—123.

lukleru geglichen waren. Im Terenz der Vaticana findet man auch schon die Saulenschafte, die, genau wie im Ebo Evangeliar, durch Wülste in mehrere Teile gegliedert werden. Dagegen fehlt in den weströmischen profanen und altchristlichen Handschriften die Analogie für den Reichtum und die Art der Verzierung der Mehrheit der Kanonesgiebel. Nur selten nämlich beschränkte man sich hier auf den herkömmlichen äusseren Schmuck, öfters sind die schrägen Balken des Giebels bis zum Akroterion empor mit Pflanzenstengeln besetzt (wie öfters im Rabula-Evangeliar), und was noch wichtiger, an den Ecken kommt nicht bloss der herkömmliche Schmuck vor, so je ein Baum, ein Lamm und Löwe, ein Pfau und ein Reiher, trinkende Küchlein und eine körnerfressende Dohle, — es gelangen an dieser Stelle auch Scenen aus dem Alltagsleben zur Darstellung, und solche wohl zum ersten Male in der karolingischen Malerei. Gewöhnlich sind die Figürchen, die an den Ecken postiert sind, als zu einer Scene gehörig gedacht. So holt ein mit Rute und Stock bewehrter Mann zum Schlage gegen einen zweiten aus, der sich auf der entgegengesetzten Ecke befindet. Ein anderes Mal zeigt die eine Ecke einen Mann mit einem Bündel von Speeren in der Hand, die andere einen Löwen, dem ein geschleuderter Speer in der Brust steckt, ein drittes Mal sind wiederum Jäger vorgeführt, von welchen der eine einen Pfeil abschiesst, der andere einen Speer wirft; zwei Mal sind die Figürchen mit der Architektur selbst in Verbindung gebracht: auf dem Giebel dargestellt, die an dem Giebel meisseln, hämmern oder von der Arbeit ausruhen; ein anderes Mal sind auf die Ecken Kleriker gestellt, welche Rollen aus einer Truhe entnommen haben, und wieder ein anderes Mal werden zwei Kleriker sitzend vorgeführt, von welchen der eine studiert, der andere, die Hände in den Schoss gelegt, ausruht. Also Handwerk, Jagd und Studium, das, was die Zeit der Kleriker, der Freien und Adligen ausfüllte, ist hier Quelle bildnerischer Darstellung geworden. Und dieser Griff ins Leben ist wahrlich nicht misslungen. Wie ungezwungen, der Wirklichkeit abgelauscht, ist die Haltung der Steinmetzen, wie trefflich ist das Momentane der Bewegung bei dem Jäger, der eben den todbringenden Speer gesendet, zum Ausdruck gebracht.[1] Der Stil der Zeichnung weist auch hier wieder auf die Bekanntschaft mit angelsächsischer Federzeichnung hin.[2] Bei den Initialen am Anfang jeden Evangeliums tritt das Blattwerk vollständig zu Gunsten von Flechtwerk und Gerüstsel zurück. Der Körper der Initiale ist in Gold mit rotem Umriss gezeichnet, das Flechtwerk der Füllung ist weiss, der Grund dafür violett, rot oder schwarz. Zartheit der Farbe, Feinheit der Zeichnung und ein geläuterter Geschmack in der Gliederung der Motive zeichnet sämtliche Initialen aus.

Das Loisel-Evangeliar (Paris, Nat.-Bibl. No. 17968), das als nächstes zur Gruppe von Rheims gehört, enthält Evangelistenbilder, die im Motiv viel bedeutender sind als in der Ausführung. Sie scheinen von verschiedenen Vorlagen beeinflusst zu sein. Der Marcus giebt in etwas kleinlicher Behandlung den Marcus des Ebo-Evangeliars wieder, auch der Johannes entspricht dem Johannes im Ebo-Evangeliar und die Gewandbehandlung lässt wie dort auf angelsächsischen Einfluss schliessen. Die bedeutendste Gestalt ist Lucas, der in tiefem Nachsinnen, das Kinn auf die gefalteten Hände gestützt, dargestellt ist. Das Schema der Kanonesumrahmung entspricht vollständig dem im Ebo-Evangeliar; einen Wechsel bietet nur die Verzierung der Giebel insofern, als statt der zeitgenössischen Leben entlehnten Figuren Gestalten der antiken Mythologie verwendet wurden, Tritonen, Seedrachen und dergleichen. Auch die vier Initiale schliessen sich eng an die im Ebo-Evangeliar an, das Lj erscheint geradezu als eine wenig freie Kopie des Lj dort. Das Evangeliar von Blois (Paris, Nat.-Bibl. No. 265) besitzt Evangelistenbilder, die einer ganz anderen Familie angehören, sie sind ziemlich genaue Kopieen aus dem Evangeliar der Schatzkammer in Wien.[3] Dagegen entspricht der textlichen Verwandtschaft mit der Rheimser Gruppe die Verzierung der Kanones und die Initialenornamentik. Das Schema der Kanonesverzierung ist das gleich wie dort, in den Dekorationsmotiven der Giebel schliesst es sich auf das Engste an das Loisel-Evangeliar an, das Strauchwerk ist von der gleichen realistischen Behandlung wie dort; unter den Eckfigürchen seien nackte Speerwerfer, die ihre Herkunft aus der antiken Kunst nicht verleugnen, hervorgehoben. Die Initialornamentik ist von gleichem Schlage wie dort, höchstens dass in der starken Betonung des Riemenwerks und in dem Verlauf desselben in Tierköpfe, ferner in der Zusammenstellung der Farben sich auch ornamental der Einfluss angelsächsischer Handschriften äussert.[4]

---

[1] Die Motive sind dem Leben der Zeit entnommen; die Anregung jedoch, solche Scenen an jener Stelle anzubringen, dürfte auch hier eine orientalische Handschrift geboten haben. In den byzantinischen Handschriften werden solche profane Scenen zur die Ausschmückung der Kanones verwendet. Die Abbildung einer Jagd an welcher Stelle in einem Evangeliar des 10. Jahrhunderts (Paris, Nat.-Bibl. gr. No. 64) bei Bordier, a. O., p. 194.

[2] Goetz a. O. (Rep. V. S. 298) will den Einfluss des angelsächsischen Federornaments auf die holländische Malerei erst im 10. Jahrhundert wahrnehmen; das hat hochstens eine Geltung, wenn man die Technik allein ins Auge fasst, im Stil ist dieser Einfluss wenn auch nur spärlich früher merkbar.

[3] Die Änderungen sind ganz geringfügiger Natur; der Hintergrund und vereinfacht worden; von dem Thronbau des Johannes ist hier nur der Sitz übrig geblieben. Bei der Treue, mit der die Evangelisten selbst kopiert wurden, lässt sich feststellen, dass auch der Marcus im Wiener Evangeliar richtig dargestellt war, dass er jetzt nur infolge Abblätterung der Farbe bartlos erscheint. Das Schwanken, welches die Textvorlage hervorbei der Gruppe C 3 u. 4 ergab, hat für C 3 damit auf kunstgeschichtlichem Wege schon ebenso seine Erklärung gefunden, wie diese auch für C 4 nicht fehlen wird (vgl. oben bei S. 69).

[4] Bastard, a. O. pl. 118—130.

Wenn die Rheinser Gruppe angelsächsischen Einfluss vermuten lässt, so weist die nächste, nicht ohne textliche Verwandtschaft mit jener, auf eine für die vorgeschrittene Zeit merkwürdig starke Herrschaft iroschottischen Einflusses. Der Nordosten Frankreichs ist die Heimat auch dieser Gruppe, die eine besonders grosse Anzahl von Denkmälern in sich schliesst. Es ist wahrscheinlich, dass sich diese auf die Schreibstuben mehrerer Klöster verteilen, da aber auf das Kloster Saint-Denis einige der hervorragendsten Denkmäler jener Gruppe hinweisen, und da die geschichtliche Vergangenheit von Saint-Denis die Herrschaft iroschottischen Einflusses vollauf zu erklären im stande ist, so dürfte es sich wohl empfehlen, die ganze Gruppe unter dem Namen der Schule von Saint-Denis zusammenzufassen. Saint-Denis war iroschottische Gründung; das iroschottische Element war auch dort später noch vertreten, und nicht ohne Bedeutung für die Kräftigung desselben war es gewesen, dass der Schotte Dungal zur Zeit Karls d. Gr. dort seinen Wohnsitz hatte, — gehörte er doch zu den angesehensten Gelehrten der Zeit. Wissenschaftliche Zucht aber und Regsamkeit war seit Farahals Abtregierung in Saint-Denis heimisch.[1]

Die erste Stelle in dieser Gruppe nimmt das sog. Evangeliar Franz II. ein (Paris, Nat.-Bibl. 257).[2] Auf dem ersten Blatte ist Christus am Kreuze dargestellt; Christus ist bartlos und von jugendlicher Bildung, er trägt einen kurzen violetten Lendenschurz; am Fusse des Kreuzes liegt die Schlange; rechts vom Kreuze stösst ein rot gekleideter Knecht Christus die Lanze in die Seite, links reicht ihm ein anderer (in grünem Rock und grünen Strumpfen) auf einem Stab den mit Essig und Myrrhe getränkten Schwamm empor. Oberhalb des Querbalkens des Kreuzes erscheint in einem feuerfarbigen Medaillon der gekrönte Kopf des Sol und in einem blassgrauen der der Luna, beide edle Köpfe und nicht bloss in der Form, sondern auch in der monochromen Technik von antiken Vorbildern abhängig.[3] Ein Rahmen aus goldenen, rot umrissenen Stäben mit Flechtwerkfüllung umgibt das Bild; an den Ecken schlingt sich durch den Rahmen ein Silberband, dessen eines Ende in einen ganz linear behandelten Vogelkopf mit Schopf ausläuft. Der gleiche Rahmen umschliesst das Bild des Evangelisten Matthäus. Der Evangelist sitzt zwischen zwei ganz schematisch behandelten Stauden, die wohl Palmen darstellen sollen. Er ist ganz eingehüllt in einen gelben Mantel. Der knabenhaft jugendliche Kopf ist auffallend gut gezeichnet, ebenso das leicht gewellte Haar, das eng an den Kopf sich anlegt. Die Fleischfarbe ist gut vertriebenes Braunlehmrot, die höchsten Lichter sind mit Weiss an gegeben, doch mit dem Lokalton verschmolzen, nicht als Tupfen oder Strich schroff aufgesetzt. Für die Vorführung der drei anderen Evangelisten sind stets je zwei Blätter in Anspruch genommen, sodass auf dem einen Blatte der Evangelist, auf dem anderen das Symbol dargestellt wird, jenes und dieses von einer Arkade umgeben, deren Verzierung fast ausschliesslich mit irischen Motiven bestritten wird, oder aber es erhalten antike Motive eine im Geiste irischer Ornamentik gehaltene Abwandlung; so z. B. das Palmettenmuster eines Bogens, wo die Spitzen der Blätter spiralförmig eingerollt sind. Selbst Capitelle werden aus Bandgeschlinge mit Vogelköpfen oder Spiralen gebildet. Die Evangelisten befinden sich zwischen pilzartig geformten Bäumen, Johannes und Lucas sind als Greise, Marcus bartlos und jugendlich dargestellt. Sie sitzen, in vielgefaltete Mäntel gehüllt, etwas gekrümmt vor ihren Pulten, schreibend oder nachsinnend. Für Typus und Haltung giebt die Gruppe von Tours noch die frühesten Analogieen; die Schule von Metz fehlen sie gänzlich. Die Formen sind kleinlicher, kleinlicher auch die Bildung der Köpfe, die Charakteristik dagegen eingehender; die Gewandung lässt trotz der zahlreichen symmetrisch angeordneten geschwungenen Falten des Mantels (von der Tunica sind man nur den rechten Ärmel) die Formen des Körpers deutlich und richtig hervortreten. Die volle Herrschaft irischer Ornamentik zeigt sich in der Verzierung der Rahmen. Vielfach ist das feste architektonische Schema ganz preisgegeben; die Hauptstützen sind pilasterförmig, mit Flechtwerkfüllung; die Zwischenstützen sind manchmal Stäbe, auf deren Deckplatten Vogelköpfe aufsitzen, deren lange Schnäbel sich kreuzen und so als Ersatz der inneren Bögen dienen; auch hier kommen bei den Hauptstützen Capitelle vor, die aus Bandwerk und Vogelköpfen bestehen. Selbst die Vögel, die in herkömmlicher Weise zu beiden Seiten des Hauptbogens stehen, sind im Sinne der irischen Linearornamentik abgewandelt.[4] Von den Initialen ist besonders das L[ber] des Beginnes

[1] J. H. A. Eberdt, Die geschottische Missionskirche a. O. S. 304 f. Über Dungal Dümmler, Ormonn I. 353 ff.

[2] Die Benennung Evangeliar Franz II. führt auf die Annahme zurück, dass es für Franz II. eingebunden worden sei; Delisle bemerkt dagegen, dass der Charakter des Einbandes es Franz I. zuweise. Vgl. Delisle, L'Œuvre Paléographique d. Co. Bastard a. O. pg. 517.

[3] Meines Wissens sind diese beiden Medaillons die ältesten Zeugnisse späterer monochromen Malerei auf monochromen Boden. Von gleichartigem Grunde werden die Figuren herausgearbeitet, die Lichter mit Weiss oder Gold angegeben. In die Ornamentik fand diese Technik schon vielfach Anwendung. Die Vorbilder sind in spätantiken Handschriften vorhanden. So z. B. im Virgil der Vaticana (Vat. lat. 3775) fol. 9, fol. 41 , fol. 42 , fol. 48 .

[4] Bemerkt sei, dass bei Canon VI und VIII Spitzbögen und die einem Dreivierteilkreis entsprechende Bögen (Kanon auch in Rahmen Evangelia) vorkommen. Die Spitzbögen sind als solche konstruiert. Spitzbögen, die durch Kreuzung von Rundbögen erzeugt werden, z. B. an einem angelsächsischen Evangeliar aus dem VIII. Jahrhundert (London, British Museum I. E. VI. Vgl. Thompson, a. O. pl. 16).

des Matthäus-Evangeliums ganz im irischen Geschmack behandelt; karolingisch ist nur die Umrahmung der Buchstaben durch rot umrissene Goldleisten.[1]

Ganz verwandt in der Ausstattung ist diesem Evangeliar eine Bibel, die Karl der Kahle schreiben liess, vielleicht nicht bloss in dem Kloster, sondern auch für das Kloster Saint-Denis, wo sie bis 1595 verblieb, in welchem Jahre sie der königlichen Bibliothek einverleibt wurde (Paris, Nat.-Bibl. 2). Die künstlerische Ausstattung beschränkt sich auf Kanones und Initial-Verzierung. Die Initialen sind in grosser Zahl vorhanden; sie sind Prachtleistungen der Zeit, allerdings voll und ganz in der irischen Geschmacksströmung wurzelnd. Nur ein einziges irisches Motiv tritt zurück: die Spirale; man zieht ihr die kräftigere Endung des Geriemsels im Tierkopfe vor. Der bandförmig ausgezogene Tierkörper mit langem aufwärts oder abwärts gekrümmten Schnabel, der Hundekopf mit bandförmig auslaufender Zunge werden mit Vorliebe verwendet. Der in irischen Handschriften öfters für ganze Zeilen vorkommende rot punktierte Grund fehlt auch hier nicht, nur ist die Punktierung feine Strichelung geworden. Von dem ziemlich spärlich auftretenden Blattwerk ist höchstens eine Abwandlung der Akanthusform zu erkennen; man gewinnt den Eindruck, als wären die Blattwerk-Motive aus der Mosaikdekoration herübergenommen worden. Die Kanones besitzen eine dem Evangeliar Franz II. entsprechende Verzierung; doch treten hier als Füsse der Pilaster bandförmig ausgezogene Tierkörper auf. Die herrschenden Farbentöne sind wie in irischen Handschriften ein helles Gelb, ein leuchtendes Grün und ein dunkles (Ziegel) Rot.[2]

Vollständig entsprechend der Dekoration der Bibel ist die in einem Sacramentarium, das wiederum für die Kirche von Saint-Denis, also doch wohl auch im Kloster geschrieben worden ist (Paris, Nat.-Bibl. 2290). Die prächtigsten Initialen befanden sich auf den ersten sechs Seiten; doch fehlen solche auch später nicht, wie denn das V auf fol. 19 in Form einer Lyra zu den glänzendsten Leistungen der karolingischen Initialornamentik gehört.

Zu den hervorragenden Leistungen dieser Schule oder doch Richtung gehört auch das Evangelistar von Saint-Vast in der Bibliothek in Arras (No. 1045) mit den Festevangelien des Jahres, das ausser Initialen auch noch an Stelle der Kanones in entsprechender Verzierung das Inhaltsverzeichnis der Festevangelien bringt (Bezeichnung des Festes, Name des Evangelisten, dem das Stück entnommen, und Beginn des betreffenden Stückes). Auf Bl. 7 sind das Initium Seti. Evl. sedm. Iohan. sind in den Ecken der Umrahmung die Symbole der Evangelisten dargestellt, auf der folgenden Seite an gleichem Orte die Evangelisten selbst, — sämtlich unbärtig und jugendlich, an antike Vorbilder gemahnend, mit auffallend gut behandelter Gewandung; das Dekorativ zeigt die ganz gleichen Elemente, wie die vorher erwähnten Prachthandschriften: irische Motive, derb behandelte, aber doch stilisierte Laubwerkformen, Verbindung solcher mit rein irischen Elementen oder auch Laubwerkformen mit geometrischen Figuren, welche einen Einfluss der musaizistischen Dekoration vermuten lassen. Auch die rot gestrichelten Gründe, als Schriftunterlage, fehlen nicht.

Zwei Evangeliare, das eine in der Stadt-Bibliothek in Lyon (No. 357) ein anderes in der Stadt-Bibliothek in Boulogne (No. 2) zeigen, ausser sehr rohen Evangelistenbildern, eine Dekoration, welche jener in den früher genannten Handschriften entspricht. Die gleiche dekorative Ausstattung hat ein Evangeliar in der Stadt-Bibliothek zu Cambray (No. 309), dessen Anfangsseite des Matthäus-Evangeliums (Liber) vollständig mit der entsprechenden Seite im Evangeliar Franz II. und im Lyoner Evangeliar übereinstimmt. Von mehreren anderen dieser Gruppe zugehörigen Handschriften sei noch das Sakramentar von Saint-Tierry in der Stadt-Bibliothek von Rheims und das Sakramentar von St. Amand in der k. Bibliothek in Stockholm erwähnt.[3]

Eine Gruppe von Prachthandschriften bleibt nun noch zu charakterisieren übrig, die ebenso in dekorativer Beziehung, wie durch das Gewicht, das sie auf geschichtliche Darstellungen legt, von den Leistungen der Schule von Saint

---

[1] Bastard, a. O. pl. 182—188.

[2] *Bibliorum seriem Karolus rex inclytus istam*
    Centrali stupse corde colens cuthere (fol. 1).
Vgl. Delisle, Le Cabinet III, pg. 259. Abbildungen: Jorand, Grammatographie du IX° siècle, types calligraphiques tirés de la Bible de Charles le Chauve (Paris, 1837) und Bastard, a. O. pl. 177—181, dann in Bastards Sonderausgabe Peintures etc. de la Bible de Charles le Chauve a. O.

[3] Über diese und andere Handschriften der Gruppe vgl. Delisle, Ancien Sacramentaires pg. 116 ff. und dann von demselben Verfasser L'Evangeliaire de Saint Vaast d'Arras et la Calligraphie Franco-Saxonne (Paris, Champion, 1888). In der insgenannten Abhandlung zählt Delisle schon 19 solcher Handschriften auf. Das unter VIII angeführte Evangeliar aus dem Fond Hamilton in k. Kupferstichkabinet in Berlin, ist von Sctilize dem X. Jahrh. zugewiesen worden (Vgl. Repertorium VI. S. 153, No. 4). Das Psalterium der Universitäts-Bibliothek in Leipzig (No. 374) ist zwar zweifellos von der Gruppe von S.-Denis in der Ornamentation abhängig, doch weist der Stil der geschichtlichen Bilder nicht mehr auf die karolingische Zeit, sondern schon auf eine spätere Zeit hin (es ist der Psalter, der nach Springer in einem Kloster zu Soignies in Hennegau, und zwar im XI. Jahrh. geschrieben wurde. Vgl. die Psalterillustrationen im frühen Mittelalter a. O. S. 208). Abbildungen bei Delisle, Anciens Sacramentaires a. O. Atlas Taf. V—XI. Dann für das Evangelium von Saint-Vaast a. O. Taf. I—V. Das Liber des Evangeliars in Cambray bei A. Durieux, Les Ministres de Manuscrits de la Bibliothèque de Cambray. Album Pl. I, III (Cambray, Simon).

Denis abweicht. Die hervorragendsten Vertreter derselben stehen wieder mit dem Namen Karls des Kahlen in Verbindung, der wohl als der leidenschaftlichste Bücherliebhaber der ganzen karolingischen Dynastie bezeichnet werden darf. Glieder dieser Gruppe, die textlich untersucht wurden, haben auf einen Zusammenhang mit der von Tours hingewiesen, und dieser Zusammenhang wird stilistisch für die übrigen bestätigt. Der Einfluss von Tours auf die geschichtlichen Darstellungen lässt sich auf das Bestimmteste nachweisen, andererseits wurde schon angedeutet, dass auch umgekehrt eine Einwirkung dieser Gruppe auf die Dekoration der spätturonischen Handschriften festgestellt werden kann. Ihre Heimat ist wiederum der äusserste Nordosten Frankreichs, und wenn eine Vermutung ausgesprochen werden darf, so möchte ich Corbie als Ursprungsort derselben nennen. Corbie war ein Brennpunkt gelehrten und kirchlichen Lebens in der Karolinger-Zeit, besonders seit Adalhard, als Gelehrter so bedeutend wie als Staatsmann, an der Spitze des Klosters stand (ca. 780). Der gleiche Geist beseelte seinen Bruder Wala, der sein Nachfolger wurde. Dass es auch später im Kloster so blieb, zeigt die Verordnung von 822, nach welcher ein Pergamentbereiter dem Kloster ständig zugehören sollte. Was aber die Beziehungen Karls des Kahlen zum Kloster betrifft, so konnten sie nicht anders als sehr innig sein, da Odo, der damalige Abt von Corbie, sein vertrauter Ratgeber war.[1]

Die Zeit der Blüte jener Schule, als deren Sitz hier Corbie genannt wird, reicht von ca. 850—875. Das Selbständige ihrer Kunstübung liegt auf dem Gebiete der Dekoration. Bezeichnend für diese ist die Nachahmung bunten Steinmaterials, wogegen die von den Dekoratoren der Metzer Schule und der Schule von Tours mit Vorliebe verwendeten gemmenartigen Motive fast gänzlich fehlen. Sehr beliebt für Bordüren ist purpurner Grund mit eingesprengten grünen, zinnoberroten, goldnen und weissen Punkten. Auf die eigentümliche Behandlung des Blattwerks wurde schon hingewiesen. Die Struktur hat etwas Fettes, Krautiges, dabei wird aber nicht eine bestimmte Naturform kopiert, sondern das Blattwerk fächerförmig aufgerollt oder zickzackartig ineinander gekeilt. Ist es naturfarbig (grün), so wird die Zeichnung meist in Gelb angegeben, doch folgt dem gelben Umriss gewöhnlich noch ein weisser; bei blauem, purpurnem oder violettem Blattwerk sind die Rippen und die Umrisse schwarz oder rot gezeichnet, und der rote Umriss gewöhnlich wiederum noch von einem weissen begleitet. Bandwerk tritt in der Ornamentation sehr zurück und auch die mageren Goldranken nehmen immer mehr ab.

An der Spitze der Gruppe steht das Sakramentar des Hrodradus, welches dieser nach seiner Ordination zum Priester 853 schrieb oder schreiben liess (jetzt Paris, Nat.-Bibl.); da es für den Gebrauch der Kirche von Corbie bestimmt war, so liegt kein Grund vor, nicht auch seinen Ursprung in der Schreibstube dieses Klosters zu suchen. Der künstlerische Schmuck besteht in Randeinfassungen (Bl. 18ᵃ — 23), dann in grossen farbigen Initialen und in Goldinitialen. Die Ecken der Randeinfassungen bestehen meist in Bandverschlingungen, die Bordüren selbst haben vielfach Füllungen von Blattwerk in der früher beschriebenen Art. Fächerförmig aufgerollt, läuft es ohne Absatz fort, bei dunkelgrüner Farbung ist der Umriss gelb, bei blauer Färbung weiss; die Schatten sind schwarz angegeben, die Lichter weiss oder gelb punktiert. In der Initialbildung herrscht kein einheitlicher Geschmack; einzelne Initialen, z. B. ein D und ein T, sind in dem prächtigen Stil der Bibel Karls des Kahlen durchgeführt: der Leib in Gold mit rotem Kontur, die Füllung Flechtwerk, die Endungen Bandwerk mit Tierköpfen. Ein A dagegen zeigt eine Füllung von Blattwerk der früher beschriebenen Art. Auch irische Anklänge fehlen nicht ganz, was an dieser Stelle nicht gerade wunderbar ist, da auch Corbie eine Stiftung von Luxeuil gewesen ist, deren irische Handschriften in der Klosterbibliothek gewiss vorhanden waren.[2] Das Sakramentar des Hrodradus war die Stiftung eines Privaten; die Ausstattung war dementsprechend bescheiden, immerhin führt die Bildung des Ornaments, besonders die Bildung des Blattwerks und dessen technische Behandlung zu der grossen Gruppe von Prachthandschriften hinüber, deren bedeutendste auf königlichen oder kaiserlichen Auftrag zurückgingen.

Zunächst sind drei Handschriften nachweislich für Karl d. K. entstanden: der Psalter in der Pariser National-Bibliothek (No. 1152), das Gebetbuch in der königlichen Schatzkammer in München, dann das Evangeliar, welches als das goldene Buch von St. Emmeran in der kgl. Bibliothek in München bewahrt wird (Cim. 55); für Karl den Dicken entstand die Bibel von St. Paul.

Der Psalter der Pariser National-Bibliothek (lat. 1152) wurde von einem gewissen Liuthar zwischen 842 und 869 geschrieben.[3] Ein Widmungsbild zeigt Karl thronend mit Reichsapfel, Szepter und Krone. Das Portrait Karls ähnelt hier sehr wenig dem Bildnis in der Vivian-Bibel. Das Gesichtsoval läuft in ein spitzes Kinn aus, die Haare spielen ins Graue, desgleichen der Bart.[4] Der König trägt ein violettes Untergewand, mit Goldtupfen besetzte

[1] Nachrichten über die Bibliothek von Corbie bei Delisle, Recherches sur l'ancienne Bibliothèque de Corbie in den Mémoires de l'Institut de France (Inscriptions et Belles-Lettres) t. XXIV (1861), pg. 266 ff.

[2] Vgl. Delisle, Cabinet III, pg. 253 ff., dann dsv. Vetß Anciens Sacramentaires 3. O. pg. 122ff. und Bivand, 3. O. pl. 189—190.

[3] Die Zeit ist annähernd durch die Litanei bestimmt, wo es heisst (fol. 174ᵛ und 173): Ut nobis Karolo a te coronato ... Ut hermitendom rengregui ... hermitendom rengregui ... Hieronimusda von 842 bis Karl vermählt und starb 869. Am Schlusse des Psalters: Hic volumen facto Leothardi fine quievit.

[4] Bei Bivand, 2. O., erscheinen sie weiss, aber nur infolge der starken weissen Lichter, welche im Original aufgesetzt sind.

Schuhe von gleicher Farbe; der Mantel ist golden, die Falten sind wie der Umriss rot gezeichnet. Der Thron steht innerhalb eines mit einem Giebel versehenen Saulenpaares, dessen Schäfte von der Farbe des Gialloantico sind mit eingesprengten goldenen und weissen Punkten. Die Füllung der Giebelbalken bildet Blattwerk von röthlich-violetter Farbe und der früher charakterisierten Art und Zeichnung. Oberhalb des Giebels wird die Hand Gottes sichtbar. Der Giebel schneidet in einen Fries ein, der von zwei Säulchen, welche neben dem Querbalken des Giebels aufsitzen, getragen wird. Er führt die Inschrift:

Cum sedeat Karolus, magno coronatus honore,
Est Josuae similis, parque Theodosio.

Es folgt ein Bild Davids, doch hier ganz anderer Art als in der Vivianbibel. David ist zwar tanzend und in die Leier greifend dargestellt, aber von jugendlicher Gestalt, bartlos, ohne Krone und mit kurzem Rock und flatterndem Mantel bekleidet. Die vier Chorführer sitzen nicht, sondern sind in stürmischer Bewegung. Drei meistern so ihre Instrumente, Asaph tanzt und schwingt dabei mit beiden Händen ein rotes Tuch über seinem Haupte, — wie im Davidbilde des Kosmas Indikopleustes. Das dritte Bild führt den heiligen Hieronymus vor. Hieronymus sitzt auf einem lehnenlosen Stuhl; auch er ist jugendlich und bartlos dargestellt. Mit der einen Hand hält er das Buch, mit der anderen taucht er die Feder in den Tintenbehälter. Er trägt ein violettes, mit Goldborden geschmücktes Gewand. Der Giebelbau, unter welchem Hieronymus sitzt, ist die getreue Copie dessen auf dem Widmungsbilde. Das Incipit (über psalmorum) ist auf Purpurgrund geschrieben, der von einer breiten Bordüre eingefasst wird. Die drei Worte, welche drei Zeilen bilden, sind in Goldschrift geschrieben, zwischen diesen sind weisse, rote, goldene Punkte in den Grund eingesprengt, sodass ein gialloantico-artiges Aussehen erzielt wird. Wiederum fehlt das Beatus vir eine Seite fast vollständig und zeigt auch eine ähnliche Ausstattung wie das Incipit. In ähnlicher Art sind auch weiter Initialen und Bordüren behandelt. In den Randbordüren überwiegt das Blattwerk von der früher beschriebenen Art, und dann jenes gesprenkelte Steinmuster; bei der Verzierung der Initialen spielt Ranken- und Flechtwerk, in Bezug auf die Farbe Gold und Rot wie in den turonischen Handschriften noch eine grosse Rolle.

Eine minder reiche künstlerische Ausstattung zeigt das kleine Gebetbuch in der Münchener Schatzkammer, das gleichfalls Karl der Kahle für sich schreiben liess. Hier das erste eigentliche Donatorenbild. Zwei Seiten (fol. 38ᵃ und 39ᵃ) sind demselben gewidmet. Links kniet der König und verrichtet vor dem rechts dargestellten Christus am Kreuze seine Andacht. Der König ist fast ganz im Profil genommen, die Arme sind vorgestreckt, die Hände gefaltet, das Haupt, etwas aus der Profilstellung herausgewendet, ist bartlos; er trägt eine Tunica von hellem Violett wie im Pariser Psalter, mit goldig punktierten Rosetten gemustert, darüber einen violetten Mantel, der über der rechten Schulter mit einer Agraffe befestigt ist. Die Strumpfhosen sind rot, die Schuhe schwarz mit goldenen Knöpfchen besät. Christus hat dunkelgraue Haare und einen Bart von gleicher Farbe; der bis auf einen graubraunen Lendenschurz nackte Körper hat einen röthlich-braunen Fleischton. Die Verhältnisse sind mangelhaft; die straff gestreckten Beine sind viel zu klein für den schweren Rumpf und die plumpen Arme. Über dem Kreuze erscheint die Hand Gottes, die einen grünen Kranz über das Haupt des Erlösers hält, daneben Sonne und Mond. Am Fusse des Kreuzes bäumt sich die Schlange empor.[1] Ausser diesem Bilde ist noch ein Initial D (fol. 7) durch reichere künstlerische Ausstattung ausgezeichnet, im übrigen beschränkt sich der Schmuck auf Randbordüren. Zwei rot umränderte Goldstreifen geben den Rahmen für die ornamentalen Motive ab; am häufigsten ist aber auch hier wieder das früher beschriebene Blattwerk fischartig und vielfach zickzackartig ineinander gekeilt als Füllung verwendet. Auch der gesprenkelte Steingrund fehlt nicht.[2]

Das Evangeliar in München, genannt von seinem Deckel das goldene Buch von St. Emmeran, welches der Kleriker Berengar in Gemeinschaft mit Liuthard (doch wohl dem Schreiber des Psalters) 870 für Karl den Kahlen schrieb, enthält zunächst wieder ein Widmungsbild, aber hier in reicherer Anordnung, als im Psalter. Der Kaiser

[1] Abbildungen bei Louandre, Les Arts Somptuaires Album I, pl. 19—11; bei Labarte, Histoire des Arts Industriels, Album II, pl. 89/90, bei Bazard, 2. O. pl. 191—194.

[2] Zur Erklärung der Schlange heisst es auf der indikanologischen Elfenbeinplatte des Metzer Evangeliars 1383 der Pariser National-Bibliothek, mit deren Grundriss:

In Cruce Redivivi Christus pia victima factus
Quod nostri fraus tulerat, serpentis pondus feroces.

[3] Für die Zeit der Abfassung ist ausschlaggebend die Stelle der Litanei . . . congregem nostram cum liberis nostris conservare digneris, da wahrscheinlich nach dem Pariser Psalter, wo der Kinder in der Litanei noch nicht gedacht ist. Über das Gebetbuch vgl. R. Rahn, Kunst- und Wanderstudien aus der Schweiz (1883) S. 186. W. Meyer, Über das Gebetbuch Karls d. Kahlen in der k. Schatzkammer in München (Sitzungsber. der phil.-philol.-hist. Classe d. k. bayer. Akad. d. Wiscnsch. 1883 S. 4 ff.). Abbildungen: Karl vor dem Kreuze knieend, dann die ersten beiden Textseiten in der Ausgabe der Felicianus-Singuarda. Ingolstadt, 1583. Das Kreuzigungsbild allein bei Cahier und Martin, Melanges d'Archéologie 1ᵉ serie (1847/91 I. pg. 111. Die Abbildungen Singuarda's dann wiederholt im Geschichtsfreund, Mitth. d. Ver. d. v. Orte Luzern, Uri, Schwyz, Unterwalden, Zug. Bd. XXII. 1867 (Zur Abhandlung von Lutolf, Von den Gebeten und Betrachtungen unserer Altvordern in der Schweiz S. 88 f.).

thront unter einem von phorphyrartigen Säulen getragenen Bogen, seine Gewandung besteht aus blauem Rock, violettem Mantel und roten Strumpfhosen; ihm zur Seite steht je eine Frau mit einer Stadtkrone auf dem Haupte und einem Füllhorn, aus welchem Blumen spriessen; sie stellen die Francia und Gotia dar, neben diesen dann noch je ein Waffenträger. Ein zweites Bild gestaltet ein apokalyptisches Motiv (Ap. 4, 10 und 5, 8), die vierundzwanzig Ältesten reichen dem Lamm ihre Kronen hin, die Bewegung ist von stürmischer Lebendigkeit, entsprechend den Worten: sie warfen ihre Kronen vor den Stuhl und sprachen u. s. w. Unten die Personifikationen Tellus und Oceanus. Das dritte Bild stellt die Majestas Domini dar, durch die Verse Alcuins erläutert.

> *Ordine quadrato variis depicta figuris*
> *Agmina Sanctorum . . . u. s. w.*[1]

Die Anordnung zeigt die bekannte Weise. Eine Raute läuft an ihren Ecken in Medaillons aus, die Seiten der Raute füllen mit der Randverzierung des Blattes Zwickel; Christus thront innerhalb der Raute in einer Mandorla, die Medaillons enthalten die Brustbilder der vier grossen Propheten, in den Zwickeln sind die Evangelisten sitzend dargestellt. Vor den Evangelien findet sich dann noch das Sonderbild jedes Evangelisten, des Matthäus von grosser Auffassung, aber im Ganzen doch schon in der unschönen Heftigkeit der Bewegung, in der unruhigen und verständnislosen Gewandbehandlung das Nachlassen des Formgefühls andeutend; schlimmer noch steht es mit den drei anderen Evangelistenbildern. In den Hauptbogen der Kanones ist, wie im Metzer Evangeliar, die unten in Zahlen ausgedrückte Harmonie durch die entsprechende Kombination der Symbole angedeutet. Die Säulenschäfte ahmen halbrelle Steinsorten, meist Gialto Antico, nach, die Capitellbildung wechselt. Zu vermerken sind die keilartigen Klötzchen, welche, wie in der Roriko-Bibel, unter die Deckplatte geschoben sind. In den Zwickeln sind meist Vögel, seltener Blattstengel angebracht. Dazu treten die prächtigen Incipit auf der Evangelien: goldene Capitalen auf Purpurgrund, der rote Umriss von weissen Linien begleitet und jeder Buchstabe von weissen ganz feinen Ranken umsponnen. Der Grund unter oder zwischen den Kapitalenzeilen ist mit weissen, roten und goldenen Punkten gesprenkelt. In den Randbordüren bleibt bei grösserem Wechsel der Muster die Behandlung derb und von der der ganzen Gruppe als eigenthümlich bezeichneten Art. Öfters sind die ineinander gekeilten Blätter durch eine Perlenschnur getrennt.

Die bilderreichste Handschrift dieser Gruppe ist die Bibel von Sanct Paul in Rom. Sie ist für einen König Karl angefertigt worden, das besagen die Verse, welche das Widmungsbild erläutern.

> *Rex caeli Dominus solita pietate redundans*
> *Hunc Carolum Regem terrae dilexit herilem . .*

Dieser Karl war Karl III., wodurch die Entstehung der Bibel auf den Beginn der achtziger Jahre (881) festgesetzt ist.[2] Der Schreiber nennt sich auch hier — und er ist doch wohl auch zugleich der Maler — mit Worten, die schon eher als eitel, denn als stolz bezeichnet werden können.

> *Ingobertus eram referens et scriba fidelis*
> *Graphidas Ausonios aequans superansve tenore*
> *Mentis, ut auricomum decus illi crevat in aevum,*
> *Quem fecit primos Christus transire Monarchas*
> *Et sibi cognovit duce Christo sceptra tenere.*

---

[1] Alcuin Carmina LXX[1] bei Dümmler, a. O. I. p. 291.

[2] Die Vollbilder haben unter Abt Ramwold von St. Emmeram, in welches Kloster die Handschrift durch König Arnulph gekommen war, eine Übermalung erfahren. Damals (975) wurde auch das neue Widmungsblatt, das Ramwold, von den vier Kardinaltugenden umgeben, vorführt, gemalt. Doch auch noch späterhin haben einzelne Bilder eine Übermalung erlitten, wie am deutlichsten die Evangelistenbilder des Lucas und Johannes beweisen. Abbildungen bei Cöl. Sandl. Dissertatio in novum ac perretustum St. Evangeliarum codicem. München, 1786 (das Lucas-Evangelisten-Dedicationsbild); bei Ch. Cahier, Nouveaux Mélanges d'Archéologie I Curiosités Mystérieuses (Paris 1874), die Majestas domini, die Anbetung des Lammes, die vier Evangelisten (sehr ungenau) II, Josers Miniaturen, das Widmungsbild. Dann farbige Proben bei Silvestre et Champollion, Paléographie Universelle (Paris, 1841) II: 2 Tafeln mit dem Incipit des Matthaeus- (64) und Marcus-Evangeliums (64a).

[3] Das das Widmungsbild reitstierende Gesicht und der Prolog u. a. bei Mabillon, Iter Italicum p. 70 ff. (ed. Lat. Par. 1687). Schon Mabillon hat dargethan, dass an Karl den Grossen nicht gedacht werden könne. Es kann sich also nur um Karl den Kahlen oder Karl III. handeln. Schnaase (Gesch. d. b. K. 2: A, III. S. 640) weist darauf hin, dass der Knabe auf dem Widmungsbilde, trotzdem er schon das kaiserliche Stemma trage, jugendlicher aussehe, als auf den früheren Darstellungen; ich entlehne diesen Wahrnehmung in Anbetracht der geringen Naturtreue aller Bildnisse aus jener Zeit wenig Beweiskraft einzuräumen. Dagegen scheinen einige Verse den richtigen Weg zu zeigen. Sie lauten:

> *Nobilis ad larvam corpus de more trenunt*
> *Quos insignis prodes in rerum vis paretor*

Da man hier nur des Wunsch nach männlicher legitimer Nachkommenschaft ausgesprochen wird, so kann dies nicht auf Karl den Kahlen bezogen werden, der in seinem Sohn Ludwig den Stammler einen legitimen Nachfolger besass, sondern nur auf Karl III.

Keine karolingische Handschrift führt einen so umfassenden Bilderkreis vor wie diese, aber keine mit den Trägern der karolingischen Dynastie zusammenhängende Handschrift zeigt auch ein solches Nachlassen der gestaltenden Kraft und eine so starke Vergröberung des Formensinns. Das frische triebkräftige Leben ist dem Boden, wo es emporgekeimt und zur Blüte gekommen war, entwichen; der Same aber, den die Blüten abgesetzt hatten, sollte an einer anderen Stelle wieder aufgehen. Die Schwäche des Malers thut sich am meisten da kund, wo ihm Vorlagen, wie sie die turonische Bibelillustration geschaffen hatte, im Stiche ließen.

Das Widmungsbild, das durch Verse eingehend erläutert wird, gehört wieder zu den reich ausgestatteten Ceremonialbildern. In einem mit ganz unmöglicher Perspektive gezeichneten Bogenbau sitzt der Kaiser; zur einen Seite stehen zwei Waffenträger, zur andern seine Gemahlin mit einer Dienerin. Innerhalb der Bogen werden die vier Kardinaltugenden sichtbar: die Fortitudo mit Schild und Lanze, die Prudentia mit dem Buch, die Iustitia mit der Wage, die Temperantia mit ausgebreiteten Händen ohne Symbol. Schon hier zeigt sich eine große Abstumpfung des Sinnes für Formenverhältnisse: die klein gebildeten Ohren setzen bei Karl in gleicher Linie mit den Augen an; die Rumpflänge der Frauen beträgt neun Kopflängen. Die geschichtlichen Darstellungen werden mit den Bildern, welche die Geschichte der Bibelübersetzung erzählen, eröffnet. Der Anschluß an die Bibel Vivians ist hier zweifellos, — wo der Maler aber diese Vorbilder in freier Weise zu verwerten sucht, da wird er verworren und gedankenleer; immer aber ist er in der Komposition unfreier, gedrängter, als sein Vorbild. Das erste Feld führt den Auszug des Hieronymus aus Rom vor und sein Studium des Hebräischen, hier ist der Anschluß an die Vorlage von Tours am vollständigsten; die Szene der Bibelübersetzung und -Erläuterung, dort eine Komposition, fällt hier in zwei auseinander: ein Mal sitzt Hieronymus mit den heiligen Frauen in einer Nische, das zweite Mal zwischen Mönchen innerhalb einer Mauerumfriedung. Die dritte Szene ist wieder aus den künstlerischen Motiven der Vivianbibel zusammengestoppelt, doch der Symmetrie zu Liebe löst Ingobert auch diese in zwei Darstellungen auf, in der einen wird Hieronymus diktierend vorgeführt, in der anderen die Verbreitung der Übersetzung geschildert. Die biblischen Bilder gehören ihrer großen Mehrzahl nach dem alten Testament an, und zwar illustrieren sie nicht bloß die Geschichte des ersten Elternpaares, dann die des Moses und David, sondern es werden auch, und zwar mit großer Vorliebe, die kriegerischen Thaten der Juden, so die Josuahs, Ahabs, der Judith, der Makkabäer vorgeführt. Was ein feinsinniger Beobachter von der Psalterillustration aussagte, bewahrheitet sich auch in diesen biblischen Darstellungen: Die nordische Kunst und Phantasie, an sich mit dem Kampfgetose vertrauter, dem leidenschaftlichen Ausdruck zugänglicher, besaß für idyllische Züge nur geringes Verständnis. Deshalb sucht man auch in der Bibelillustration vergeblich Bilder, welche Scenen, wie die zwischen Ruth und Boas spielenden, zum Vorwurf hätten. Die Illustrationen der Geschichte des ersten Elternpaares weichen in Bezug auf die Auswahl der Motive und ihre Gestaltung erheblich von denen in der Londoner Bibel und in der Vivianbibel ab. Vier Darstellungen sind allein der Erschaffung der beiden ersten Menschen gewidmet, dann folgt die Vereinigung derselben, der Sündenfall, die Vertreibung und die Arbeit. Die Namengebung der Tiere fehlt hier wie in der Vivianbibel, aber auch die an jener Stelle vorkommende Darstellung der Scham der Sünder. Bezeichnend ist es, daß hier nicht mehr wie in der Vivianbibel im Anschluß an frühchristliche Vorbilder der Engel die Sünder aus dem Paradiese hinausgeleitet, sondern daß er in Anschluß an die zelotische Auffassung byzantinischer Mönchskunst mit hochgeschwungenem Schwert aus dem Paradiese hinausstreitet. Bezeichnend ist es auch, daß Eva, den Seth stillend, nun nicht mehr wie in der Vivianbibel (in Nachahmung frühchristlicher Vorbilder) in matronaler Gewandung erscheint, sondern um die ackernde Adam ein Fell als einiges Gewandstück besitzt. Die Geschichte Moses wird viel ausführlicher als früher erläutert; da sieht man nun wieder, daß nur jene Darstellungen, welche auf die Vivianbibel zurückgehen, auf abgeschlossenem Bildfelde vorgeführt werden, jene dagegen, welche hier neu hinzutreten, meist in der Art, wie es die gleichzeitige Federzeichnung bevorzugt, ohne Abtrennung der verschiedenen Motive von einander vorgeführt werden, so hier die Findung Mosis, Moses vor Pharao und der Durchzug durchs rote Meer, während die Empfangnahme der Gesetzestafeln und die Verkündigung des Gesetzes in Anlehnung an die Vorbilder der Vivianbibel auch außerlich als Komposition abgeschlossen sind. Zwei weitere Blätter enthalten je drei Darstellungen aus dem späteren Leben Mosis bis zu seinem Tode. Es folgt ein Blatt mit drei Darstellungen zu Josuahs Durchzug durch den Jordan (der Flussgott ist in antiker Weise, bartig, sitzend, mit einem Krug gebildet), die zwölf Männer mit den Steinen (Exod. 4, 2) und die Eroberung von Jericho. Dazu je ein Blatt zum 1. und 2. Buch Samuels, Elis Verheissung an Hanna, Auferziehung Samuels, Elis Tod, Salbung Sauls, Davids Sieg über Goliath, Sieg der Philister, Sauls Selbstmord und Jonathans Tod, Übergabe der Krone und des Armgeschmeides an David (II, 1, 10). Ein Blatt zum 1. Buch der Könige: Salomon wird König, seine Herrlichkeit, sein weiser Richtspruch. Das Blatt, welches den Psalter illustriert, zeigt David mit den Chorführern und zwei Waffenträgern (Cerethi und Pelethi), doch David nicht als Sänger oder Lautenschläger aufgefasst, sondern selbst schreibend und zwei Schreibern diktierend, — eine Auffassung Davids, wofür Analogien nicht leicht herbeizuschaffen wären. Ein Blatt mit drei Illustrationen ist dem Buch Judith gewidmet, ein anderes Blatt den ersten Kapiteln des ersten Makkabäer-Buches (Kampf des Antiochos gegen Ptolemaus, Tempelschändung und Vertreibung der Juden, Widerstand des Matthatias und Kampf der Schar des Judas Makkabäus). Viel weniger reich ist die Illustration des neuen Testaments. Sie beginnt mit einer Majestas domini, welche in der An-

ordnung völlig mit der Darstellung der Majestas in Karls des Kahlen Evangeliar zu München übereinstimmt. Doch nicht bloss in der Anordnung, auch in vielen Einzelheiten. Genau kopiert ist der Marcus, freier die drei übrigen Evangelisten, der Johannes erscheint bejahrter; und neben Lucas ist auch Markus bartlos gebildet. Die Einzelbilder der Evangelisten, die sich vor den Evangelien finden, weichen von jenen im Münchener Evangeliar etwas ab, doch wie dort wird auch hier die Anregung der göttlichen Inspiration stärker als in den älteren karolingischen Darstellungen zum Ausdruck gebracht.[1] Zwei der Evangelisten, Johannes und Lucas, sitzen unter einem von vier Säulen getragenen Bogengewölbe, welches genau mit dem auf dem Widmungsbilde des Münchener Evangeliars übereinstimmt. Von neutestamentlichen Ereignissen ist nur die Himmelfahrt und die Herabkunft des heiligen Geistes dargestellt: die Stätte letzteren Ereignisses ist ein von einer getürmten Mauer umgebener Hof. Die Apostelgeschichte wird mit Bildern der Bekehrung und Lehrthätigkeit des heil. Paulus illustriert. Der Zusammenhang mit dem Cyklus der Vivianbibel ist wieder klar ersichtlich, doch finden noch zwei neue Episoden Gestaltung: Paulus erhält Vollmacht vom Hohenpriester gegen die Nazarener vorzugehen (9, 2) und Paulus flieht aus Damaskus (9, 25). Die beiden letzten Blätter mit Abbildungen sind der Apokalypse gewidmet. Auf dem ersten Blatt sind die sieben Gemeinden unter dem Bilde von sieben Basiliken samt den sieben Engeln dargestellt (Apok., c. 1—3), auf dem untersten Felde die beiden Motive der Vivianbibel, das Lamm mit dem Buche und die Herrlichkeit des Vaters. Auf dem zweiten Blatt werden eine Reihe apokalyptischer Motive ohne feste Ordnung illustriert: Johannes mit einem der Ältesten (5, 5), der Reiter verax und fidelis (19, 11), der Altar mit der Bundeslade (12, 19), die Ausgiessung des Feuers auf die Erde, die Aufnahme der Gerechten (c. 16 oder 19).

Durchaus ist in den Darstellungen der Pauls-Bibel der Ausdruck lebendiger, die Bewegung stürmischer als in den Bildern der Vivianbibel. Im Schiedsgericht Salomons teilt sich die leidenschaftliche Heftigkeit der Beteiligten auch den Zuschauern mit, in der Herabkunft des heiligen Geistes sind sämtliche Jünger von einem Sturm innerer Bewegung erfasst. Dazu wird die Klarheit der Komposition durch die Überfülle der Figuren beeinträchtigt: an den Paulsbildern in der Vivianbibel und hier kann man diesen Unterschied am Besten wahrnehmen; welches Drängen der Figuren, welche ungestüme Gebärdensprache hier, und welche geräumige Komposition und Gemessenheit des Ausdrucks dort. So gelingen denn auch Kampfscenen am Besten, im Kampf um Jericho z. B. ist zum Mindesten das Momentane der Bewegung recht gut zum Ausdruck gebracht. Wie infolge solcher unruhiger Hast der Darstellung die Geschlossenheit der Komposition vernachlässigt wird, so zeigt auch die Behandlung der Formen einen Rückschritt. Die Zeichnung ist oberflächlicher, die Verhältnisse unsicherer, dem Maler ist die Erzählung die Hauptsache, nicht die Durchbildung des Einzelnen oder die künstlerische Anordnung des Ganzen.

Die Ornamentik, deren Träger besonders die zahlreichen prächtig ausgestatteten Initialen sind, ist von der gleichen Art, wie in den früher genannten Handschriften. Das feine fadenförmige Geriesel umspinnt auch hier oft die kleinen Capitalen am Anfange des Buches wie mit einem zarten Netz, das Blattwerk ist so derb wie dort, und von der gleichen stilistischen und technischen Behandlung. Nur das Bandwerk als Flechtwerk und Geriemsel tritt hier etwas stärker hervor und wird in herkömmlicher Weise an seinen Endungen in Tierköpfe, Vögel, Vierfüssler übergeführt. Besonders reich ausgestattete Initialen sind das Beatus des ersten Psalms, das Quoniam des Lucas und das Ini des Johannes-Evangeliums. Die Farben sind noch immer sehr lebhaft. In den geschichtlichen Darstellungen sind die Umrisse rotbraun aufgetragen; das Incarnat ist ein kräftiges Ziegelrot mit aufgehöhtem Weiss für die stärksten Lichter.[2]

Die bis jetzt genannten Handschriften entstanden nachweislich für die letzten Träger der karolingischen Dynastie; nicht minder prächtig sind einige andere Handschriften ausgestattet, welche nach den bei ihnen zur Anwendung gekommenen dekorativen Grundsätzen gleichfalls der Gruppe Corbie zugewiesen werden müssen, wobei immerhin bei ihrer Anfertigung auch noch andere künstlerische Anregungen mitgewirkt haben. Der Zeit nach werden sie nicht erheblich über 860—870 hinaus angesetzt werden können. Die Auftraggeber dürften in hohen Klerus der Zeit zu suchen sein. Zu nennen ist hier zunächst das Colbert-Evangeliar (Paris, Nat.-Bibl. lat. 323). Textlich gehört das Colbert-Evangeliar in die Nähe der Ebogruppe; ein Einfluss von daher zeigt sich auch in der künstlerischen Ausstattung. Das Schema der

---

[1] Die geöffneten Bücherschränke, die vor den Evangelisten stehen, kommen auch schon auf den romanischen Evangelistenbildern vor; im frühsten sind sie in St. Vitale in Ravenna nachzuweisen, aber da noch nicht aus, die Mauer als byzantinisch bezeichnen zu dürfen.

[2] Dem ehrwürdigen Padre Tosti, dem Abt von St. Paul, dessen Gelehrsamkeit so gross wie seine Güte ist, danke ich es, dass ich die kostbare, sorgsam gehütete Handschrift zwei Stunden lang prüfen durfte; leider reichte diese Zeit nicht aus, um eingehende Notizen niederschreiben zu können. Deshalb hat diese Bibel mit der Gruppe von St. Denis in Verbindung gebracht (L'Evangéliaire de Saint-Vaast d'Arras s. O. p. 13); die künstlerische Ausstattung aber, und zwar nicht bloss die geschichtlichen Bilder, sondern auch die Ornamentik weist sie mit solcher Entschiedenheit zur Gruppe von Corbie, dass ich sie ohne jeden Vorbehalt dieser zugeteilt. Abbildungen sämtlicher geschichtlicher Bilder und aller grössten Initialen in Photographie bei Westwood: The Bible of the monastery of St. Paul near Rome, Oxford u. London 1871. Die Abbildungen des d'Agincourt (Taf. XL—XLV.) sind kaum zu gebrauchen. Eine farbige Wiedergabe des Widmungsbildes bei Hefner-Alteneck, Trachten und Geräthschaften 2 A. 1. Taf. 68 dem viel zu hellen Ton ganz unähnlich dem Original. Ein Blatt Schriftprobe bei Delisle o. a. O.

Kanonesdekoration ist das gleiche wie dort, die kleinen Bogen fehlen, der Hauptbogen oder Giebel ruht stets auf einem Architrav, auch in der Dekoration der Bogen treten verwandte Motive auf, so einmal (Canon decimus) ein nackter Bogenschütze auf der einen Seite des Bogens, ein Vogel auf der anderen. Dann wiederum Erinnerungen an die turonische Kanonesdekoration: von Architraven, Giebeln, Bogen hängen goldene Kronen, Lampen, Gefässe herab. Der feste dekorative Zusammenhang mit der Gruppe von Corbie wird aber doch durch den Gesamteindruck erwiesen; schon bei der Kanonesdekoration sind Säulenschäfte, Giebel, Architrave in der Art jener früher beschriebenen gesprenkelten Steinsorten gehalten, und in Randbordüren und Initialen treten vollends die gleichen Motive und die gleiche Technik der Ausführung wie dort auf. Die Evangelistenbilder zeigen kecke und dabei saubere Zeichnung, aber jene Grösse des Stils, wie z. B. die der Metzer Gruppe, oder doch die Lebensenergie, wie sie den Evangelisten der Rheimser Gruppe eigen, fehlt hier; dagegen beweist die Gewandung den Zusammenhang mit der Ebogruppe; Mantel und Tunika, auch hier von gleicher Farbe, haben die überreiche schematische Faltelung wie dort, und wie dort sind goldene und weisse Lichter eingestrichelt.[1]

In unmittelbare Nähe des Colbert-Evangeliars gehört das Evangeliar des Celestins in der Arsenalbibliothek in Paris. Das Schema der Kanonestafeln schliesst sich bis auf die Einzelheiten dem Colbert-Evangeliar an, die Initialen, Randbordüren behandeln dieselben ornamentalen Motive in gleicher Weise: fächerförmig und zickzackförmig in einander geteiltes Blattwerk, Nachahmung gesprenkelten Steingrunds, bei Initialen öfters blauer Grund mit weissen Tupfen bestimmen den Charakter der Verzierung. An den Evangelistenbildern ist nur erwähnenswert, dass sie innerhalb eines Mauerrechtecks sitzen, an dessen Ecken sich vierstöckige Türme erheben. Die Anlage des Raums nach der perspektivischen Seite hin, im Vergleiche zum Widmungsbild in der Vivian-Bibel, einen Fortschritt. Anregung für solche Mauerumfriedungen, wie sie hier und in der Darstellung der Pfingstfeier in der Bibel von St. Paul vorhanden, konnten leicht aus spätklassischen, vielleicht auch altchristlichen Handschriften gewonnen werden. Die Gewandbehandlung bei den Evangelisten entspricht der im Colbert-Evangeliar.[2]

Das glänzendste Werk dieser Schule muss aber jenes Sakramentar gewesen sein, von welchem ein kostbares Fragment die Pariser National-Bibliothek aufbewahrt (lat. No. 411). Schon die Vollbilder sind künstlerisch bedeutend und eines von ihnen auch ikonographisch bemerkenswert. Zunächst ein Widmungsbild: ein fränkischer Fürst steht zwischen zwei Priestermönchen; alle drei Köpfe sind nimbiert. Über dem Haupte des Fürsten hält die Hand Gottes die Krone. Ein zweites Bild führt den heiligen Gregor vor, der von der Taube des heiligen Geistes erleuchtet, zweien Schreibern diktiert, welche von ihm durch eine Draperie getrennt, vor einer geöffneten Büchertruhe sitzen. Auf zwei Blattseiten (Bl. 5' u. 6) ist dann die Herrlichkeit Gottes dargestellt, ein bildnerisches Motiv, das im nordischen Mittelalter hier seine erste, im Allerheiligenbild Dürers seine vollendetste Fassung erhalten hat. Auf der einen Seite werden die Vertreter der himmlischen Hierarchie (in der Form des Brustbildes) vorgeführt, oben drei Engel mit ihren Kronen, dann sechs Apostel unter der Führung des heiligen Petrus, sieben Märtyrer mit Palmen, sechs Kirchenlehrer mit Rollen und Büchern, endlich vier heilige Frauen unter der Führung Marias. Sie alle sind zur Seite hingewendet, wo Christus thront, der Beherrscher von Himmel und Erde. Christus mit bärtigem Typus, von einer Mandorla umstrahlt, ist wie gewöhnlich „in throno" dargestellt; mit der Linken hält er das aufs Schoss gestützte Buch, mit der Rechten weist er die Hostie vor.[3] Die Zwickel, welche die Mandorla mit der Randeinfassung bildet, sind hier statt mit den Evangelistenzeichen, mit Symbolen der göttlichen Herrschaft gefüllt: oben ein Cherub mit roten, augenbesetzten Flügeln, unten Tellus mit Oceanus. Der Oceanus bis zum Gürtel herab nackt, sitzt auf einem Delphin und hält in der rechten Hand einen Fisch, in der linken einen Krug, aus dem er Wasser giesst; die Tellus sitzt auf einer Erdscholle, auch sie ist nackt bis zum Schoss herab, an ihren Brüsten saugen zwei Knäblein. Beide, Tellus und Oceanus, schauen zu Christus empor. Die Randleisten der beiden ersten Bilder haben eine Füllung von fächerförmigem in einander gekeiltem Blattwerk, das letztere ausser diesem noch gesprenkeltes Steinwerk. Auch ein Initial gehört noch zu den Vollbildern; das T bildet das Kreuz für den Crucifixus. Christus hat den bärtigen Typus, der Leib ist mit einem kurzen Schurz bekleidet. Unten ringelt sich die Schlange empor, oberhalb des Querbalkens werden die Brustbilder von Sol und Luna sichtbar. Die Formengebung ist in allen geschichtlichen Bildern sorgfältiger, als in der Bibel von St. Paul; doch sind die Körper allzu schlank, die Köpfe im Verhältnis zum Rumpf zu klein. Die Fleischfarbe ist von

---

[1] Bastard, a. a. O. 199—200. Man darf annehmen, dass ein der Gruppe von Rheims angehöriges Evangeliar bei der Abschrift neben anderen Vorlagen benutzt wurde und dass dann der Maler sich auch bei der Kanonesdekoration und den Evangelistenbildern durch jene Vorlage beeinflussen liess.

[2] Bastard, a. a. O. 208—209. Das Beispiel eines solchen Polygonalbaues im Virgil des Vatikans (cod. Vat. 3225), fol. 31ᵛ.

[3] Hier sei auf die Verschiedenheit des Gewandmotivs in der Gruppe von Corbie im Gegensatz zu der von Tours bei den Majestasdarstellungen hingewiesen. Bei den Majestasbildern der Gruppe von Tours fällt das eine kurze Ende des Mantels von der rechten Schulter herab, dann wird der Mantel über die linke Schulter hinweg unter den rechten Arm durchgeführt, und von dem linken Arm das zweite Ende aufgenommen. Bei den Darstellungen des Christus in der jetzt beschriebenen Gruppe dagegen fällt das rechte Ende des Mantels auf das linke Knie, wird dann breit um den Unterleib geschlungen, hierauf über die linke Schulter gelegt, dann nochmals unter dem rechten Arm durchgegangen und von dem linken Arm, welcher das Buch trägt, fest gehalten.

brandigem Ton, die Schatten sind mit tieferem Rot angegeben, die Lichter mit Weiss aufgesetzt, in den Gewändern werden die Lichter mit Gold eingestrichelt. Von Initialen sei das V D (Vere Dignum, Bl. 4) hervorgehoben; dies Blatt allein würde genügen, die ornamentale Eigenart der ganzen Gruppe zu erläutern. Die weissen Tupfen, welche der Zeichnung des goldenen Blattwerks folgen, die feinen weissen Linien, welche die Conturen umspinnen, geben dem Ganzen Ähnlichkeit mit einem feinen Spitzengewebe, das über den farbigen Grund gespannt ist.[1]

Für die Zeitbestimmung dieses Sakramentars giebt das Sakramentar von Nonantola einen Fingerzeig. Das letztere entstand ungefähr 876; Vollbilder fehlen hier, aber die ornamentale Ausstattung stimmt so sehr mit der im früher genannten Sakramentar überein, dass der Zusammenhang beider nicht in Zweifel gezogen werden kann.[2]

Die Denkmäler der Buchmalerei, wie sie bis jetzt vorgeführt wurden, waren alle in Schreibstuben entstanden, in welche der unmittelbare Einfluss des karolingischen Hofes hineinreichte. Die bewegenden Kräfte der karolingischen Kultur hatten sich in wechselnder Weise mit lokalen Einflüssen verbunden und so auch wechselndes künstlerisches Leben an den verschiedenen Stellen erzeugt. In solchem Sinne konnte auch von Schulen gesprochen werden; ein streng klassicistischer Zug war der Schule von Aachen eigen, in der Schule von Tours trat die nationale Ornamentik in immer lebendigere Berührung mit dem spätantiken Formenschatz, während die geschichtliche Darstellung aus altchristlichen Quellen schöpfte; in der Schule von Metz versuchte man den altchristlichen Typus des Menschen im Sinne eines nationalen Ideals abzuwandeln und in der Dekoration steigerte der Einfluss orientalischer Bilderhandschriften die Pracht und den Reichtum der Ausstattung; in der Schule von Rheims verband sich der klassische Einfluss mit dem angelsächsischen, und in der Schule von Saint-Denis trug der irische Einfluss auch noch in vorgeschrittener Zeit völlig den Sieg davon; in der Schule von Corbie aber, in deren Hauptleistungen bereits der sinkende Geschmack der Epoche sich ankündigte, kreuzten sich Einflüsse verschiedener Schulen, ohne dass sie noch in ihren Leistungen die feine Abrechnung zwischen Ornamentik und Kalligraphie zu treffen und den Charakter bunter schwerer Pracht in der Ornamentation zu vermeiden vermochte. Das Bild der karolingischen Malerei ist aber mit Herzählung dieser Schulen noch nicht vollständig. Es muss noch einiger versprengter Glieder gedacht werden, sowie der Keime einer völlig neuen Richtung, welche diesseits des Rheins ihren Ursprung nahm, wo der geistige Boden erst urbar gemacht wurde, Kulturerinnerungen aus der Vergangenheit überaus dürftig waren und selbst der Einfluss der karolingischen Kulturherde nur in sehr geschwächtem Masse nachwirkte.

Zunächst sei auf einige vereinzelte Denkmäler gewiesen. Der Schreibstube eines deutschen Klosters dürfte der Codex Millenarius in der Stiftsbibliothek in Kremsmünster entstammen. Die schöne Uncialschrift und die künstlerische Ausstattung weisen ihn auf das Ende des achten oder Anfang des neunten Jahrhunderts. Die Evangelistendarstellungen nehmen stets zwei Blätter ein; auf dem einen der Evangelist, auf dem anderen, gegenseitigen, das Symbol. Gewiss kannte der Maler byzantinische Vorlagen, die er dann freilich mit rauher, widerspenstiger Hand kopierte. Matthäus (vgl. Taf. 37) stützt das Kinn auf die Hand, — ein Motiv, das in altchristlichen, römischen und byzantinischen Evangelistendarstellungen öfters verwendet wird. Den Stuhl, auf welchem der Evangelist sitzt, bedeckt kein Kissen, sondern ein Fell — ein Zugeständnis an die heimische Sitte. Das Pult dagegen ruht wieder, wie sehr häufig in byzantinischen Darstellungen, auf einem auf den Kopf gestellten Delphin. Der Engel, der das Buch im Sinne spätrömischen, vor allem aber byzantinischen Ceremonials, auf dem über die Arme fallenden und die eine Hand verhüllenden Mantel hinhält, bezeugt deutlich altchristlichen Ursprung (vgl. Taf. 38). Er hat ein volles Oval mit breiter Stirne, grossen Augen, regelmässiger Nase, gut gebildetem Mund. Matthäus trägt eine blaue Tunika mit gelber Borte am Halse, an den Ärmeln und am Saume, darüber ein violettes Obergewand. Der Engel ist mit einem violett-rötlichen Untergewand und einem bläulichen Mantel bekleidet. Marcus ist wiederum bärtig, doch jünger als Matthäus dargestellt, er hält ein Buch mit beiden Händen, ein zweites liegt auf dem Pult. Der geflügelte Löwe weist auf ein ausgezeichnetes Vorbild; die Auffassung ist eine ornamentale, die Zeichnung aber sicher und eingehend. Marcus trägt eine rotgestreifte Tunika und ein blaues Obergewand, Haar und Bart sind braungelb; der Löwe ist gelblichbraun von Fell, die Augen blassrot, die Zähne golden mit rotem Umriss, die Nägel und Pranken grün. Lucas ist alt, mit grauem Haar und Bart dargestellt, er trägt ein blaues Untergewand und violettes Ober-

[1] Vgl. Delisle, Anciens Sacramentaires a. a. O. p. 146 ff. Hier auch der Nachweis, dass der Text keinen Fingerzeig für den örtlichen Ursprung biete. Nach Bastard habe es sich bis zum Ende des 17. Jahrh. in Metz befunden. Eine Kopie aus dem 17. Jahrh. in der Pariser Nat.-Bibl. (9447 lat.).

[2] Delisle, Anciens Sacramentaires p. 116 ff. Das Sakramentar kam laut Inschrift als Geschenk des Johannes, Bischofs von Arezzo, an Nonantola. Johannes weilte als Legat des Papstes Johannes VIII. 876 am Hofe Karls des Kahlen. Damals hat wohl Johannes das Sakramentar herstellen lassen, und es liegt nahe, dass er sich an jene Schreibstube wandte, die auch für Karl selbst die Prachthandschriften lieferte.

gewand. Der geflügelte Ochs ist von weisser Farbe mit bläulichem Schatten, die Hörner sind golden, rot umrandert. Johannes allein ist jugendlich und bartlos dargestellt. Er trägt eine grüne, goldverbrämte Tunika und einen rotbraunen Mantel, der Adler ist gelblich. Sämtliche Evangelisten haben blassgelbe Nimben. Die Pulte sind bei Matthäus, Marcus und Lucas von gleicher Bildung, bei Johannes trägt ein einfacher Rundstab die Platte. Die Evangelisten und deren Symbole befinden sich innerhalb einer Arkade, von deren Bogenscheitel eine Krone herabhängt. Die Pilaster haben Basen und Capitelle von gleicher Bildung (aus drei übereinander gelegten Platten bestehend); sie und die Bogen sind mit Flechtwerk im Geschmack karolingischer Frühzeit verziert. Die vier Initiale sind von gleicher Einfachheit; bei dem I. des Matthäus-Evangeliums ist der vertikale Balken oben mit einem Menschenkopf gekrönt, von dem Ende des I. des Marcus-Evangeliums hängt ein Hundekopf herab.[1]

Wohl noch dem Ende des 8. Jahrhunderts gehört auch das Evangeliar der Trierer Dombibl. No. 134 (aufbewahrt im Domschatz) an, das an Ort und Stelle von einem Thomas geschrieben, wie schon richtig erkannt worden ist, von zwei Malern illustriert worden ist. Der eine derselben war entweder Ire, oder doch ganz in der iro-schottischen Kunstüberlieferung befangen; ihm sind die schönen Initiale der Handschrift zuzuweisen, die Evangelisten-symbole, welche das Brustbild Christi umgeben, dann der Tetramorph; — alles fein mit der Feder gezeichnet und leicht koloriert; dem zweiten Maler dagegen, der als Germane in Anspruch genommen werden muss, gehören das Brustbild Christi, die Brustbilder der Apostel in den Lunetten der Kanonesbogen, die Bilder der drei Evangelisten (das des Johannes fehlt) und die Incipit der Evangelien, so das prächtige von Michael und Gabriel gehaltene des Matthäus an. In der Kanonesverzierung macht sich der Einfluss musivischer Dekoration stark geltend, und auch im übrigen thut sich altchristlicher römischer Einfluss kund, was auf dem Boden Triers nicht Wunder nehmen kann.[2]

Auf das Ende der karolingischen Periode weist ein Evangeliar, das Bischof Anno von Freising (850—874) schreiben liess (München, Hofbibl. cod. pict. 56). Einflüsse, wie sie von Werken der Hofkunst kommen konnten, werden hier auf das roheste verarbeitet. Die Evangelisten zeigen durchaus runde, bartlose, derbe Köpfe mit glotzigen Augen und stumpfem Ausdruck; das Haar ist bei allen rötlichbraun. Sie sitzen auf roten Kissen, vor Pulten, die Truhe mit dem Schriftrollen steht bei Matthäus, Marcus, Lucas in der Luft, nur bei Johannes auf dem Fussboden. Die Verzierung der Kanones ist sehr einfach und dabei derb bis zur Rohheit. Flechtwerk wird am meisten zur Füllung der Flächen benutzt, für Abschlüsse Tier-(Vögel)köpfe von ausserst derber Stilisierung. Auch die Initialverzierung besteht aus Flechtwerk.

Die Keime des Fortschritts aber lagen nicht da, wo man mit mühsamer Hand neben den Formen auch die Technik karolingischer Hofschulen zu wiederholen trachtete, sondern da, wo man diese Technik preisgab, die Mittel also herabsetzte, um mit freierer Hand dem Sachlichen zu dienen. Das Wie wurde die Hauptsache, das Wie: wenn aber in jeder reifen Kunstperiode der Stoff wenig oder nichts, die Form in höchstem Sinne alles ist, so ist für eine Zeit, deren ganze künstlerische Habe ein aus fremder Zeit übernommenes und darum nicht mehr verstandenes Formenerbe ist, wenn anders jugendliche, schöpferische Kraft in ihr schlummert, nichts notwendiger, als von allem Wie abzusehen, und für die Dinge nach einer eigenen, wenn auch bis zur Schwerverständlichkeit stammelnden Sprache zu suchen. Das einfachste Darstellungsmittel ist die Federzeichnung; und so bezeichnen denn in der That die ersten Anfänge derselben im Norden die ersten Versuche, ohne Anlehnung an Vorlagen die Dinge selbst nachzubilden. Leichte An-farbung tritt gewöhnlich dazu, die aber doch nichts zu thun hat mit der auf mühsamer Arbeitsführung beruhenden modellirenden Deckmalerei. Auf angelsächsischem Boden, wie in Frankreich, in Norditalien, wie in Deutschland, kurz überall, wohin der Einfluss der karolingischen Kulturherde gar nicht oder nur in sehr geschwächtem Maasse reichte, wo aber der Drang vorhanden war, wenn nicht zu gestalten, so doch bildlich zu erläutern, trat darum der Federzeichnungsstil selbständig auf, — schon seine Anfänge bedingten es, dass er zum künstlerischen Organ der Volksphantasie werden musste. Dass auch der Federzeichnungsstil die Verwertung von Kunsterinnerungen nicht aus-

---

[1] Über den Codex Millenarius, Arneth 3, O. S. 103 fg. Dort auch in Holzschnitt einige Proben. Sickel erkannte in der Schrift bereits Abruzzische Tradition. Die Klosterüberlieferung läset das Evangeliar in Italien entstanden sein. Es liesse sich dabei höchstens an die Lombardei denken, — und die Initialbildung könnte eine solche Vermutung stützen, man vgl. die Ills. des Lex Salica von 794 in St. Gallen (No. 73), Pal. Soc. pl. 184. Dagegen scheint man aber gegen den lombardischen Ursprung der abgeklärte ornamentale Geschmack in der Flächenverzierung zu sprechen. Im 11. Jahrh. ist das Vorhandensein des Evangeliars im Klosterschatz bereits durch Inventare gesichert. Die Kanones, die jetzt der Codex enthält, entstammen dem Ende des 11. Jahrh.

[2] Westwood, Fac-Similes of the Miniatures and Ornaments of Anglo-Saxon and Irish Manuscripts. London, Quaritch, 1868, pl. 19—20; Lamprecht, Initialornamentik, Taf. 3—5, 17. Götz hat auf die Verschiedenheit der Hände hingewiesen, doch gehört der Tetramorph noch sicher dem irischen Maler an, vgl. Repertorium f. KW., V. S. 299. S. auch Lamprecht, Initialornamentik, S. 76; Schnaase 3[4], 609 u. 614.

schloss, braucht nicht erst gesagt zu werden, aber auch dann noch bewahrte er sich grössere Freiheit in der Verarbeitung derselben und grössere Gelenkigkeit in der Erzählung.

In solcher Technik nun, und wahrscheinlich Ende des achten oder Anfang des neunten Jahrhunderts sind die Bilder im Evangeliar von Chartres (Paris, Nat.-Bibl. 9386) durchgeführt, sehr ungeschlacht und roh in der Zeichnung, aber von grosser Lebendigkeit der Erzählung. Die Motive die hier gestaltet werden, der Tod Johannes' des Täufers, sein Begräbnis, die Verkündigung und Geburt Christi lassen die Anlehnung an eine künstlerische Vorlage nicht erkennen.[1]

Das Gleiche gilt von den achtzehn Federzeichnungen, welche den Traktat De inquisitione vel inventione crucis in der Wessobrunner Handschrift begleiten (München, königl. Bibl. lat. 22053). Nur Gewänder, Geräte und hier und da das Haar sind leicht angetuscht. Auch hier ist Eindringlichkeit der Erzählung die Hauptsache. Der Ausdruck der Bewegung hat nicht selten den Charakter krampfhafter Lebendigkeit, doch ist auch gerade manche Bewegungslinie dem Leben mit Erfolg abgelauscht. Die Zeichnung der Köpfe, der Extremitäten entspricht der stammelnden Hand eines Kindes. Die Gliederung des Körpers verschwindet meist ganz unter der Gewandung, welche die der Zeit ist. Die Handschrift mit ihren Zeichnungen entstand 815 oder 816.

Soweit spätere Überarbeitung ein Urteil erlaubt, haben die Illustrationen der ein halbes Jahrhundert später entstandenen Handschrift des Ottfrid aus Weissenburg (Wien, Hofbibl.) keinen verschiedenen Charakter besessen. Der Einzug Christi in Jerusalem zeigt in den alten Bestandteilen wiederum lebendige Erzählung, die bereits Anregungen, welche das Leben bot, zu verwerten wusste. In der Darstellung des Gekreuzigten giebt sich freilich die ganz Schwache solcher kühnen oder kecken Autodidakten kund: nur die allgemeinen Umrisse des Körpers sind wiedergegeben; jede Spur von Modellierung mangelt dagegen.[2]

Auf eine gleich ungefüge Hand führt ein Kreuzesbild zurück, welches einem für Ludwig den Deutschen geschriebenen Psalter am Schlusse angeheftet worden ist (Berlin, k. Bibl. Ms. theol. lat. Fol. 58). Die Anfertigung des Psalters für Ludwig den Deutschen ist gesichert durch die Inschrift auf Bl. 3: Hludovico Regi Vita l Salus Felicitas Perpes. Das Kreuzesbild findet sich auf dem letzten Blatt (Bl. 120) und gehört zu der auf Bl. 119 stehenden Oratio ante crucem dicenda, doch sind diese Blätter wohl sicher gleich vom Auftraggeber dem Psalter angefügt worden. Christus ist bärtig dargestellt, die langen Haarflechten liegen auf der linken Schulter und dem Arme. Arme und Hände sind überlang, jede Modellierung fehlt. Der Lendenschurz ist dunkelziegelrot. Oberhalb der Kreuzesbalken Luna und Sol mit Hörnern in ganzer Gestalt, aber verkrummter Haltung, den Kopf auf das Knie gestützt; unterhalb der Kreuzesbalken Johannes und Maria in der Luft stehend mit der herkömmlichen Geberde, aber in ungeschicktester Wiedergabe. Den Fuss des Kreuzes umfasst der kniende Stifter; er ist bartlos, ohne Abzeichen einer Würde, der violette Rock ist mit Borten besetzt, deren Zeichnung auf Edelsteinverzierung schliessen lässt; dazu trägt er gelbe Strumpfhosen und Stiefeln. Bei der Anfertigung der rohen Federzeichnung treten Violett und Gelb als Haupttöne hervor. Die Randleisten der Blätter im Psalter sind von geschickterer Zeichnung; als Füllung der Flächen wird meist Bandwerk verwendet; an den Ecken der Randleisten geht das Geschlinge öfters in Vogelköpfe über. Man wird nicht irre gehen, den Psalter und die Oratio der Schreibstube eines alamannischen Klosters, wo noch irische Einflüsse wirkten, zuzuweisen.

Denkmäler, wie sie bisher angeführt wurden, haben den Federzeichnungsstil zunächst nur als das künstlerische Ausdrucksmittel des Autodidaktentums erkennen gelehrt; eine höhere Entwickelung musste er da nehmen, wo man zwar ausserhalb des Bereichs unmittelbarer Einwirkung der Hofkunst, aber doch nicht ganz ausser Fühlung mit ihr war, seinen Formensinn daran läuterte, und nun durch Überlieferung, eigenen Geschmack und vielleicht auch durch äusserliche Einflüsse bestimmt, das schlichtere und darum volkstümlichere Illustrationsverfahren beibehielt.

Ein Werk hervorragender Bedeutung, das aus dem Zusammentreffen dieser Bedingungen hervorging, ist der Bilder-Cyklus einer Apokalypse in der Stadtbibliothek in Trier (No. 31). Die Schrift weist einen Zusammenhang mit den Leistungen der Schreibstube in Tours auf, die Bilder legen es nahe, an einen provinziellen Schössling der Schule von Tours zu denken. So viel ist sicher, dass für den Text und für die Bilder eine altchristliche Vorlage, wahrscheinlich aus dem fünften Jahrhundert benützt wurde. Mit etwas roher doch kühner Hand hat der Maler jene Vorlage kopiert, und wenn er der eingehenden Wiedergabe der Formen gegenüber gewiss viel schuldig blieb, so hat er das Ausdrucksvolle, Zügige der Bewegung eher gesteigert, als abgeschwächt. Dazu trug er mit an allem Beiwerk, so in der Architektur, in der Tracht, in der Rüstung, der eigenen Zeit Rechnung. Die Verhältnisse der Figuren sind schwankend, bald schlank, bald kurz und gedrungen. Das Haar immer von perrückenartiger Behandlung, die Zeichnung der Hände

[1] Bastard, a. O. pl. 115–118. Die gleichfalls rohe Ornamentik weist auf irischen Einfluss. Wo immer das Evangeliar entstanden, der hallstische Strömung steht es völlig fern.

[2] Das Abendmahl ist ein späteres ganz rohes Machwerk. Dieselbe Hand hat die beiden vorhandenen Bilder überarbeitet und den Einzug in Jerusalem anderer Kunde hinzugefügt. Abbildungen zu beiden, Thesaurus Antiqu. Teuton. t. p. 343, 357 p. 363. Der Einzug Christi ausserdem bei Westwood, Pal. Sacra Pictoria, Taf. 38 und Silvestre, Pal. Univ. a. O. IV, Taf. 246. Die Heidelberger Ottfrid-Handschrift besitzt nur einige Initialen. Vgl. v. Oechelhäuser, Die Miniaturen der Univ.-Bibl. zu Heidelberg I (Heidelberg, 1887).

und Fusse ist besonders fahrlässig. Die Technik ist durchaus schwarze Federzeichnung auf farbigem Grund und mit Rot, Rotbraun, Gelb, Blau leicht angetuscht. Die Zahl der Bilder beträgt vierundsiebzig. Der Ort der Entstehung ist zunächst nicht nachweisbar; auf deutschem Boden aber ist jedenfalls zu suchen, gab es doch hier Klöster, wo alle jene Voraussetzungen in ausgezeichneter Weise zusammentrafen.

In solchen Klöstern trat dann auch der Federzeichnungsstil als künstlerische Richtung auf, welche das Unzuverlässige, Sprungweise des Autodidaktentums abstreifte und damit, wie die Folge zeigte, die Keime eines nationalen Stiles aussäte. Vielleicht hat Fulda, wo von Hrabanus Maurus an (Abt 822—842) jegliche Kunstthätigkeit eine Pflegestätte besass, auch auf dem Gebiete des Federzeichnungsstiles eine Rolle gespielt,[2] als künstlerische Richtung in hervorragenden Leistungen ausgeprägt war aber doch nur die Schreibstube von St. Gallen. Erst um die Mitte des neunten Jahrhunderts wurde St. Gallen, ursprünglich auch eine iroschottische Gründung, für die Entwickelung von Kunst und Wissenschaft in Deutschland von Bedeutung. Sein damaliger Aufschwung ist an den Namen des Abtes Grimald geknüpft, der an der Hofschule Karls des Grossen gebildet, später (841) als Günstling Ludwigs des Deutschen zum Abt von St. Gallen berufen wurde. Er war auch Vermittler des künstlerischen Geschmacks, wie er in den von Ludwig, Lothar, Karl dem Kahlen begünstigten Klosterschreibstuben herrschend war. Doch der höfische Einfluss beschränkte sich in glücklicher Fügung nur auf die Ornamentik, nicht auf die geschichtlichen Darstellungen. In der Ornamentik verschwand nun jenes Schwanken zwischen fränkischen langobardischen und irischen Stileinflüssen, welches die früheren Leistungen der Schule charakterisiert hatte, und Stil und Technik der entwickelten karolingischen Kunst gewann die Alleinherrschaft.[7]

Die beiden Werke, welche die höchste Leistungsfähigkeit der St. Galler Schule vertreten, sind der Folchard-Psalter, entstanden vor 872, und der Goldene Psalter vom Ende des neunten Jahrhunderts. In der Ornamentik beider Psalter ist, trotz aller Pracht, wenig Bemerkenswertes. Die Stilgesetze der karolingischen Hofkunst sind massgebend. Nachklänge der älteren Tierornamentik finden sich hier nur spärlich, nur Geriesel und Bandwerk nimmt einen grösseren Raum ein und erscheint noch gleichberechtigt neben dem Blattwerk. Durchaus sind die Initialen mit farbigem Grund unterlegt, Blätter und Riemen kräftig vergoldet oder versilbert und die Konturen von derben mennigroten Strichen eingefasst. Dagegen zeigen im Folchard-Psalter die Arkaden der Litanei schon eine

---

[1] Die sorgfältige Beschreibung der Bilder der Apokalypse bei Th. Frimmel, Die Apokalypse in den Bilderhandschriften des Mittelalters. Wien, 1885, S. 16 ff. Der Nachweis, dass dem Text eine Abschrift der Itala zu Grunde liegt, bei M. Kreuter, Beschreibendes Verzeichnis der Handschriften der Stadtbibliothek in Trier (Trier, 1888) I. S. 34 ff. In sehr inniger Beziehung zu der Apokalypse in Trier steht die Bilderhandschrift einer Apokalypse der Bibliothek in Cambrai (Ms. 364?) zum mindesten in das Blatt, welches Durieu veröffentlicht hat (a. O. pl. 3), die ganz getreue Kopie von Bl. 37 (Apok. 12, 1 ff.) der Trier'schen Handschrift. Durieus' Datierung auf das 10. Jahrh. ist falsch; schon nach den ornamentalen Motiven der Bildumrahmung, — falls dieselben mit anständiger Treue wiedergegeben, — muss auf die zweite Hälfte des 9. Jahrh. als Entstehungszeit geschlossen werden. Es ist sehr wahrscheinlich, dass die genaue Untersuchung der Apokalypse in Cambrai wichtige Fingerzeige für Ort und Zeit der Entstehung der Apokalypse in Trier ergeben wird.

[2] Es fehlt nicht an Denkmälern, welche auf Fulda zurückweisen, aber sie sind zerstreut und ihre Durchforschung hat kaum begonnen. Wie anfänglich im Mönchsbestande das angelsächsische und iroschottische Element stark vertreten war, so weisen auch die ältesten Handschriften den Einfluss dieses Elements auf. Beweis dafür das am Ende des 8. Jahrh. geschriebene Evangeliar in Fulda (Cod. 3 der Schatzkammer). Schriftproben und Abbildungen daraus bei Schannat, Vindemiae literariae Coll. I, 217 (Fulda, 1723). Von Bilderhandschriften jedoch, welche für die Charakteristik der Schule in Betracht kämen, seien erwähnt (ich benütze dabei bibliographische Notizen, welche mir Herr P. Clemen zur Verfügung stellte, der wohl bald ausführlicher über die Sache handeln wird):

[1] die Handschrift der Vita Eigilii des Bruno Candidus, von Reccheo Modestus mit Zeichnungen versehen; das Original ist leider untergegangen; drei der Bilder, darunter die drei Einhorn, der Schreiber und die Maler, erhalten in stark modernisierten Stichen bei Brouwer, Antiquitates Fuldenses I. 89, 90, 170, nach ihm bei Schannat, Historia Fuldensis 18, 19, 91 und Eckhart, Comm. de reb. Franciae Orientalis I. 640.

[2] Rhabanus Maurus De laude sanctae crucis, mit den Bildern des Kaisers Ludwig, Christi, vier Engel, des Lammes, der Evangelistensymbole, des Schreibers. Über vorhandene Handschriften, Dreseler, Deutsch. Poet. lat. II, 156. Abbildungen in Magnenti Rabani Mauri Opera 1626, I. 273 und Migne, Patrologia CVII, 143, 150, 163, 207, 260.

[3] Der Codex Fuldensis der Volksrechte, von Lupus angelegt (wahrscheinlich jener Lupus, der, ein Schüler des Rhabanus, 841 Abt von Ferrières ward) für Everulfus Eremitensis noch den von Baudi a Vesme Edicta Langobardorum p. XLI mitgeteilten Versen bereits mit sämtlichen Bildern versehen, welche die genaue Kopie des Cod. Fuld. der Cod. Ord. L. II. im Archiv der Domkapitels von Modena nach Ausweis des Calendarium 991 geschrieben, enthält. Die biographischen Bilder sind in kolorierter Federzeichnung ausgeführt und stellen dar: 1) Wisegast, Aregast, Salegast, Bredagast im Gespräche; 2) Edelauss und Gefolge mit Schreiber; 3) die König Ratchis und Aistulph; 4) Darstellung des cuncto populus; 5) Karl der Grosse und Pippin (vgl. Mutarts, Antiquitates II, 233 und Archiv d. Ges. f. ält. Geschichte V, 167, X, 356, XI, 594).

[4] Ein Sakramentar der Bibliothek zu Lucca (No. 5), das wenig nicht sicher doch wahrscheinlich auf Fulda zurückführt (vgl. Archiv, XII, 710), mit folgenden Bildern: Christi Einzug in Jerusalem, Abendmahl, Fusswaschung, Frauen am Grabe, Himmelfahrt, Pfingstfest, heil. Bonifaz von den Friesen erschlagen, Geburt Johannes' d. T., Marter des heil. Laurentius.

[5] Das Sakramentarium Gregorianum in der Dombibliothek zu Vercelli auf Sardinien (cod. CLXXXI) mit späterer Eintragung des Abtes Erkanbald von Fulda gegen Ende des 9. oder Anfang des 10. Jahrh. (vgl. Serapeum, XVIII. 1857. S. 183 und ebenda XX. 1859. S. 161).

[6] Eine Handschrift des Agrimensoren in Rom (Vat. cod. Pal. 1564) mit Bildern nach antiken Mustern in Deckmalerei.

[7] Beweise dafür die unter Abt Grimald entstandenen Handschriften No. 81, 82, 83 der St. Galler Stifts-Bibliothek.

Lockerung des Stilgefühls, indem die Stützen den Charakter solcher verlieren und ganz in Band- und Blattverzierung aufgelöst werden. Hervorragend dagegen und von selbständiger Bedeutung sind hier und dort die geschichtlichen Darstellungen. Im Folchard-Psalter beschränken sich diese auf die Ausfüllung der Lunetten, der Arkaden, — da beanspruchen zwei Scenen aus der Geschichte Davids, die Widmung des Psalters durch Folchard an Christus und das köstliche Genrebild der Klosterschule besonderes Interesse. Kein Nachwirken älterer Vorbilder! Die Zeichnung ist mit ungeschickten Federzügen entworfen, für die Gewänder öfters mit Deckfarbe ausgefüllt, manchmal aber auch nur laviert; die nackten Teile sind im Pergament ausgespart, und die Konturen der Augenlider, Wangen, Unterlippe, Finger durch Striche von mennigroter Farbe belebt. Am stärksten zeigt sich das Bestreben, der Natur Haltung und Bewegung abzulauschen, in der Darstellung der Klosterschule; schreibend, lesend, nachsinnend, in träger Ruhe sind die Schüler vorgeführt, und so fehlerhaft die Zeichnung in Einzelheiten, so dürftig die Charakteristik ist: die Frische und die Keckheit, mit der der Wirklichkeit hier zu Leibe gegangen wird, übt noch heute ihre Wirkung. Doch das sind nur schüchterne Anfänge im Vergleich zu dem, was der Maler des goldenen Psalters geleistet hat. Wollen und Können gehen zwar auch hier noch weit auseinander, aber der Wagemut ist bewundernswert, der es unternimmt, mit nur dürftigen Kunsterinnerungen ausgerüstet, aus eigener Phantasie heraus, die sich am wirklichen Leben Wärme und Kräftigung holt, eine Reihe von Scenen zu schaffen, welche das geschriebene Wort in Anschauung umzusetzen bestimmt sind. Den Anfang der Bilder macht David mit seinen Chören, nur wenig von den herkömmlichen Darstellungen unterschieden, dann folgt das Bild des Hieronymus, hierauf sechzehn Illustrationen zur Geschichte Davids. Sie beginnen mit der Salbung Davids, der Erbauung der Stiftshütte, der Aufstellung der Bundeslade; darnach führt der Künstler mit besonderem Behagen Davids Kämpfe und seine Verfolgungen vor. Hier vergisst man über der Lebendigkeit der Schilderung, über dem Inhalt der Bilder, die in ihrer Gesamthaltung den Charakter der Zeit treu widerspiegeln, die Unbeholfenheit der Hand, die technische Dürftigkeit. Wie trefflich z. B. ist bei dem Auszug des Heeres die Haltung der Reiter, der muntere Schritt der Pferde wiedergegeben: Einzelheiten der Natur konnte der Maler allerdings nicht einmal mit annähernder Genauigkeit darstellen, wollte es aber vielleicht auch gar nicht. Die Illustration war für ihn nicht Nachahmung der Natur, sondern etwas Selbständiges für sich, bestimmt, das Buch zu schmücken und den Beschauer zu belehren, zu erbauen oder zu ergötzen. Darum findet er es nicht widersinnig, Pferde rot und violett zu malen, dem Haupthaar bald den Glanz des Goldes (Hieronymus), Silbers (David) zu geben oder es grün, purpurn, mennigrot zu färben. Die Farbe hat sich vom Körper losgelöst, nur um den Kontur handelt es sich, die Farbe ist willkürlicher Schmuck. So ist denn auch das Darstellungsmittel wieder die Federzeichnung, die Deckfarbe tritt an vereinzelten Stellen ohne Regel auf, öfter als diese eine dünne Lavierung.[1]

Was die karolingische Hofkunst geschaffen hatte, der Geschmack, den sie gebildet hatte, wirkte weiter, auch als die Dynastie verschwunden, und das von Karl d. Gr. gezimmerte Weltreich in Trümmer gegangen war; die Bildungsideale und Bildungsmächte blieben die gleichen, und deshalb auch die ästhetischen Ideale. Die ottonische Malerei bedeutet nur eine höhere Entwicklungsstufe, doch von gleichen Voraussetzungen aus. Erst das spätere elfte Jahrhundert sah den allmählichen Verfall dieser Überlieferung und in der Spätzeit des zwölften Jahrhunderts wurden die Anfänge eines nationalen Stiles merkbar, die in ihren Keimen allerdings wiederum bis in die karolingische Zeit zurückgingen. In der Zeit des technischen Verfalls war die Not zur Tugend, der Federzeichnungsstil das beliebteste künstlerische Ausdrucksmittel geworden. Und als dann die nationale Dichtung von der Mitte des zwölften Jahrhunderts an starker ihre Flügel regte, da konnte wiederum nur die zwanglose Technik, die Federzeichnung, der Beweglichkeit der abenteuerlichen Phantasie am besten folgen. Von da an musste sie aber auch mit dem Dichter wetteifern, der Schönheit und der Wahrheit zu dienen. Und diese beiden Mächte haben endlich die letzten Reste einer abgestorbenen Formensprache beseitigt und sich dann auch die schwierigen Techniken dienstbar gemacht.

---

[1] Rahn, Das Psalterium Aureum von St. Gallen. St. Gallen 1878. (Mit 18 Tafeln.)

Beschreibung der künstlerischen Ausstattung der Adahandschrift.

ellenmässige Belege dafür, dass die Adahandschrift in zwei durch ungefähr zwei Jahrzehnte getrennten Zeitabschnitten entstand, wurden bereits gegeben; gesagt wurde auch schon, dass die Einfügung der vier Evangelistenbilder mit dem jüngeren Abschnitt gleichzeitig sei. Dagegen gehört der übrige Teil der künstlerischen Ausstattung, die Verzierung der Kanones, der Randleisten, der Initial Lj der Zeit der Herstellung des älteren Teiles an. Beweis dafür ist schon, dass die Randleisten sich ausschliesslich auf den älteren Teil beschränken (Bl. 11ʳ—14 und 16—23ʳ) und dass von Bl. 40 an, wo die jüngere Hand begann, selbst das gestochene Linienschema für jene Randbordüren mangelt. Auch der einzige ausgeführte Initial gehört dem Beginn des Matthäusevangeliums an, während die Anfänge der übrigen Evangelien ohne Verzierung blieben. Doch neben solchen äusseren Beweisen fehlen auch die stilistischen Fingerzeige für diesen Sachverhalt nicht. Es wurde schon angedeutet, um wie viel näher das Dekorative im Ada-Evangeliar dem Harley-Evangeliar steht, als dem Evangeliar von Soissons, während bei den Evangelistenbildern das Gegentheil der Fall ist. Die Stützen der Kanonesbogen sind immer pilasterförmig mit eingelegter Füllung, und bei letzterer haben die linearen Motive vor den vegetabilen den Vorrang; auch die Capitelle schliessen sich in ihrer Bildung dem Harley-Codex nahe an; dagegen zeigen die Arkaden der Evangelistenbilder Säulenstützen und deren Capitelle und Basen stehen jenen im Soissons-Evangeliar nahe. Alles dem älteren Teil Zugehörige ist einfacher gehalten: auf den Kanones haben selbst die Zwickel nur ein einfaches Blattornament als dürftige Füllung erhalten, während die Zwickel der Blätter mit den Evangelistendarstellungen Blatt- und Blütenstengel mit darauf sitzenden Tiergestalten als Füllung erhalten haben. Sogar die malerische Behandlung, wie sie besonders in der Verzierung der Bogenbänder sich kundgiebt, zeigt sich auf den Evangelistenbildern vorgeschritten im Vergleiche zu den Kanones.

Was den Schreiber des zweiten Teiles abgehalten hat, die künstlerische Ausstattung der Handschrift in jener bescheidenen Pracht fortzuführen, die sie der ihm vorliegende Teil aufwies, bleibt unaufgeklärt; am wahrscheinlichsten war der Grund dafür der drängende Wunsch des Bestellers, die Handschrift, deren Fertigstellung sich so sehr verzögert hatte, endlich in seinem Besitz zu sehen; im Harley-Evangeliar war ja gewiss aus gleichem Grunde die Vereinfachung der Verzierung in der zweiten Hälfte der Handschrift eingetreten.

Es möge nun die eingehende Beschreibung des malerischen Schmuckes der Handschrift folgen, soweit Abbildungen selbst nicht vorliegen.

Auf Bl. 6ʳ beginnen die Kanones und gehen bis Bl. 11ʳ.

Bl. 6ʳ *Canon Primus in quo quatuor.* Vgl. die facsimilierte Abbildung Taf. 4, welche auch die Farbenstimmung mit voller Treue wiedergiebt.

Bl. 7ʳ *Canon Primus in quo quatuor* (Fortsetzung). Die Basen von gleicher Form wie auf der vorausgehenden Tafel, die Verzierung derselben wiederum Pflanzenstengel, zu dem Blattwerk treten noch gelbe Blütenknospen. Die Schäfte haben gleiche Form und Ornamentation wie dort, nur in Bezug auf Färbung umgestellt: die blauen nehmen die Ecken und die Mitte ein, die roten sind dazwischen gestellt. Die Capitelle entsprechen gleichfalls in der Bildung jenen auf der früheren Tafel; das Füllungsornament zwischen den Goldblättern zeigt bei gleichem Motive eine etwas derbere Behandlung. Die kleinen Bogen und der Hauptbogen stimmen in Zeichnung und Färbung mit jenen auf Bl. 6ʳ überein.

Bl. 7ʳ und 8ʳ *Canon Secundus in quo tres.* Vgl. Tafel 5 ff. Die Basen haben abgetreppte Form; die Einfassung derselben besteht aus goldener, rotumrissener Leiste. Innerhalb derselben blieb der Pergamentgrund stehen, auf welchem die Pflanzenstengel mit feinem Pinsel in grüner Farbe und etwas gelb nachgetupft eingezeichnet sind. Die Schäfte entsprechen den Basen: rotumrissene Goldleisten geben den Rahmen. — auf dem weissen (Perga-

ment-) Grund innerhalb derselben Pflanzenstengel (grüne und rote Blüten, die einen gelben Fruchtknoten haben), dann ein Phantasie-Ornament von sehr einfacher Form als Füllung. Auf Bl. 7' hat Schaft 1, 3, 5 das letztere, nur 2, 4 das erstere Ornament, auf Bl. 8' umgekehrt. Die Capitelle haben die gleiche Form wie auf Bl. 6', doch so, dass nun statt der goldenen Blätter blaue mit roter und weisser Umränderung auftreten, der dazwischenliegende Raum aber einfach mit Gold gefüllt ist. Die Bogenbänder bestehen nur aus Streifen, welche so aufeinander folgen: ein feiner roter Streif, ein weisser (aus dem Pergament ausgespart), ein breiter rotumrissener Goldstreif, ein weisser (Pergament) Streif, ein blauer Streif, ein weisser (Pergament) und ein roter Streif, darauf dann wieder schmale Streifen in Weiss, Blau, Rot, Weiss, Gold und Rot.

Bl. 8' *Canon Secundus in quo tres* (Fortsetzung). Die Zeichnung findet sich auf Taf. 6. Farbung: Leisten des Rahmens der Basen zinnober, weiss, gold; Basen selbst purpurn, die Stengel der Füllung golden mit weissen Blütenknöpfchen. An den Schäften der äusserste Contur rot, dann grüne Streifen mit helleren Tupfen, dann goldene Streifen, die Füllung dazwischen Purpur mit Zeichnung in Gold, einige Lichter weiss oder hellrot hineingeflammt. Der Körper der Capitelle ist rot (Zinnober), die Voluten haben goldene Conturen, die Zeichnung darin ist grün. Die Polster, auf welchen die Bogen aufsetzen, sind purpurn mit hellroter Einfassung, die Zeichnung darin golden.

Die Streifen der Haupt- und Zwischenbogen zeigen folgende Anordnung: rot, weiss (Pergament), gold, dunkelgrün mit feinen roten Linien eingefasst, gold, lichter grün, rot, gold, noch lichter grün, gold, dunkelgrün, rot, grün, gold, rot, dunkelgrün, gold, rot. Die Blätter in den Zwickeln sind rot mit blauen Rippen.

Bl. 9' *Canon tertius in quo tres.* Wiederholung von Bl. 8'; nur die Stengel auf dem Purpurgrund der Basen sind etwas anders abgewandelt.

Bl. 9' *Canon quintus in quo duo.* Die Zeichnung findet sich auf Taf. 7. Die Basen violett von rotumrissenen goldenen Leisten eingefasst. Das Ornament in Gold und Rot gezeichnet. Die Schäfte stahlblau, die Seitenleisten violett mit goldener Einfassung, das Stengelwerk rot mit weissen Blütenknospen. An den Capitellen die Voluten purpurn, gold und rot umrandet, das Ornament dazwischen gold auf rotem (Zinnober) Grunde, die Kreuzchen und Blättchen sind weiss. Die Polster auf den Capitellen purpurn mit goldenem Contur, die aufgesetzten Lichter weiss.

Die Farbenstreifen des Hauptbogens in folgender Ordnung: zu äusserst ein breiter roter Streif mit Goldeinfassung, dann drei durch Goldstreifen getrennte Ränder von blauschwarzer (einst Silber?) Färbung, durch welche je eine feine rote Linie gezogen ist, endlich ein breiter rotumrissener Streif. Bei den kleinen Bogen ist das erste Band rot mit goldenem Contur, das zweite dunkelblau mit weissen Knöpfchen, das dritte rot mit Goldcontur. Das Blattornament in den Zwickeln ist von roter Zeichnung.

Bl. 10' *Canon sextus, Canon septimus, Canon octaus in quo duo.* Zeichnung und Färbung entspricht hier völlig der auf Bl. 9'; nur das Ornament der Basen ist ein wenig modificiert — bei gleichem Motiv.

Bl. 10' *Canon VIIII in quo duo und Canon X in quo Matthaeus proprie in quo Marcus proprie.* Vgl. Tafel 8. Die Basen von herkömmlicher abgetreppter Form. Die Umfassungsleisten gold mit roter Einfassung. Das Füllungs-Ornament aus geschwungenen Linien bestehend, die unten in zwei Spiralen einlaufen, oben sich zu einer Art Rosette zusammenschliessen, ist in Rot und Gold auf den Pergamentgrund gezeichnet. Die Schäfte sind wieder von goldumrissenen zinnoberroten Leisten eingefasst, der Teil dazwischen blieb weiss (Pergament), das Ornament darauf (ein wechselnde ein Flechtwerkmotiv und ein Eierstabfragment mit einander ab), in Gold und Rot gezeichnet. Die Capitelle laufen oben in eine Volute aus, vorn zeigen sie zwei einander zugekehrte Blattprofile. Die Farbe ist golden innerhalb roter Zeichnung, die Blätter violett bei gleichfalls roter Zeichnung. Die Polster sind stahlblau. Der Hauptbogen besteht aus zwei breiten rotumrissenen goldenen Streifen, welche ein helles weisses (Pergament) Band einfassen. Dieses Band ist an den Anfangspunkten und in der Mitte (am Scheitel) mit einem Flechtwerkmuster, in den Zwischenräumen mit feinem Gitterwerk, dieses und jenes in Gold und Rot verziert. Die Zeichnung der Blätter in den Zwickeln ist von roter Zeichnung (Rippen rot).

Bl. 11' *Canon decimus in quo Lucas proprie et in quo Johannes proprie.* Gleiche Zeichnung und gleiche Farbung wie bei dem vorausgehenden Canon, nur das Füllungsornament der Basen zeigt wieder eine etwas freiere Abwandlung des Motivs; der Linienzug beweist gerade hier besonders deutlich, dass der Maler, auch wo er ein vorausgegangenes Motiv, sei dies entlehnt gewesen oder von ihm geschaffen, wiederholt, nie nach der Schablone, sondern mit freier Hand zeichnet.

Die Randleisten, welche die beiden Columnen der einzelnen Seiten umlaufen, beginnen, wie schon erwähnt wurde, auf Bl. 11' und gehen bis Bl. 23' einschliesslich, doch hört schon von Bl. 18 an die sorgfältige Ausführung auf. Von dem Reichtum der Motive, der Art der Verwendung derselben geben die beigefügten Abbildungen auf Taf. 9 und Taf. 12 Proben. Man ersieht daraus, dass stets die vier äusseren und dann wieder die vier inneren Eckstücke mit einander übereinstimmen, und dass dann ebenso die äusseren Mittelstücke und wiederum die inneren Mittelstücke mit einander korrespondieren. In Folgendem die knappe Beschreibung der verwendeten Motive.

Bl. 11' und 12' Ranken, Marmorierung, dann das hier abgebildete Muster (u), bei letzterem — das als Mittelstück verwendet ist — ist der Grund purpurn, die Zeichnung in Gold und Zinnober, die Blütenknöpfchen weiss.

a

Bl. 12' und 13'. Die verwendeten Motive zeigen die beiden Proben (*b* und *c*), von welchen die erstere das Mittelstück, die letztere eins der vier Eckstücke giebt. Das Flechtwerk ist in Zinnober auf Gold gezeichnet; die Guirlande

b

läuft auf Purpurgrund hin, der mit Zinnober eingefasst ist. Die Zeichnung der Guirlande ist in Gold, die Blütenknöpfchen sind weiss, die Strichelung darunter rot. Bei dem Eckstück ist der äussere Leisten golden mit rotem Contur, der zweite silbern (infolge von Oxydation stahlblau) mit Zinnobercontur. Das Ornament ist in Weiss, Gold und Rot ausgeführt.

Bl. 13'. Vgl. Tafel 9. An den äusseren Eckstücken Vergitterungsmuster, an den Mittelstücken Flechtwerk. Die inneren Leisten haben an den Ecken Flechtwerk und in der Mitte Ranken mit breitem Blattwerk. Die Ranken in Gold, Silber und Rot auf Weiss (Pergament).

Bl. 14'. Die Leisten bestehen nur in Farbenstreifen, und zwar: Gold, Silber, Zinnober, Purpur.

Bl. 14'. Hier ist der breite Purpurstreif mit Muster, wie sie bunter Marmor zeigt, in Grün, Gelb, Rot verziert.

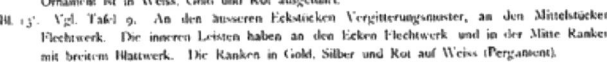

c

Bl. 15'. Bild des Matthäus. Lichtdruck auf Taf. 10. Farbung: Die Säulenfüsse violett mit weissen Tupfen, roten und violetten Streifen, die Polster golden. Die Schäfte grün mit gelblicher Marmorierung. Der Hals golden. Die Capitelle rot (Zinnober) mit goldenem Umriss, die Deckplatte violett. Die Bogen von zinnoberrotem Saum, die Blattfüllung dunkelblau mit weissen Lichtern an den erhabenen Stellen. Die Blätter an den Deckplatten in einem ins Bräunliche gehenden Violett. Die Vögel sind am Bauche grün, an den Flügeln violett, oben rot gesprenkelt, am Halse blau. Die Nischenarchitektur ist von violetter Farbe, vom oberen Stockwerk an licht abgetönt. Die Lunette ziegelrot. Der Thron ist ockergelb; die Thronlehne golden, das darübergeschlagene Tuch zinnoberrot. Die Unterlage für die Sitzrolle ist dunkelgrün mit Goldleisten verziert, die Sitzrolle rot. Das Pult hat einen ziegelroten Untersatz, der Aufsatz an der belichteten Seite ist hellgelb, an der Schattenseite dunkel ockergelb. Die Nischen an der Schattenseite braun, an der Lichtseite bläulichgrau. Der Evangelist trägt eine blaue goldgestreifte Tunica, einen violetten Mantel, der Engel ein Untergewand von der Farbe des Untergewandes des Evangelisten und einen ockergelben Mantel. Seine Flügel sind von kräftigem Ziegelrot, der Nimbus und die Haare ziegelrot. Der fächerförmige Nimbus des Evangelisten besteht aus wechselnden goldenen und silbernen Gliedern. Die Zeichnung des Nackten ist braunrot, die Farbe des Fleisches weisslichgelb mit grünlichen Schatten. Das Haar ist braunrötlich mit eingestrichelten goldenen Lichtern. Mit Gold eingestrichelt sind auch die Lichter in dem roten Teppich der Thronlehne, wie denn überhaupt zinnoberrote Stoffe gewöhnlich goldene Lichter erhalten.

Bl. 16'. Der einzige künstlerisch ausgestattete Initial. Siehe Facsimile auf Taf. 11.

Bl. 16'. Die Zeichnung auf Taf. 12. Farbe: der äussere Leisten zuerst rotconturierter Goldstreif, dann ein Silberstreif, dann wieder ein Goldstreif. Die Guirlande in der Mitte Gold auf weissem (Pergament) Grund, die Guirlande an den Eckstücken weiss auf Purpurgrund, der innere Streif golden mit rotem Contur. Die mittleren Leisten sind von rotumrissenen Goldstreifen eingefasst; weisses Flechtwerk hebt sich von ganz mattgrünem Grunde ab, rotes Flechtwerk von goldenem. Die Mittelstücke sind silbern (hier noch das Pigment von mattem Glanz), die oberen und unteren Endstücke purpurfarbig.

Bl. 17' den Randleisten auf Bl. 16' genau entsprechend.

Bl. 17'. Die Randleisten bestehen nur aus Farbenstreifen: ein rotumrissener Goldstreif, ein rotumrissener Silberstreif, drei grüne Streifen (matt, dunkel, hellgrün), die voneinander durch feine gelbe Streifen getrennt sind, dann wieder ein rotumrissener Goldstreif.

Bl. 18'. Die Randleisten wie auf Bl. 17'.

Bl. 18' und 19'. Ein rotumrissener Goldstreif, dann ein rotumrissener Silberstreif, hierauf die breite, wieder rotumrissene Purpurleiste mit Motiven, ähnlich denen auf Bl. 14'.

Bl. 19'. Zeichnung und Färbung der Leisten wie auf Bl. 18', nur haben die äusseren Leisten in der Mitte ein Gittermuster.

Bl. 20'. Zeichnung und Färbung wie auf Bl. 17' und 18'.

Bl. 20' und 21'. Die äusseren Leisten wie auf Bl. 14', die inneren bestehen aus je einem Gold- und Silberstreifen von roten Conturen eingefasst, einem schmalen Goldstreif, einem rotumrissenen breiten Purpurstreif und einem rotumrissenen Goldstreif. Die Querleisten sind purpurn mit rotem Umriss und flüchtigem Marmorierungsmuster, die mittleren Leisten haben in der Mitte auf grünem Grunde eine ähnliche Zeichnung.

Bl. 21' entspricht Bl. 14'.

Bl. 22' entspricht Bl. 14', nur ist der Purpurstreif nicht durch Weiss von dem vorhergehenden getrennt, sondern rotumrissen und mit weissen Sternchen besetzt.

Bl. 22' entspricht Bl. 18'.

Bl. 23' entspricht Bl. 18', nur dass die hellen graugelblichen Streifen hier in der Mitte, die dunklen dagegen seitwärts gezogen sind.

Bl. 59'. Bild des Marcus, Facsimile auf Taf. 15. Die Wiedergabe ist ausgezeichnet; einzig wäre zu bemerken, dass die Schatten an der Hand, welche den Griffel hält und an den Füssen nicht von gelblichem, sondern lichtviolettem Ton sind, in Harmonie mit der violetten Tunica. Die Lichter im Fleische wirken auf dem Original etwas greller.

Bl. 85'. Bild des Lucas. Lichtdruck auf Taf. 16. Farbe. Die Platte der Säulenbasen violett, die Basen selbst dunkelblau, das Polster violett. Der Schaft Ocker mit bräunlicher Marmorierung, der Hals violett, Capitelle tiefblau, Deckplatte dem Schaft entsprechend. Der Bogen von ziegelroter Einfassung mit violetter Füllung in gleicher Weise abgetönt wie auf dem Bilde des Marcus. Der Thronbau bis zur Sitzplatte wie auf dem Bilde des Marcus. Stirnseite der Sitzplatte Silber und Blau, Stirnseite der Lehne Gold, Sitzrolle und Teppich der Lehne violett. Die Fronten des Nischenbaues bis zum obersten Gesimse steingrau, das oberste Gesimse grün, aus dem Dunkel ins Helle gehend. Die Lunette himmelblau. Die Vögel auf dem Blumenstengel. Oberseite, Hals, Flügel azur, Unterseite bräunlichrot, Schnabel rötlich. Der Evangelist trägt ein blaues Untergewand (der Ton der gleiche wie bei der Sitzrolle des Marcus), die Innenseite desselben ist ziegelrot mit dunkleren Streifen und weissen Tupfen. Der Mantel ist bräunlichrot. Die Farbe des Haares entspricht genau der des Marcus, ebenso stimmt der Nimbus mit dem des Marcus genau überein. Das Symbol ist weiss, die Schriftrolle violett.

Bl. 127'. Bild des Johannes. Lichtdruck auf Taf. 17. Farbe: Die Plinthe der Basis blau, das ausgebauchte Glied (torus) violett. Die Schafte von gleichem Ton wie auf dem Bilde des Marcus, nur um eine Nuance tiefer. Das Polster, auf das das Capitell aufsetzt, ist golden, das obere und untere Blattwerk ist grün, die zwischenliegende Umsäumung violett, die Deckplatte blau. Die äusseren Streifen des Bogens sind zinnoberrot, das innere Band blau, auf welchem die Zeichnung in Weiss und Mattrot aufgetragen ist. Die Lunette ist blau. Die Ziegenböcke in den Zwickeln sind von violetter Farbe mit bläulichen Schatten, die Blattstengel violett. Der Thron entspricht in Farbe und Zeichnung dem des Marcus. Die Stirnseite der Thronlehne und die beiden Knöpfe der Horizontalleiste sind golden, das über die Lehne geschlagene Tuch weiss mit blaugrauen Schatten. Die Sitzrolle ist von prächtigem Zinnoberrot. Die Tunica des Evangelisten ist bräunlichrot, an der Innenseite grün, der Mantel blau. Die höchsten Lichter sind wie sonst, in nicht zinnoberroten Gewandstoffen, mit Weiss angegeben. Die Färbung von Haar und Nimbus stimmt mit der auf dem Marcusbild überein. Der Adler ist von gelber, ins Bräunliche spielender Farbe, die Schriftrolle weiss.

H. Janitschek.

Vierter Abschnitt.

DER EINBANDDECKEL.

I.

Der Einbanddeckel als Ganzes.

Der Einbanddeckel weist noch etwas grössere Dimensionen auf, als die auf Taf. 1 gegebene Abbildung, er hat eine Höhe von 30,5 cm, eine Breite von 27 cm, eine Dicke von 3,3 cm. Den Mittelpunkt bildet der im zweiten Teile dieses Abschnittes genauer beschriebene Kameo; seine rechteckige Gestalt ist bestimmend gewesen für die geometrische Einteilung und Gliederung der ganz aus Metall gebildeten Umrahmung.

Ganz oder zum Teil mit Metall verzierte Einbände, welche aus der altchristlichen bis in die frühgothische Stilepoche die Regel bildeten bei den kostbaren für den liturgischen Gebrauch bestimmten Codices, kamen in der spätgothischen Periode nur vereinzelt vor. Die durch die Buchdruckerkunst herbeigeführte Vermehrung der Bücher hatte das Buch selbst, auch das festtägliche, seines monumentalen Charakters erheblich entkleidet und eine viel einfachere und wohlfeilere Art, es zu schmücken, herbeigeführt. Das Leder hatte sich des Deckels bemächtigt, und das Metall behielt fast nur noch die Aufgabe, jenes an den Verschleisse am meisten ausgesetzten Stellen zu schützen und zu zieren. Diese Art der Ausstattung war an dem vorliegenden Einbande nicht nur durch die Bedeutung des Buches, sondern vielmehr noch durch den kostbaren Kameo ausgeschlossen, der sein Hauptschmuck gewesen war und bleiben sollte. Seiner Dicke konnte nur eine Metallfassung, seiner Form nur eine geometrische Anordnung, seiner figuralen Behandlung nur eine figürliche Umgebung entsprechen. Liess die geometrische Einteilung die Vorbilder vornehmlich in der romanischen Periode suchen, so konnte die Ornamentierung den Geschmack der spätgothischen Zeit nicht verleugnen, und die figürlichen Gestaltungen mussten sich dieser Richtung anschliessen. Diese Gesichtspunkte sind massgebend geworden für die neue Ausstattung, die unmittelbar vor dem Schlusse des XV. Jahrhunderts unserem Codex zu Teil ward. Der Goldschmied, dem sie übertragen wurde, war ein oberflächlicher, handwerksmässiger Arbeiter, der über eine geringe Dosis von Geschmack und über eine noch geringere von technischem Können verfügte. Dass er die Graviernadel, bezw. den Grabstichel nur unvollkommen zu handhaben verstand, beweisen die nachlässig dekorierten Hintergründe der Figuren und die Flügel der Evangelisten, dass er ein ungeschickter Modelleur war, ergiebt sich aus den regellos gebildeten Baldachinen und den roh geformten Figuren, dass er die Treibtechnik nur oberflächlich verstand, darüber lassen die höchst mangelhaft angelegten und durchgeführten Figuren, wie der Evangelisten so der Patrone, und selbst die Blattschnörkel des Randes keinen Zweifel. Unsauber war auch sein Gussverfahren, wie die schmalen Zierbördchen und die beiden knieenden Figürchen beweisen. Die Beobachtung, dass alle diese Gussstücke keinerlei Ciselierung erfahren haben, und dass in Bezug auf die Abwechselung in den Modellen die höchste Armut waltet, vervollständigt das Bild des handwerksmässigen Goldschmiedes, dessen Leistung nur auf den allerersten Blick zu genügen vermag, bei genauerer Prüfung aber sehr unbefriedigt lässt, abgesehen etwa von einer gewissen Geschicklichkeit in der Erreichung des dekorativen Zweckes.

Eine genauere Analyse des Deckels wird diese Eigenschaften noch klärer herausstellen. Der technischen Besprechung aber wird die ikonographische vorhergehen müssen.

Wenn es sich uns eine bildliche Einfassung des Kameo, bezw. um eine figürliche Ausstattung des Frontale handelte, so drängten sich für deren Auswahl zwei Gesichtspunkte in den Vordergrund. Sollte der Codex als Evangeliar sich auch äusserlich zu erkennen geben, so war die Anwendung der Evangelistenfiguren angezeigt, sollte er sich zugleich als eine Stiftung der Abtei St. Maximin darstellen, so waren die Bilder der mit derselben in engster Verbindung stehenden Heiligen namentlich angebracht. Waren die Evangelistenzeichen besonders geeignet, den Kameo zum Kreuze zu ergänzen, so empfahlen sich die vier resultierenden Eckfelder für die Einreihung der bezüglichen Heiligenfiguren. Die oblonge Gestaltung dieser acht Felder verlangte für sämtliche Figuren die Form von Standbildern. Sollte diese auch den Evangelistensymbolen zu Teil werden, so war deren Personifikation erforderlich, die schon im

Anfänge des VIII. Jahrhunderts nachweisbar ist,[1] und im späteren Mittelalter zwar nicht die Regel bildete, aber doch häufig vorkam. Die Verteilung derselben ist hier die gewöhnliche, insoweit der hl. Johannes oben, der hl. Lucas zur Linken, der hl. Marcus zur Rechten, St. Matthäus zu unterst erscheint. Das auf diese Weise gewonnene und durch die zwar schmale, aber kräftige Rankenborte rings eingefasste und stark markierte Kreuz beherrscht so den ganzen Deckel und verleiht ihm nicht nur eine sehr bestimmte, sondern auch sehr greignete und altertümliche Einteilung. Schon auf dem aus Goldblech gebildeten und mit geschnittenen römischen Steinen verzierten Evangeliardeckel in Monza, der ein Geschenk der Königin Theodelinde († 625) ist, dominiert die Kreuzform, und selbst bei dem merkwürdigen Ledereinbande, welcher den Bonifatianischen Codex in Fulda wohl in ursprünglicher Fassung unsgibt, liegt den ausgeschnittenen Ornamenten die Kreuzform zu Grunde. Sie war hier ein äusserst dankbares Motiv, und die in Verhältnis zur Ausführung noch sehr günstige Wirkung unseres Deckels ist ihr vornehmlich zu danken. Sie liess vier Eckfelder resp. flache Nischen übrig, die für einfache Standbilder eigentlich zu breit waren, und daher die Bekrönung durch Baldachine, sowie die Dekoration des Grundes erforderten, zugleich aber auch, was besonders wichtig erscheinen mochte, die Anbringung von Donatorenfigürchen gestatteten. Wie die Evangelisten nicht nur durch ihre Köpfe, sondern auch durch die von ihnen gehaltenen, mit ihren Namen versehenen Spruchbänder gekennzeichnet sind, so sind den Hintergründen jener Standfiguren Spruchbänder eingraviert, die ihren Namen tragen. Oben links erscheint S. IOHANES, der hl. Apostel und Evangelist, welchem als dem Patron des Klosters die erste Stelle gebührte. Er hält in der Linken, wie gewöhnlich, den Kelch, die Rechte segnend erhoben. Rechts steht S. MAXMIN, der hl. Bischof Maximinus, von dem die Abtei den Namen trug, durch Mitra, Stab und Buch als Bischof gekennzeichnet. Unten links steht S. AG . . . . 9, der hl. Bischof Agritius, dessen linker Hand der Stab abhanden gekommen ist, dessen Rechte ein Kästchen trägt mit etwas greöffnetem Deckel. Die Gebeine (Schädel und Armknochen), die man durch diese Öffnung gewahrt, sollen andeuten, dass der Träger von der hl. Helena die kostbaren Reliquien erhielt (die hl. Tunica, den hl. Nagel u. s. w.), die er in den Trierer Dom brachte. Die ausgehobenen und eingravierten Verzierungen dieses kleinen Schreines zeigen einen sehr altertümlichen, bis weit in die romanische Periode zurückreichenden Charakter und legen den Gedanken nahe, dass hier ein im Domschatze vorhandenes Reliquiar nachgebildet worden sei. Die vierte Figur, auf deren Spruchband die Inschrift S. N. CZI (für deren Entratselung ich, wie für die meisten historischen Angaben dieser Abhandlung dem Herrn Pfarrer Nick in Salzig dankbarlichst verpflichtet bin), stellt den hl. Nicetius dar, der wie die beiden anderen Trierer Bischöfe in der Abtei sein Grab gefunden hatte. Zu seinen Füssen kniet mit gefalteten Händen eine kleine Figur in ritterlicher Rüstung. Sie wurde früher als Karl d. Gr., die neben dem hl. Maximinus kniende Figur als die seiner laut Grabstein im Kloster St. Maximin begrabenen Schwester Ada betrachtet, ein sonderbarer Irrtum, welchen neuerdings Keuffer in seinem Beschreibenden Verzeichnis der Handschriften der Stadtbibliothek zu Trier I. S. 19—20 aufgeklärt hat. Es kann nämlich keinem Zweifel unterliegen, dass die zu Füssen des hl. Maximinus kniende Figur den Abt Otto von Elten darstellen, den die untere Inschrift: *Hanc tabulam fieri fecit Abbas Otto de Eltena Anno Dni MCCCCXCIX* als den Stifter des Deckels gewährleistet. Haarschnitt und Tracht lassen ihn deutlich als Mönch erkennen und das gegenüberstehende Wappenschildchen mit dem Abtstab macht es gewiss, dass es sich um den Abt Otto handelt, der, wie mehrere an von ihm ausgestellten Urkunden aus den Jahren 1486, 1494, 1496 erhaltene Siegel im Staatsarchiv zu Koblenz beweisen, einen schreitenden Vogel (Gans) im Wappen führte. Woher er stammte, ob etwa aus Elten am Niederrhein, habe ich bei den dürftigen Nachrichten über ihn nicht zu ermitteln vermocht. Er bestieg den Abtstuhl im Jahre 1483 und bewährte einen grossen Eifer wie in spiritualibus, so in temporalibus. Er baute das Kapitelhaus zu St. Maximin wieder neu auf, dessen das *stabulum conventus* und viele Klosterhöfe, legte auch noch die Fundamente zum neuen Dormitorium. Es starb am 30. April 1502 und fand in der Klosterkirche zu St. Maximin sein Grab, dessen Stein die Inschrift trug: *Anno domini 1502 ultimo die mensis Aprilis obiit Reverendus in Christo pater et D. Domnus Otto de Elten Abbas huius monasterii, cuius anima requiescat in pace. Amen.* — Das Necrologium von S. Maximin sagt von ihm zu II Kal. Maj.: *Anniversarium Domini Ottonis de Elten abbatis, qui XIX annis minus tribus mensibus huic nostro utiliter quam laudabiliter huic monasterio praefuit, multa etiam ruinosa restauravit, novaque plura aedificavit.*

Zu den hier angedeuteten Verdiensten tritt noch die Stiftung unseres Deckels hinzu, auf welchem ausser ihm nur noch eine kniende Figur zur Darstellung gelangt ist, diejenige des oben bereits erwähnten Mannes in Rittertracht. Wen wir uns unter ihm zu denken haben, scheint nicht mehr festgestellt werden zu können. Wäre er bloss aus Rücksichten der Symmetrie angebracht worden, so hätten diese wohl auch eine ähnliche Figur zu Füssen der beiden gegenüberstehenden Heiligen verlangt. An einer tieferen Bedeutung ist daher kaum zu zweifeln, und da der Gedanke, es könne sich der Verfertiger dieses Deckels in ähnlicher Form haben anbringen wollen, als ausgeschlossen zu betrachten sein dürfte, so könnte zunächst an den Vogt des Klosters gedacht werden, für den ja die Rittertracht sich am meisten eignen würde. Allein dieser Annahme stehen gewichtige Bedenken entgegen. Vögte

[1] Vergl. Geschichte der deutschen Kunst von Lübke S. 19, Fig. 15, Titelblatt des Otto-sin.

waren nämlich die Herzöge von Luxemburg. Dieses Herzogtum war 1444 an den Herzog von Burgund übergegangen und nach dem Tode des Herzogs Karl des Kühnen erbte die Vogtei seine Tochter Maria von Burgund. Sie heiratete Maximilian von Österreich, was die Verbindung der Vogtei mit dem jedesmaligen Inhaber der Kaiserwürde zur Folge hatte. Von einem eigentlichen Vogt kann daher zur Entstehungszeit unseres Deckels keine Rede mehr sein. Aber auch an eine andere fürstliche oder ritterliche Person wird schwerlich zu denken sein, da jedes Wappenabzeichen, und für ein früheres Vorhandensein eines solchen jeder Anhaltspunkt fehlt.

Die beiden knieenden Figürchen auf die krabbenartigen Podien zu setzen, erscheint als ein glücklicher Griff. Letztere erscheinen nicht mehr isoliert und zwecklos wie die übrigen, welche nur die Strebe flankieren, auf denen in eigentümlicher Anordnung, wie auf Konsolen, die Heiligenfiguren stehen. Der Vorzug der Einfachheit und der dekorativen Wirkung kann dieser eigenartigen, selten vorkommenden Anordnung nicht bestritten werden; da sie aber durchaus unorganisch ist, so verdient sie gleichwohl keine Empfehlung.

Die viereckigen facettierten Glasflüsse scheinen auf ursprünglicher Einrichtung zu beruhen, da der spätgotischen Periode solche Kastenfassungen nicht ungeläufig waren, nicht minder der grosse achteckige Bergkrystall, welcher der Tafel oben als Lückenbüsser eingefügt ist. Auch die achteckigen und ovalen Steine, welche bis auf die äusseren Rand schmücken, bestehen ausser einigen Bergkrystallen, Amethysten und Topasen nur aus Imitation von Saphiren und Granaten. Auf ähnlicher Zusammenstellung beruhen auch die kleineren Steinfassungen, welche die schmalen Börtchen beleben.

Gehen wir in die technische Behandlung unseres Deckels weiter ein, so werden wir zunächst zwischen den durch den Treibhammer entstandenen und den durch Giessen gewonnenen Ornamenten und Figuren zu unterscheiden haben. Auf Hammerarbeit beruhen mit Ausnahme der ausgeschnittenen Flügel und Spruchbänder, sowie der gegossenen Hände die vier Evangelisten, welche bis auf die ebenfalls getriebenen aufgekitteten Köpfe nach einem und demselben sehr rohen Modell ganz handwerksmässig gebildet sind. Mit derselben trivialen Oberflächlichkeit ist der Verfertiger bei den vier Heiligenfiguren verfahren, von denen er nur die des hl. Johannes, welche ein besonderes Kostüm erforderte, eines eigenen Modells gewürdigt hat. Die drei anderen sind, selbst den Kopf nicht ausgenommen, nach demselben, gleichfalls recht mangelhaften Modell getrieben. Dem gleichen Verfahren verdanken in Bezug auf Technik wie Muster sowohl die Podien zu Füssen der Heiligen ihre Entstehung, wie die Blattschnörkel, die in der äusseren Umrandung mit den Steinfassungen abwechseln. Zwischen ihnen spielen nur die kleinen Verschiedenheiten, die sich bei jeder Handtechnik, sei sie auch noch so summarisch, von selbst ergeben. Selbst diese kleinen Varietäten fehlen den gegossenen Teilen, wenn ihnen, wie im vorliegenden Falle, jede Ciselierung vorenthalten bleibt. Auf diesem Wege sind die beiden knieenden Figürchen entstanden, sowie die Attribute der Heiligenfiguren, die Baldachine, die sie bekrönen, und die kleinen Rankenzüge, welche, von Steinchen unterbrochen, die nicht ungefällige Verzierung der schmalen Börtchen bilden. Letztere werden an den Stellen, an denen die unteren Baldachine in die Kreuzblume auslaufen, von dieser durchbrochen, während sie oben, um nicht in den Rand hineinzuragen, einfach abgeschnitten sind.

Das Dekorationsprinzip, welches den Verfertiger bei allen diesen Massnahmen vornehmlich leitete, hat ihn auch bei der Auswahl resp. Färbung des Metalls nicht verlassen. Dieses besteht, insoweit es den Hintergrund bildet, durchgehends aus Kupfer, im übrigen fast ausschliesslich aus Silber. Alles Kupfer ist vergoldet, das Silber nur an einigen Stellen, wie an den Haaren, den Obergewändern, den Attributen, den Steinfassungen. Der auf diese Weise gewonnenen Abwechselung in der Metallfarbe ist die verhältnismässig gute coloristische Wirkung des Deckels vorwiegend zu danken. Die silbernen Figuren heben sich von den goldenen Grunde trefflich ab, mit ihnen kontrastieren wiederum vorzüglich die schmalen Silberbörtchen, und die bunten Steine dienen dem Ornament, in das sie eingefügt sind, wie dem Ganzen zur wirksamsten Belebung.

Die oberflächliche Behandlung, welche dem ganzen Deckel zu teil geworden, ergiebt zugleich das Haupthindernis, die Werkstätte, aus der er hervorgegangen sein mag, zu ermitteln. Weil es ihm an allen hervorragenden Eigenschaften fehlt, ist die Sprache, die er redet, zu unbestimmt, als dass er einer bestimmten Gegend mit Sicherheit zugesprochen werden könnte. Dazu kommt, dass ihm keinerlei Parallelen zur Seite stehen aus seiner Zeit, die überhaupt ganz aus Metall gebildete Einbände nicht mehr liebte. Am nächsten liegt es, an Trier zu denken, wo die Goldschmiedekunst eine so ruhmreiche Vergangenheit hatte und bis in das XV. Jahrhundert hinein geblüht zu haben scheint. Denn was sich aus dieser Zeit in dortigen Domschatz und in den übrigen Kirchen erhalten hat, verrät noch eine grosse Tüchtigkeit. Auf so niederer Stufe in Zeichnung und Technik, wie unser Deckel, steht freilich keines der dort erhaltenen Geräte. Aber keines derselben zeigt auch Anklänge an die dekorativen Neigungen unseres Meisters, keines seine Vorliebe für die verschiedene Metallfärbung und für den Steinschmuck. Zu diesen liessen sich wohl Analogieen aus anderen Gegenden gewinnen, namentlich vom Niederrhein, wo die Verbindung von Silber und Gold in der spätgotischen Periode beliebt war (vgl. die bezüglichen Gegenstände im Schatze zu Hoch-Elten), sowie aus Süddeutschland, wo am Schlusse des Mittelalters die Anwendung von bunten Steinen und Glasflüssen besonders gepflegt wurde. Da aber die Betonung dieser Analogieen hier in Bezug auf die Heimatbestimmung unseres Deckels leicht auf Irrwege führen könnte, so wird sich der Verzicht darauf empfehlen.

So mangelhaft also auch das Werk, dem wir diese Beschreibung widmen, in vielfacher Hinsicht ist, die Eigenart kann ihm nicht bestritten werden, so dass es immerhin in seiner Zeit als ein Denkmal erscheint, welches der Beachtung nicht ganz unwürdig ist.

A. Schnütgen.

II.

Der Kameo.

In der Mitte des Einbanddeckels befindet sich der auf Taf. 2 abgebildete Kameo, ein Sardonyx von 10,7 cm Breite und 8,3 cm Höhe, kostbar durch sein Material und seine Grösse, bedeutsam durch seine historische Darstellung.

Den unteren Teil, etwa zwei Drittel der Höhenausdehnung, nehmen zwei Adler ein, sie wenden die Köpfe einander zu, aber die Flügel weit ausspannend scheinen sie nach verschiedenen Richtungen auffliegen zu wollen. Hinter ihnen wird eine Brüstung sichtbar. Über dieser ragen fünf Brustbilder empor: zu äusserst links eine Matrone mit Kopfschmuck und Schleier, weiter rechts ein Mann in der Vollkraft der Jahre mit einem Lorbeerkranz, ein Knäbchen, ein Jüngling und wieder ein Knabe. Die Gesichtszüge zeigen, dass bestimmte Persönlichkeiten gemeint sind; die Adler und der Lorbeerkranz weisen auf eine kaiserliche Familie.

Durch die Anordnung der Brustbilder erscheinen die Kaiser mit dem Lorbeerkranz und der Jüngling als die Hauptfiguren. Die Adler erheben gerade unter diesen ihre Köpfe. So sollte man meinen, — und feine Kenner des römischen Altertums haben bei Betrachtung des Kameo diesem Gedanken gelegentlich Ausdruck gegeben, — zwei Augusti seien in jenen Figuren zu finden.

Dennoch beruht dieser Eindruck auf Täuschung. Äusserliche Anhaltspunkte: die Bartlosigkeit sämtlicher Gesichter und andererseits der Lorbeerkranz auf dem Kopfe des Mannes führen mit Sicherheit zu einer anderen Deutung.

Die eine Thatsache schliesst die ganze Kaiserfolge von Hadrian bis Diocletian und die Kaiser Maxentius und Licinius von der Deutung aus, denn diese Imperatoren trugen sämtlich Bärte, die andere alle Kaiser, welche nach dem Jahre 333 das römische Scepter führten, denn von diesem Zeitpunkte ab bildet das Diadem ausschliesslich den kaiserlichen Kopfschmuck.[1] Die Perioden der Doppelherrschaft kommen hiernach für die Erklärung des Kameo nicht in Betracht.

Ebenso wenig darf man an Glieder der julischen, claudischen und flavischen Dynastien denken; die einförmige Nebeneinanderstellung der Brustbilder, der steife Stil, die in gleichmässigen Partien in die Stirn herabfallenden Haare weisen auf eine weit spätere Entstehungszeit. Es bleibt nur die Beziehung auf Constantin.

Dieses auf Umwegen gewonnene Ergebnis wird durch die Zahl und das Alter der Glieder der constantinischen Familie voll bestätigt. Der Mann im Lorbeerkranze ist Constantin der Grosse, die Kaiserin seine zweite Gemahlin Fausta. Von den drei Brustbildern der rechten Hälfte stellt das mittelste den ältesten Sohn, den um 300 von Minervia geborenen Crispus, das äusserste den um 316 geborenen Constantinus junior dar, während Constantius, welcher seinem Bruder Constantin etwa in Jahresfrist gefolgt sein mag, neben dem Vater Platz gefunden hat. Constans, der vierte Sohn, fehlt; er war entweder noch nicht geboren, oder es vereinigt der Kameo nur die Personen, welche Bildnisrecht für die Münzprägung hatten; an Constans wurde dieses erst im Dezember 333 verliehen, während Constantius und Fausta schon im Herbste 323 auf den Münzen erscheinen.[2]

Eine Vergleichung mit anderen Porträtbildern der constantinischen Familie ist zwar nicht im Stande für das gesicherte Ergebnis noch weitere Stützen abzugeben, ein kurzer Überblick über dieselben dürfte aber dennoch erwünscht sein. Die Münzen kommen nicht in Betracht, da sie von Constantin dem Vater nur Seitenansichten und von den Söhnen Vorderansichten nur im vorgeschrittenen Alter geben. Von den Statuen trägt die in der Vorhalle von San Giovanni in Laterano vielleicht einen nicht zugehörigen Kopf[3] und eine zweite, welche auf dem Vorplatz des Kapitols aufgestellt ist, zeigt den Kaiser im jugendlichen Alter.[4] Einzig ein Petersburger Kameo,[5] dessen Deutung vollkommen gesichert erscheint, zeigt den Kaiser in derselben Kopfwendung und nur wenige Jahre älter, als der Trierer Kameo; eine Vergleichung beider Köpfe ergiebt eine weitgehende Ähnlichkeit, aber bei der geringen Ausprägung individueller

---

[1] Vgl. Westdeutsche Zeitschrift für Geschichte und Kunst VII, S. 133 u. 144 fg. und Wieseler, Über einige beachtenswerte geschnittene Steine des 4. Jahrh., in den Abhandlungen der königl. Gesellschaft der Wissenschaften zu Göttingen, 1884. S. 4 fg.

[2] Westdeutsche Zeitschrift VII, S. 130.

[3] Matz v. Duhn, Antike Bildwerke in Rom, nr. 1346.

[4] Abgebildet bei Mongez, Iconogr. Romaine, pl. 62, nr. 1—3 und Clarac, Musée de sculpture 980, 2517.

[5] Abgebildet bei Mongez pl. 64, nr. 5 und Baumeister, Denkmäler des klassischen Altertums, S. 400 nr. 436.

Zuge auf dem Trierer Kameo verhält sie nicht zu einer Entscheidung, dass ein und dieselbe Persönlichkeit dargestellt sein müsse; die angebliche Fausta des Petersburger Steines kann von der Vergleichung ausgeschlossen bleiben, weil jene Figur mit Helm, langen Locken und idealer Gewandung nicht als eine Kaiserin des 4. Jahrhunderts, für welche schon die Stellung links vom Kaiser unziemlich wäre, aufgefasst werden kann; sie ist vielmehr als eine Personification der Roma oder Constantinopolis anzusehen, wie sie die Münzen vom Jahre 330 ab und der Kameo von St. Castor zeigen.[1]

Es schien zweckmässig, die Deutung voranzustellen. Bei einem Kameo, welcher von den Köpfen Constantins und seiner Familie gesicherte Bilder in Vorderansicht gewährt, wird man auch die nachfolgenden nüchternen Erörterungen bereitwilliger entgegen nehmen.

Die Tafel 2 vereinigt zwei Abbildungen des Kameo, welche nach Photographien angefertigt sind; der einen (Taf. 2, a) liegt eine Aufnahme nach dem Original, der anderen (Taf. 2, b) eine Aufnahme nach einem Gipsabguss zu Grunde. Der Herstellung einer guten Photographie stellen die glänzend polierten Teile des Kameo grosse Schwierigkeiten entgegen. Unter der Wirkung dieser Glanzlichter gelingt es dem photographischen Apparat nicht die Konturen, geschweige denn die Modellierungen zu erfassen, er zeichnet verschwommene, weiche Gesichter, welche mit den markigen Zügen der Constantine wenig mehr gemein haben. Um dem hemmenden Einfluss der Glanzlichter, unter welchem die Abbildung auf Taf. 2, a zu leiden hatte, zu entgehen, wurde eine zweite Aufnahme nach einem scharfen Gipsabguss hergestellt, diese ist durchweg richtiger und giebt über viele Einzelheiten Aufschluss, welche die andere Aufnahme verschweigt, aber mit dem Glanze ist ihr das Leben genommen. Wer eine annähernde Vorstellung von dem Original gewinnen will, muss beide Abbildungen im Geiste miteinander verbinden. Ein künstlerischer Kupferstich würde dem Original weit besser gerecht geworden sein, leider scheiterte die Herstellung eines solchen an örtlichen Schwierigkeiten.

Wenden wir uns zu einer Betrachtung des Kameo selbst.

Von den drei Lagen des Sardonyx kommt die unterste von rötlich brauner Farbung nur als Hintergrund der Brustbilder und unterhalb der Adler zum Vorschein; zwischen den Köpfen ist sie durch weisse runde Einsprengungen verunziert. Aus der zweiten milchweissen Lage sind die Brustbilder fast ausschliesslich, ganz die Brüstung und die tiefer liegenden Teile der Adlerflügel, wie die linke Kralle des rechten Adlers gearbeitet; auch ihr Aussehen leidet durch einige Flecken, ein weisser befindet sich vor dem Kopfe des rechten Adlers, während braune Flecken über dem rechten Flügel des linken Adlers und auf der linken Kralle des rechten Adlers liegen. Die oberste braune Lage wirkt heller oder dunkler je nach ihrer Dicke, hellfarbig tritt sie auf den Kränzen der Fausta und des Constantin, wie in der Mitte des Kopfputzes des Constantius und Crispus, in verschiedenen Nüancen bis zu fast schwarzer Färbung an den Adlern. Auch diese Lage hat mattweisse Einsprengungen am Kopf, Körper und der linken Flügelspitze des linken Adlers.

Die unlösbare Befestigung des Sardonyx innerhalb des Einbanddeckels verhindert es, sich über die Stärke und den Lauf der einzelnen Lagen zu unterrichten. Erschliessen lässt sich aber, dass diese nicht von gleicher Stärke sind: waren sie von Natur gleich, so hat der Gemmenschneider die oberste braune Lage in der oberen Hälfte des Kameo fast vollständig bis auf eine dünne Schicht, die sich an den Kränzen der Brustbilder zeigt, abgearbeitet, und dem entsprechend die unterste rotbraune Lage in einer Hälfte bis auf eine dünne, unterhalb der Adler zum Vorschein kommende Schicht entfernt. Der Kameo ist nicht mehr unversehrt. Eine erhebliche Verletzung hat er dadurch erlitten, dass vor langen Zeiten die ganze obere rechte Ecke abgebrochen ist. Die Sprünge waren glücklicher Weise so scharfe, dass das losgelöste Stück sich wieder gut anfügen liess und Absplitterungen nur an der linken Schulter und auf der linken Kopfhälfte des Crispus und an der Nase des Constantinus junior zu bemerken sind. Ausserdem fehlt am linken Adler ein Teilchen der linken Kralle und am rechten Adler das Gelenkstück des linken Beines.

Arbeit und Komposition verraten die Zeit des Verfalles. Die Brustbilder sind ohne jeden Versuch einer künstlerischen Gruppierung steif nebeneinander gestellt, indem nur Symmetrie in den Kopfhöhen und in der Wendung der Köpfe insofern beobachtet ist, als der mittelste gerade aussieht, während die seitlichen nach der Mitte gerichtet sind. Die Oberkörper sind wenig gewölbt und liegen in einer Fläche, die Gewandung ist gleichförmig und ihre Falten sind flach und ohne Abwechslung behandelt. Die Anbringung der Brüstung, welche zu der kaiserlichen Familie schwerlich irgend einen Bezug hat, ist ein äusserliches Auskunftsmittel, um den Brustbildern eine Abgrenzung nach unten und den Adlern einen Hintergrund zu geben. Auch die irreführende Darstellung zweier Adler entsprang lediglich dem Wunsche nach Symmetrie, ähnlich wie auf den von Constantin zum Gedächtnis an seinen Vater Constantius geschlagenen Münzen auf jeder Seite des Altares je ein Adler angebracht ist. Übrigens zeigen die Adler, trotz einer gewissen Gleichförmigkeit in der Behandlung der Federn, Bewegung und Modellierung und man gewahrt den Einfluss guter

[1] So Chabouillet, Catalogue gen. et rais. des camées de la Bibl. imp., Paris 1858, p. 70, n. 122; anders Schaaffhausen, Bonner Jahrb. 79, S. 157.

Vorbilder. Die Porträts sind wenig individualisiert: der Petersburger Kameo zeigt es, dass die constantinische Zeit nach dieser Richtung bessere Leistungen hervorzubringen noch im Stande war.

Sehr geschickt sind die verschiedenfarbigen Lagen des Onyx benutzt: weiss die Brustbilder, hellbraun die Kränze, auf weissem Hintergrund die verschieden schillernden Adler. Teilweise waren indes die Schwierigkeiten zu gross, als dass sie sich hätten ganz überwinden lassen; die Nasen mussten zu kurz dargestellt werden, weil sie sonst, in die braune Lage hineinragend, braune Spitzen empfangen hätten, wohingegen an den Köpfen des Crispus und Constantius die braune Lage nicht tief genug reichte, um den ganzen Kranz aus derselben zu arbeiten. Nur der höchste Teil dieser Kränze ragte noch in die braune Lage. Indem diese zu einer braunen Mittelblume verwandt wurde, entstand der irreführende Eindruck, dass nicht Kränze, sondern Diademe die Häupter der Prinzen zieren. Der jüngere Constantin trägt keinen Haarschmuck. An Stelle desselben der Kopf geglättet und wo bei den Brüdern die Mittelblume liegt, befindet sich hier eine unfertige büschelartige Erhöhung. Offenbar fehlte hier die braune Lage gänzlich, aber man muss gleichzeitig auch einen Fehler in der weissen Lage oder ein Versehen des Gemmenschneiders annehmen, um den vorliegenden Zustand zu erklären.

Eine eingehende litterarische Behandlung ist dem Kameo erst vor wenigen Jahren zu teil geworden. Die früheren Besprechungen haben nur ein bibliographisches Interesse.[1] Von Wiltheim bis in das 18. Jahrhundert hinein wahrt die Deutung auf Pippin und dessen Familie, weil man auch die Darstellung des Kameo mit der Ada, der Stifterin des Codex, in Verbindung brachte. Bedenken waren freilich schon zu Wiltheims Zeiten erhoben worden und mögen sich bis auf Hontheim gesteigert haben, aber doch war es erst Mongez, welcher den Stein mit Bestimmtheit für römisch erklärte und ihn auf die Familie des Claudius deutete. Später bezog man ihn auf die Familie des Augustus, jüngst auf die Valentinians I. Nach den eingangs gegebenen Darlegungen wird es nicht nötig sein, bei diesen Versuchen zu verweilen; sie irren übrigens meist auch noch in dem Punkte, dass sie die zweite Figur von rechts trotz ihrer männlichen Gesichtszüge, Haartracht und Kleidung für weiblich halten.

Ein Verdienst um die Deutung hat sich einzig Friedrich Wieseler[2] erworben, indem er die Beziehung auf Constantin und dessen Familie begründete. In den zwei ersten Figuren von links sieht Wieseler gleichfalls Fausta und Constantin den Vater, in den folgenden aber Crispus, Constantinus junior und Constantius. Die Darstellung sei ein Familienbild der Fausta und der von ihr geborenen Söhne, angefertigt etwa um das Jahr 326, als Constantinus junior elfjährig gewesen. Das Fehlen des Crispus, des Sohnes der Minervia, könne unter diesen Umständen nicht auffällig sein. Wenn von den fast gleichalterigen Prinzen Constantinus und Constantius, der eine als ausgewachsener Jüngling, der andere als Knabe dargestellt sei, so solle dies die grössere Würde des ersteren ausdrücken, welcher sechs Jahre vor seinem Bruder zum Cäsar ernannt wurde.

Dass die Altersunterschiede in der antiken Kunst häufig unberücksichtigt bleiben, wie z. B. auf den Münzen gerade dieser Prinzen, ist eine hinlänglich bekannte Thatsache. Aber hier liegt gerade der umgekehrte Fall vor: die Kunst betont die Verschiedenheit des Alters und die Erklärung übersieht sie.

---

[1] Deutungen auf die Familie Pippins:

a) Al. Wiltheim, Origines et annales coenobii S. Maximini, cod. mss. der Trierer Stadtbibl. 1611 (995 in I. p. 669 flüchtige Federzeichnung. Er erkennt zwei Frauen und drei Männer.

b) Jo. Georg als Eckhart, Commentarii de rebus Franciae orientalis et episcopatus Wirceburgensis. Tom. I. Wurzburg 1729. p. 596—598. Ganz ungenügender Stich.

c) Nonning, Achates gemma s. Maximiniana ob erroribus vulgi expurgata, erwähnt in Nanning et Cohausen, Commercium litterarum dissertationes epistolicae. Frankf. 1746. I. p. 101 und bei Hontheim, Prodromus hist. Trev. I. p. 433.

d) G. Fischer, Notice d'un manuscrit très precieux, découvert parmi les effets provenant du Couvent de St. Maximin, in Millin' Magazin encyclopédique. an 9. Tom. III. p. 494—505.

Ohne Deutung:

a) Hontheim, Prodromus historiae Treverensis, Augsburg 1757. I. p. 431—434 mit schlechter Abbildung.

b) Gottfried Fischer, Beschreibung einiger typographischer Seltenheiten, Mainz u. Nürnberg 1800. p. S. 113—116.

c) Rautschaut-Wyttenbach, Malerische Ansichten aus dem Moselthale bei Trier (1824), auf dem dritten Textblatt leidliche Abbildung ohne jede Besprechung.

Deutungen auf verschiedene römische Kaiser:

a) Mongez, Iconogr. Romaine pl. 29, n. 2 enthält die heute bis jetzt geborene Abbildung von den Brustbildern des Kameo, ohne die Adler; aber auch sie ist ungenau und irreleitend (2 Frauen). — Deutung auf Octavia, Claudius, Drusus, Messalina, Britannicus.

b) Chavas, Musée de sculpture antique et moderne. Abbild. VI. pl. 1452, Besprechung VI. p. 134. 1° folgt durchweg Mongez, verschlechtert aber die Abbildung.

c) In den Triorischen Fremdenführern findet sich von v. Haupt's Panorama Trier und Schneider 1846 bis auf Leonardy's Panorama 1868 die Angabe: zwei männliche, ein weibliches, zwei kindliche Brustbilder, wahrscheinlich die Augustische Familie darstellend.

d) Palustre et de Montaiti, Le Trésor de Tièvres, Paris 1886, pl. XXVII mit blasser und irreleitender Photogravure: gedeutet auf Flavia Constantia, Valentinian I., Gratian, Justina und Valentinian II.

[2] Über einige berühmtere Bildnisse zu Trier, in den Nachrichten von der Gesellschaft der Wissenschaften zu Göttingen 1884. S. 475.

Crispus, dieser vom Vater und Volke geliebte Prinz, konnte schwerlich auf einem Gruppenbilde der constantinischen Familie fehlen, es musste denn etwa thatsächlich gerade für Fausta angefertigt worden sein. Und gerade dieses Bild sollte uns überkommen sein? Es wurde eingangs gezeigt, wie wenig eine Nötigung zu dieser Annahme vorliegt; sie ist vollständig hinfällig, wenn die neuere Forschung mit Recht Fausta nicht nur als Stiefmutter des Crispus, sondern auch des Constantinus und Constantius ansieht. Eine Inschrift von Sorrent[1] führt nämlich die genannten drei Constantinsöhne als im selben Verhältnis zu Fausta stehend auf und scheint, soweit sich bei ihrer starken Verstümmelung entscheiden lasst, Fausta als deren *noverca* zu bezeichnen. Dasselbe überliefert Zosimus.

Die Anordnung der Brustbilder auf unserem Kameo scheint das ausserliche Verhältnis der Fausta zu den Constantinsöhnen zu bestätigen. Dass dem Kaiserpaare ein Eckplatz angewiesen wurde, ist zunächst auffällig und wird durch die Rücksicht auf Symmetrie, welcher in einer Reihenfolge: Constantius, Crispus, Fausta, Constantinus I., Constantinus II. in demselben Masse entsprochen worden wäre, nicht erklärt. Wollte man aber andeuten, dass die Söhne dem Vater näher standen als der Mutter, so blieb nur die auf dem Trierer Kameo gewählte Anordnung.

Die Zeit der Anfertigung des Kameo lasst sich bis auf wenige Jahre bestimmen. Sie fällt nach 321, da Constantius im Alter von mindestens 4—5 Jahren dargestellt ist, und vor den im Jahre 327 erfolgten Tod der Fausta

F. Hettner.

[1] Mommsen zum Corpus inscr. lat. X. 678.

VERZEICHNIS DER CITIERTEN HANDSCHRIFTEN

nach den Aufbewahrungsorten und Bibliotheken. Bei solchen Handschriften, von welchen im Tafelwerk Abbildungen geboten sind, ist die Bezeichnung der betreffenden Tafeln hinzugefügt.

II.

TAFELN.

Ein Verzeichnis der in Folgendem gegebenen Tafeln befindet sich in der Inhaltsangabe oben S. X: über die Grundsätze, nach welchen sie zusammengestellt sind, ist im Vorwort, S. VIII, gehandelt.

Hier ist noch über die technische Herstellung des Tafelwerkes zu berichten.

Die photographischen Aufnahmen aus der Adahandschrift sind in der Chalkographischen Abteilung der *Reichsdruckerei* zu Berlin vom Mai bis zum September des Jahres 1886 gemacht worden, nachdem der Codex unter Zuhilfenahme des königlichen Kupferstichkabinets, im Besonderen unter liebenswürdiger Teilnahme des Herrn Dr. *J. Springer*, durch den Unterzeichneten von Trier dorthin übermittelt war. Den in Trier zurückgebliebenen Deckel und seinen Kameo hat Herr Hofphotograph *Anselm Schmitz* in Köln an Ort und Stelle photographiert.

Die Aufnahmen aus den Handschriften zu Wien, Aachen, Bamberg, Paris und Abbeville, London, Epernay und Kremsmünster sind von den Firmen *Angerer und Goeschl*, *Hammers*, *B. Hauf*, *Soucmaud*, *Praetorius*, *Paulus* und *Merfeder* ausgeführt worden.

Den Lichtdruck aller Tafeln hat, nachdem die Clichés für sie in Berlin zusammengebracht waren, die *Reichsdruckerei* besorgt.

Die chromolithographischen Tafeln endlich hat das lithographische Institut von *Wilhelm Greve* zu Berlin nach den Originalen hergestellt.

K. Lamprecht.

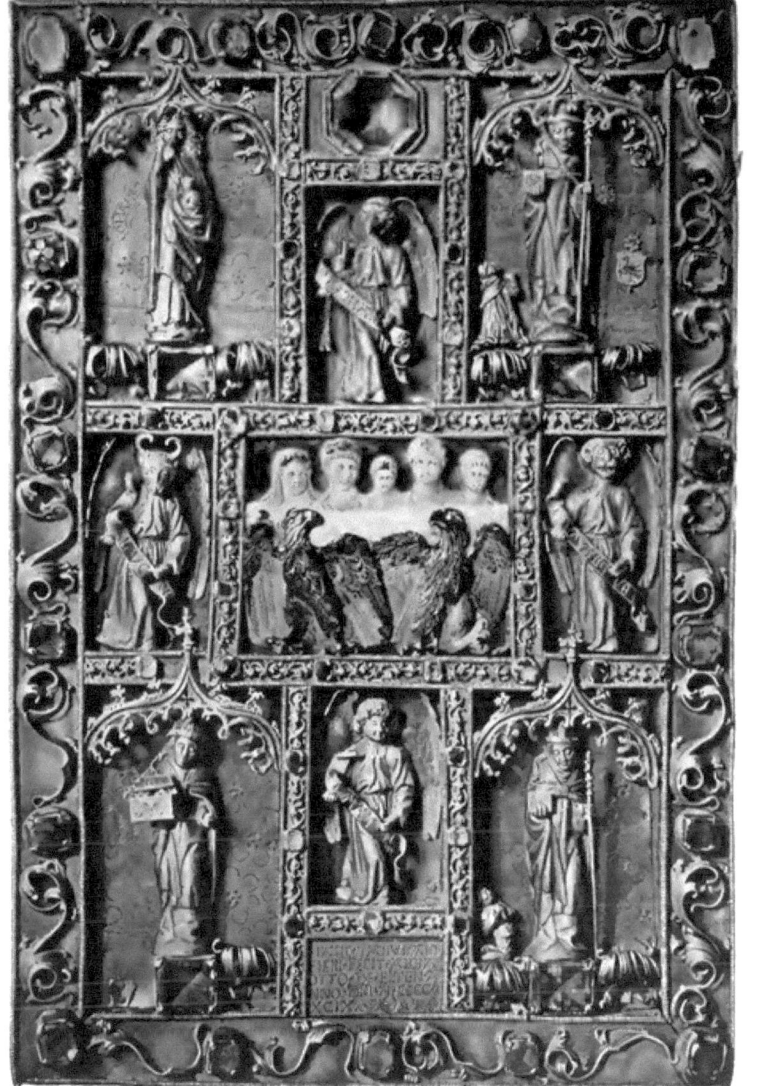

Fig. 4

caelo ueniens eructuauit
In principio erat uerbum.
& uerbum erat apud dm.
& ds erat uerbum. hoc
erat in principio apud dm
Haec igitur quattuor euan
gelia. multum ante predicta
hiezechihelis quoque uolu
men probat. In quo prima
uisio ita contexitur.
& in medio sicut similitudo
quattuor animalium. & uul
tus eorum. facies hominis.
& facies leonis. & facies uitu
li. & facies aquilae.
Prima hominis facies matheum
significat. qui quasi de homine
exorsus est scribere. liber
generationis ihu xpi. filii da
uid. filii abraham;
Secunda marcum. in quo uox
leonis in heremo rugientis
auditur. uox clamantis in de
serto. parate uiam dni. rec
tas facite semitas eius.
Tertia uituli. quia euangelista
lucam. a zacharia sacerdo
te sumsisse initium praefigurat.
Quarta iohannem euange
liam. quia ad summas pennis
aquilae. ad altiora festinans.
de uerbo di disputat.

cetera quae sequuntur.
in eundem sensum profici
unt. crura eorum recta.
& pinnae pedes. & quocu
q: sps ibat ibant. & non re
uertebantur. & dorsa
eorum plena oculis. & scin
tillae ac lampades in me
dio discurrentes. & rota
in rota. & in singulis quat
tuor facies. unde & apo
calypsis iohannis. post ex
positionem uigintj quat
tuor seniorum. tenen
tes citharas & fialas ado
rant agnum di. introdu
cit fulgora & tonitrua.
& septem sps discurrentes.
& mare uitreum. & quat
tuor animalia plena ocu
lis dicens. Animal primu
simile leoni. & secundum
simile uitulo. & tertium
simile homini. & quartu
simile aquilae uolanti
& post paululum plena in
quit erant oculis. & requi
em non habebant die ac
nocte dicentia scs scs scs.
dns ds omps. qui erat &
quiest. & qui uenturus est.
E quibus cunctis perspicue.

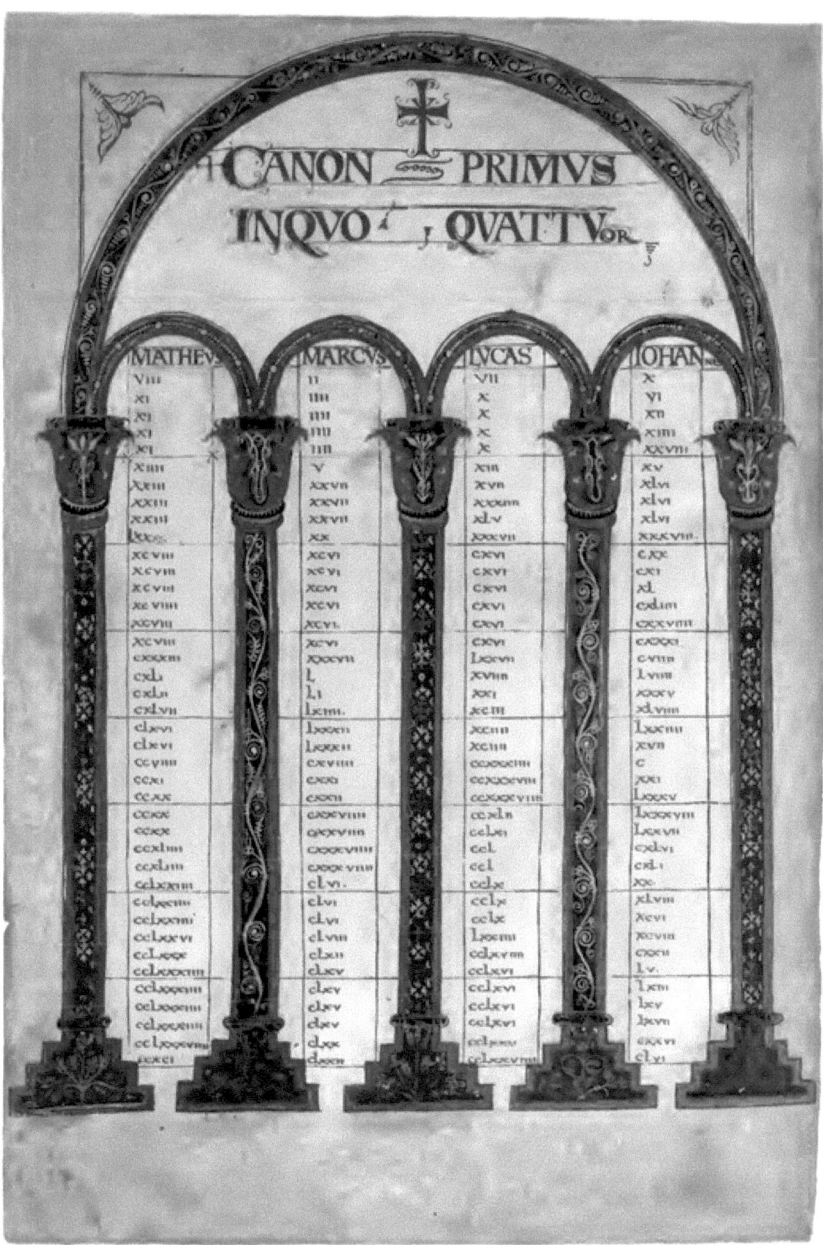

CANON SECVNDVS
INQVO TRES

MATTHEVS	MARCVS	LVCAS
cc xxviii	c xxxv	cc xliiii
cc xlii	c xxxvii	cc xxxvii
cc xliii	c xxxvii	cc xlviii
cc xliii	c xxxviii	cc xlviiii
cc xlviii	c xliii	cc vii
cc xlvii	c xliii	cc liii
cc xlviii	c xliiii	cc liiii
cc li	c xlvi	cc lv
cc liii	c xlvii	cc liii
cc lvi	c l	cc lvii
cc lviiii	c li	cc lviii
cc lxviii	c lv	c lvi
cc lxviii	c liiii	cc xxviii
cc lxxi	xli	cc xxx
cc lxxviii	c lx	cc lxvi
cc lxxxi	c lxii	cc lxvii
cc lxxxv	c lxvi	cc lxv
cc lxxxv	c lxvi	cc lxxvii
cc xcvi	c lxxvii	cc lxxx
cc xcvi	c lxxvii	cc lxxxvii
ccc i	c lxxxii	cc lxxxvi
ccc viii	c lxxxviii	ccc v
ccc xii	c xci	cc xcviii
ccc xvi	c xcvii	cc xciii
ccc xvii	c xcviii	cc xcv
ccc xv ii	cc ii	ccc viii
ccc xxxviii	cc xviii	ccc xii
ccc xxxviii	cc xviii	ccc xxv
cccxl	cc xx	ccc xxvii
ccc xlii	cc xxii	ccc xxviii
ccc xliiii	cc xxviiii	ccc xxviii
ccc xlvi	cc xxv	ccc xxx
ccc lii	cc xxxii	ccc xxxviii
ccc liiii	cc xxxviii	ccc xxxviii

FINIT CANON SECVND
IN QVO TRES

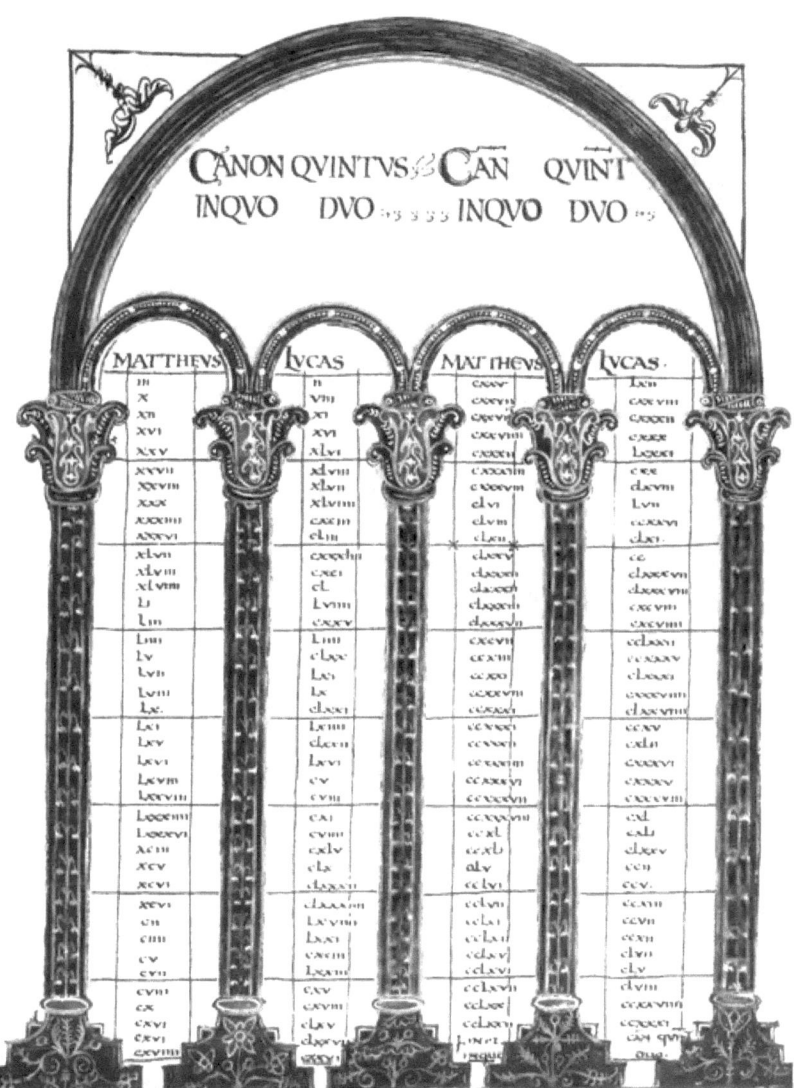

CANON VIIII ꝫ CAN X INQ CANX IN
INQVO DVO ꝫ MAT PRP ꝙO MAR PROP

LVCAS	IOHANNIS	MATHEVS	MARCVS
xxx	ccxviiii	cli	xviiii
lxxx	ccccxi	clv	xxxi
clxxxv	ccccxvi	clviiii	xxxiii
cclxii	cli	clxxi	xlvi
cclxxiiii	cccclviii	clxxvi	lviii
cclxxviii	ccccxxvi	clxxxi	lviiii
cclxxviii	cxc	clxxxvi	lxv
cccii	cxc	clxxxxi	lxxviii
cccvii	cxc	cxci	lxxxi
cccii	clxxxvi	cxcvi	lxxxviii
cccvii	clxxxvii	cc	xc
ccccii	clxxxxi	ccx	xciii
cccii	clxxxxii	ccxiii	ci
cccvii	clxxxxii	ccxvii	ciiii
ccccxii	clxxxvi	ccxxii	clxxiii
cccxl	ccxvii	ccxxvii	clxxvi
cccxl	ccxviii	ccxxxi	clxxxvi
ccccxli	ccxxi	ccxxxvii	ccxii
ccccxli	ccxxv	ccxxxxv	ccxxviii
FINIT CANON	VIIII IN QVO DVO	ccxlv	LINIT CAN X
CAN X	INQVO	cclxviii	NQVO
martheus	propie	cclxxvii	MAR
MAT	MAT	cclxxxii	PROPRIO
ii	lxxv	cccii	
iiii	lxxi	cccxviii	
vi	lxxxviii	ccccxxii	
xiii	xci	ccccxxviii	
xviii	xcviii	ccccxv	
xxvi	ci	ccc li	
xxviii	cvi	ccc lv	
xxxiiii	cviii	LINTI CAN X	
xxxvi	cxv	IN QVO MAT	
xxxvii	cxv	PROPRIE	
xxxviii	cxviii		
xli	cxxvi		
xlv			
lvi			

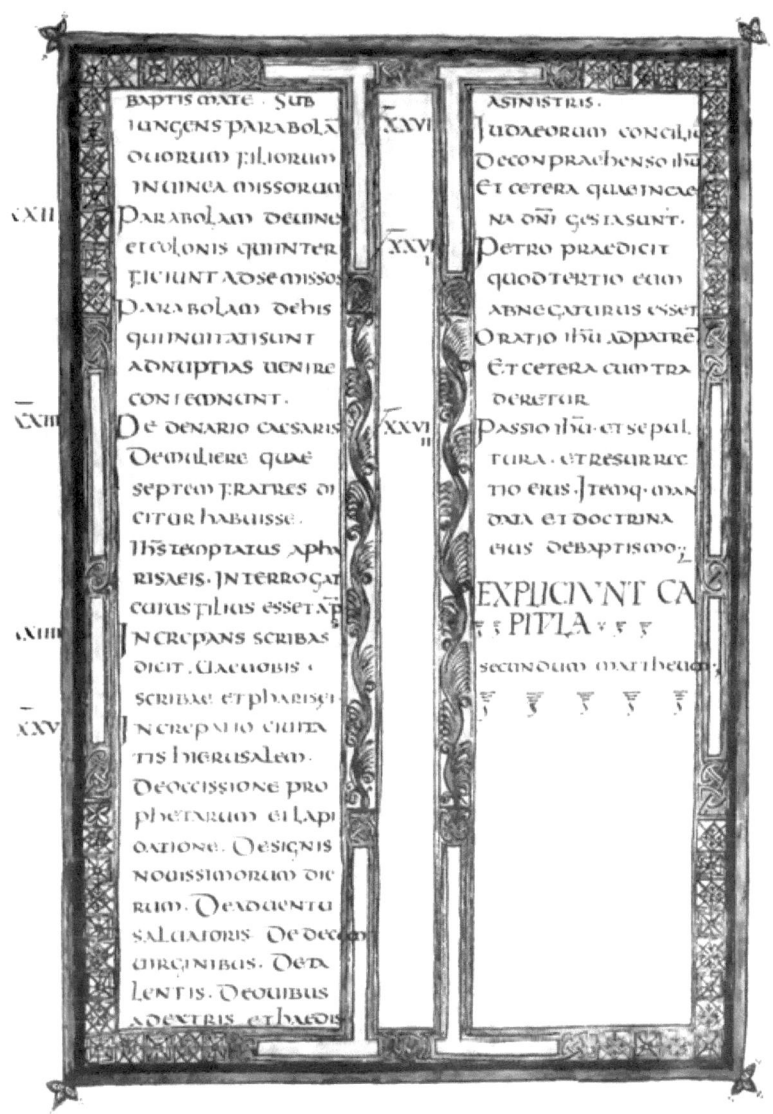

BAPTISMATE · SUB
IUNGENS PARABOLA
OUORUM FILIORUM
IN UINEA MISSORUM
PARABOLAM DEUINE
ET COLONIS QUI INTER
FICIUNT ADSE MISSOS
PARABOLAM DEHIS
QUI NUITATI SUNT
AD NUPTIAS UENIRE
CON TEMNUNT.
DE DENARIO CAESARIS
DE MULIERE QUAE
SEPTEM FRATRES DI
CITUR HABUISSE.
IHS TEMPTATUS APHA
RISAEIS. INTERROGAT
CUIUS FILIUS ESSET XPS
INCREPANS SCRIBAS
DICIT. QUAE UOBIS ·
SCRIBAE ET PHARISEI
INCREPATIO CIUITA
TIS HIERUSALEM.
DE OCCISSIONE PRO
PHETARUM ET LAPI
DATIONE. DE SIGNIS
NOUISSIMORUM DIE
RUM. DE ADUENTU
SALUATORIS. DE DECEM
UIRGINIBUS. DE TA
LENTIS. DE OUIBUS
A DEXTRIS ET HAEDIS

ASINISTRIS.
IUDAEORUM CONCILIO
DE CON PRAEHENSO IHU
ET CETERA QUAE INCAE
NA DNI GESTA SUNT.
PETRO PRAEDICIT
QUOD TERTIO EUM
ABNEGATURUS ESSET
ORATIO IHU AD PATRE
ET CETERA CUM TRA
DERETUR.
PASSIO IHU ET SEPUL
TURA · ET RESURREC
TIO EIUS. ITEMQ; MAN
DATA ET DOCTRINA
EIUS DE BAPTISMO.

EXPLICIUNT CA
PITLA ꝯ ꝯ

SECUNDUM MATTHEUM.

XXVI

XXVI
II

XXII

XXIII

XXIII

XXV

LIBER GENE
RAT
ONIS IHV
XPI FILII
DAVID.
FILII ABRA
HAM.
Abraham genuit
ISAAC.

ISAAC AUTEM
GENUIT IACOB.
IACOB AUTEM
GENUIT IUDAM
ET FRATRES EIUS
IUDAS AUTEM
GENUIT PHARES
ET ZARA DE
THAMAR.
PHARES AUTEM
GENUIT ESROM.
ESROM AUTEM
GENUIT ARAM.
ARAM AUTEM
GENUIT AMINADAB
AMINADAB AUTE
GENUIT NAASSON
NAASSON AUTEM
GENUIT SALMON
SALMON AUTEM
GENUIT BOOZ
DE RACHAB
BOOZ AUTEM
GENUIT OBED
EX RUTH.
OBED AUTEM
GENUIT IESSE
IESSE AUTEM GE
NUIT DAVID RE
DAVID AUTEM

Ab abrahaam usq.
addauid. generac
tiones. xiiii.
Et adauid usq ad
treenr migracctone
beebylonis. gene
racciones. xiiii.
Et atreenr migracti
one beebylonis. usq.
ccdxpm. generac
tiones. xiiii.
Omnes itaeq. gene
racciones ab abraha
usq. ccdxpm gene
racciones. xl duces.
Xpi autem gene
racio sic erat
Cum ess. desponsata
macter eiur meeria
ioreph. Antequeem
conuenirent inuen
tae est inutero ha
bens despu sco.
Ioreph autem uir
eiur cum ess. iustus
et nolla eeam tra
ducere uolurt occul
te dimittere eeam
haec autem eo cogi
taente. Ecce ange
lur dni insomnir ap
paeruit ei dicens.

Ioreph fili dauid
noli timere accipere
meericem coniugem
tuaem. quod enim
inea naatum est.
despu sco est.
Paeriet aucem filium
&uocabir nomen
eiur ihm. Ipre enim
saeluum faciet populu
suum apeccatis eoru.
Hoc autem totum
factum est. utccd
impleretur quoddic
tum est acdno per
prophetaem dicentem
Ecce uirgo inutero
haebebit &paeriet
filium. &uocabunt
nomen eiur emma
nuel. quod est in
ter pretatum
nobircum dr.,
Exurgens autem
ioreph asomno. fecit
sicut praecepit ei
angelur dni
Et accepit coniugem
suam. &non cognor
cebaet eeam. Donec
peperit filium suum
primo genitum

I
MVIII
l
.I.

ũ m
x

IHS autem con
uocatis discipulis su
is dixit. Misereor
turbae quia triduo
iam perseuerant
mecum. & non ha
bent quod mandu
cent. & dimittere
eos ieiunos nolo.
ne deficiant inuia.
& dicunt ei discipuli.
unde ergo nobis in
deserto panes tan
tos. ut saturemur
turbam tantam.
& ait illis ihs. quot
panes habetis. at
illi dixerunt. Sep
tem. & paucos pis
ciculos. & praece
pit turbae ut discu
mberent super
terram.
& accipiens ihs sep
tem panes & pisces.
& gratias agens. fre
git & dedit discipu
lis suis. & discipuli
dederunt populo.
& comederunt omnes.
& recurarerunt
& quod super fuit

defragmentis. tule
runt septem sportas
plenas. Erant aut
qui manducauerunt
quattuor milia
hominum. extra
paruulos & mulieres
& dimissa turba as
cendit innauiculam.
& uenit infines
magedan.;
Et accesserunt ad
eum pharisaei &
sadducaei temtan
tes. & rogauerunt
eum. ut signum de
caelo ostenderet eis.
At ille respondens
ait eis. facto uespe
re dicitis. serenum
erit. Rubicundum
est enim caelum.
& mane. hodie tem
pestas. Rutilat
enim triste caelum
faciem ergo caeli di
iudicare nostis
signa autem tempo
rum nonpotestis
scire.
Generatio mala &
adultera signum

in clauo
u III
an kuuini
lu cielun

quaerit. & signum non
dabitur ei. nisi signum
ionae   Et relictis illis
abiit   Et cumuenis
sent discipuli eius trans
fretum. obliti sunt panes
accipere

Qui dixit illis. Intuemini.
& cauete afermento
pharisaeorum & saddu
caeorum.

in clm
VI
an lyps

At illi cogitabant inter se
dicentes. quia panes non
accipimus. Sciens au
tem ihs. dixit Quid co
gitatis inter uos modice
fidei. quia panes non ha
betis. Nondum intelle
gitis. neque recordamini
quinque panum. & quin
que milia hominum. &
quot cophinos sumpsis
tis. neque septem panum.
& quattuor milia homi
num. & quot sportas
sumpsistis. quare non
intellegitis. quia non de
pane dixi uobis. Cauete
afermento pharisaeo
rum & sadducaeorum.

Tunc intellexerunt. quia
non dixerit cauendum

an clauu
an l
an luppan
lu xcun
lu luprini
xvi

afermento panum.
sed adoctrina phari
saeorum & sadducaeoru

Venit autem ihs inpar
tes caesareae philip
pi. & interrogabat
discipulos suos dicens

Quem dicunt homines es
se filium hominis

At illi dixerunt.

Alii iohannem baptistam.

Alii autem heliam.

Alii uero hieremiam.

Aut unum exprophetis

Dicit illis ihs

Uos autem quemme
esse dicitis

Respondens simon pe
trus dixit

Tu es xps filius di uiui

an clauu
X
lul

Respondens autem ihs
dixit ei

Beatus es simon bar io
na. quia caro & sanguis
non reuelauit tibi. sed
pater meus qui incae
lis est & ego dico
tibi. quia tu es petrus.
& super hanc petram
aedificabo ecclesiam
meam & portae
inferi non praeuale

Tafel 16. Trier, Stadtbibl. No. 22 (Adalb.), Bl. 85'

Tafel 17. Trier, Stadtbibl. No. 22 (Aduhs.), Bl. 127ᵛ.

CANON PHILI INQDN AN & INQUOPRORM

LUC IOH MAT MAT

FINITCA NON VO
INQUOHUO LUC

Tafel 35   Épernay, Communalbibl. (Ebo-Evangeliar), Bl. 10ᵛ

Tafel 36   Epernay, Communalbibl. (Ebo-Evangeliar), Bl. 60ʳ.